官箴里的清廉

中华优秀官箴文化

《官箴里的清廉》编委会　编著

济南出版社

图书在版编目(CIP)数据

官箴里的清廉：中华优秀官箴文化 /《官箴里的清廉》编委会编著 . — 济南 : 济南出版社 , 2024.1
ISBN 978-7-5488-6035-8

Ⅰ . ①官… Ⅱ . ①官… Ⅲ . ①廉政建设—文化研究—中国—古代 Ⅳ . ① D691.49

中国国家版本馆 CIP 数据核字（2023）第 254088 号

官箴里的清廉 GUANZHEN LI DE QINGLIAN
—— 中华优秀官箴文化 ZHONGHUA YOUXIU GUANZHEN WENHUA
《官箴里的清廉》编委会 / 编著

责任编辑 范玉峰 董傲囡 尹海洋
封面设计 谭 正

出版发行 济南出版社
地　　址 济南市市中区二环南路 1 号（250002）
总 编 室 （0531）86131715
印　　刷 济南精致印务有限公司
版　　次 2024 年 1 月第 1 版
印　　次 2024 年 1 月第 1 次印刷
成品尺寸 170mm × 240mm 16 开
印　　张 20
字　　数 350 千
定　　价 128.00 元

（如有印装质量问题，请与出版社出版部联系调换，联系电话：0531-86131716）

编委会

主　　任：杨光忠

副 主 任：孙义俊　毕朝暾

委　　员：陈　鹰　王　薇　郑立娟　张　宁

刘菲菲　王　洁

学术顾问：裴传勇　仝晰纲

前　言

中华优秀传统文化源远流长、博大精深，是中华民族的精神命脉，是中华文明的智慧结晶，是我们在世界文化激荡中站稳脚跟的坚实根基。习近平总书记高度重视中华优秀传统文化的传承与弘扬，提出“两个结合”，即“把马克思主义基本原理同中国具体实际相结合、同中华优秀传统文化相结合”，其中“第二个结合”是我们党的重大理论创新和思想解放，表明我们党对中国特色社会主义道路、理论、制度、文化的认识达到了新高度，表明我们党在传承中华优秀传统文化中推进文化创新的自觉性达到了新高度。

官箴文化发轫于先秦，渐熟于汉唐，发达于宋元，极盛于明清。箴，有儆戒、劝谏的意思。所谓“官箴”，顾名思义，就是从政之警诫、为官之箴言。官箴文化，是指中国传统政治文化中体现为政者道德与操守的文化。它以教诲官员履职尽责、明辨是非、廉洁奉公为主要指向，包含亲民、勤政、廉洁、自律、任贤等思想，是中华优秀传统文化的重要组成部分。在建设廉洁政治，纵深推进全面从严治党，一体推进不敢腐、不能腐、不想腐的时代背景下，精心梳理和深入挖掘中华优秀官箴文化中的清廉元素，让陈列在广阔大地上的遗产、书写在古籍中的文字鲜活起来，定能使文化这一最基本、最深沉、最持久的力量在新时代发挥出启润心智、涵养人心的重要作用，为教育引导党员干部修好对党忠诚的大德、造福人民的公德、严于律己的品德提供重要镜鉴，为加强新时代廉洁文化建设提供深厚的文化根基和不竭的思想源泉。

习近平总书记强调：在五千多年中华文明深厚基础上开辟和发展中国特色社会主义，把马克思主义基本原理同中国具体实际、同中华优秀传统文化相结合是必由之路。这是我们在探索中国特色社会主义道路中得出的规律性认识，是我们取得成功的最大法宝。为深入学习贯彻习近平文化思想，坚定践行“两个结合”，深入推进文化“两创”，以中华优秀传统文化涵养新时代廉洁文化，济南市纪委监委在举办“中华优秀官箴文化展”的基础上组织编辑出版《官箴里的清廉》一书，通过“引经据典”“追源溯流”“含英咀华”“托物言志”“美德懿行”“根深叶茂”“鉴往知来”七个部分，全面展示官箴文化的演变历程、丰富内涵、经典作品和时代价值，旨在引导党员干部从中吸收精神养分，不断涵养求真务实、团结奋斗的时代新风，营造清正廉洁、干事创业的政治生态，为强国建设、民族复兴作出积极贡献。

[目录]

一、 引经据典： 习近平用典中的官箴文化

“用典”即引用古代典籍中的名言警句。在习近平总书记的重要讲话、文章中，精妙的典故信手拈来，广博的引用贯通古今，其中中国古代官箴文化占有重要的篇幅。习近平用典中的官箴文化，被赋予鲜活的当代价值与意义。本章从习近平用典中，选出 8 则较为典型的官箴名句进行解读，以期帮助广大读者，特别是党员干部加强理解，更好地吸收中华优秀官箴文化中的精神营养。

（一）当官之法，惟有三事，曰清、曰慎、曰勤。

——《干在实处 走在前列・在浙江省委十一届四次全会上作报告时的插话》等文中引用

【原典】

当官之法，惟有三事，曰清、曰慎、曰勤。知此三者，可以保禄位，可以远耻辱，可以得上之知，可以得下之援。

——［宋］吕本中《官箴》

【题解】

吕本中（1084—1145），字居仁，宋开封（今属河南）人。历官枢密院编修、职方员外郎、起居舍人、中书舍人兼侍讲、

官箴

紫微舍人呂 本中 居仁

當官之法惟有三事曰清曰慎曰勤知此三者可以保祿位可以遠恥辱可以得上之知可以得下之援然世之仕者臨財當事不能自克常自以爲不必敗持不必敗之意則無所不爲矣然事常至於敗而不能自已故設心處事戒之在初不可不察借使役用權智百端補治幸而得免所損已多不若初不爲之爲愈也司馬子微坐忘論云與其巧持於末孰若拙戒於初此天下之要言當官處事之大法用力簡而見功多無如此言者人能思之豈復有悔吝耶

事君如事親事官長如事兄與同僚如家人待群吏如奴僕愛百姓如妻子處官事如家事然後爲能盡吾之心如有毫末不至皆吾心有所未盡也故事親孝故忠可移於君事兄弟故順可移於長居家理故事可移於官豈有二理哉

當官處事常思有以及人如科率之行既不能免便就其間求其所以使民省力不使重爲民害其益多矣不與人爭者常得利多退一步者常進百步取之廉者得之常過其初約於今者必有垂報於後不可不思也惟不能少自忍者必敗此實未知利害之分賢愚之別也

予嘗爲泰州獄掾顔歧夷仲以書勸予治獄次第每一事寫一幅相戒如夏月取罪人早間在西廊晚間

［宋］吕本中《官箴》书影，百川学海景刊宋咸淳本

学士院权直等职。工诗，卒谥文清。著有《官箴》《童蒙训》《紫微诗话》《东莱先生诗集》等。

吕本中在《官箴》中将为官之法高度概括为“清”“慎”“勤”三字，强调清廉、谨慎和勤勉的仕宦芳规。奉行此三字准则，能够保全官位俸禄，避免蒙受耻辱，既能为上司所知重，又能得到下属的拥护推戴。吕本中所提出的这三字要求，最初乃是西晋司马昭训僚属之言，源自《三国志·魏书·李通传》裴松之注引［晋］王隐《晋书》：“为官长当清、当慎、当勤，修此三者，何患不治乎?”此后，“清”“慎”“勤”便被用来泛称官僚美德，成为历代官箴中最为经典的准则，公堂衙署内也多悬挂此三字匾额。梁启超曾在《新民说·论公德》中指出：“近世官箴，最脍炙人口者三字，曰清、慎、勤。”

【析义】

“清”“慎”“勤”是对为官者的基本道德要求。清人王士禛在《手镜录》中曾对此三字进行释义，曰：“无暮夜枉法之金，清也；事事小心，不敢任性率意，慎也；早作夜思，事事不敢因循怠玩，勤也。”曾国藩亦曾指出：“欲求行慊于心，不外‘清’‘慎’‘勤’三字。”并对此疏解曰：“清字曰无贪无竞，省事清心，一介不苟，鬼伏神钦。慎字曰战战兢兢，死而后已，行有不得，反求诸己。勤字曰手眼俱到，心力交瘁，困知勉行，夜以继日。”

“清”与“廉”相涉。在官箴文化中，清廉作为一种道德要求，更多地指向为官者面对财利时以不贪为宝的正确态度，要求为官者磨砺节操，不私自收取贪枉的不义之财。《吕氏春秋·忠廉》：“临大利而不易其义，可谓廉矣。”刘向《说苑·杂言》亦言：“廉者不求其非有。”强调以道义为基准，对财利进行取舍。古语有云“临财莫如廉”“临财毋苟得”，皆谓面对财物，不能随便求取，要清介奉公，廉洁自好。若是不能自我克制，一意徇私受贿，则难以保全自身，正所谓“为臣贪，必亡其身”（《贞观政要·论贪鄙》）。清人觉罗乌尔通阿在《居官日省录》中对“清”的释义，也是从官员收受贿赂的危害出发进行的，他指出：“不清之害，不必贪墨而后殃民也。贿赂初开，自谓偶一染指，似无大碍。孰知吏张其网，役假其威，我所得者有限，而说合过付，已破其家矣；我所取者一回，而旁人中饱，不计次数矣。”为官者要清廉自律，即便是一丝一毫，亦不可苟取。只消有一念贪私，接受了贿赂，便容易产生殃民之害。因为下层吏役多有假威者，他们贪权食利，以欺诈手段鱼肉百姓，致百姓贫饿，破家丧产。究其根源，就在于官长的“偶一染指”。所以古人酌水以厉清，一介亦不取，高度重视清廉之德。

“慎”有谨慎、持重和兢戒之意，强调为官者在说话、做事两方面要小心慎重、细密周到，不得恣意放纵、任性妄为。《礼记·缁衣》：“谨于言而慎于行。”《易·系辞上》：“言行，君子之枢机，枢机之发，荣辱之主也。”在治理政事的过程中，要谨慎思虑，使言与行皆得当。言语当从“谨”，避免因泄语导致过失。西汉孔光在任职期间，周密谨慎，即便是与家人谈论，也不涉及朝廷政事，对于宫廷中的花木都是谨口不言，所以能够在朝夕处事间，不生纤毫过差，留下了“慎言温室树”的美谈。行事当从“慎”，要务大体而不轻细行。《书·旅獒》曰：“不矜细行，终累大德。”孔传：“轻忽小物，积害毁大，故君子慎其微。”《居官日省录》中亦指出，州县事务繁忙，而匆忙当中难免会产生失误。对于常行事件，官员容易掉以轻心，便给书吏舞弄文墨提供了机会；若事属偶然，因不常发生，也容易轻忽懈怠，如此又给了奸民乱法犯禁的可乘之机；再有苟且因循、草率行事之举，都是“不慎”所招致的后果，贻患无穷。武则天《臣轨》曰：“人臣不慎密者，多有终身之悔，故言易泄者召祸之媒也，事不慎者取败之道也。”治理政事，当时刻谨慎，注重反求诸已，避免因言行轻率导致过失。

“勤”强调的是一种不怕辛苦、勤实忠劳的精神态度。《说文》云："勤，劳也。"官吏应勤于政事和民事，早作而夜思，勤力而劳心，要鞠躬尽瘁，避免玩忽职守而养成苟且因循的习惯。拿处理词讼案件来讲，无论是申报详结，还是催征批解，都有规定的期限，为官者首先应当尽职尽责地按时完成。若是因疏懒懈怠而不及时处理，使其搁置数月乃至辗转经年，废时失务，则难免有拖累之弊。案件在长期搁置的同时，又为棍蠹插手谋取利益营造了机会，使民众受害无穷。"勤"既是对官吏尽忠职守的基本要求，也是事业进步的根本保证。韩愈《进学解》："业精于勤，荒于嬉。"又曰："焚膏油以继晷，恒兀兀以穷年。"强调应当怀有积极进取的精神，勤勉不倦，戒除荒嬉，作持之以恒的不懈努力。

（二）取法于上，仅得为中；取法于中，故为其下。

——《在河南省兰考县委常委扩大会议上的讲话》等文中引用

【原典】

当则哲主为师，毋以吾为前鉴。取法于上，仅得为中；取法于中，故为其下。自非上德，不可效焉。

——［唐］李世民《帝范》

【题解】

李世民（599—649），唐高祖李渊次子。在位期间励精图治，宽刑整武，任贤纳谏，去奢轻赋，使政治修明，国力强盛，

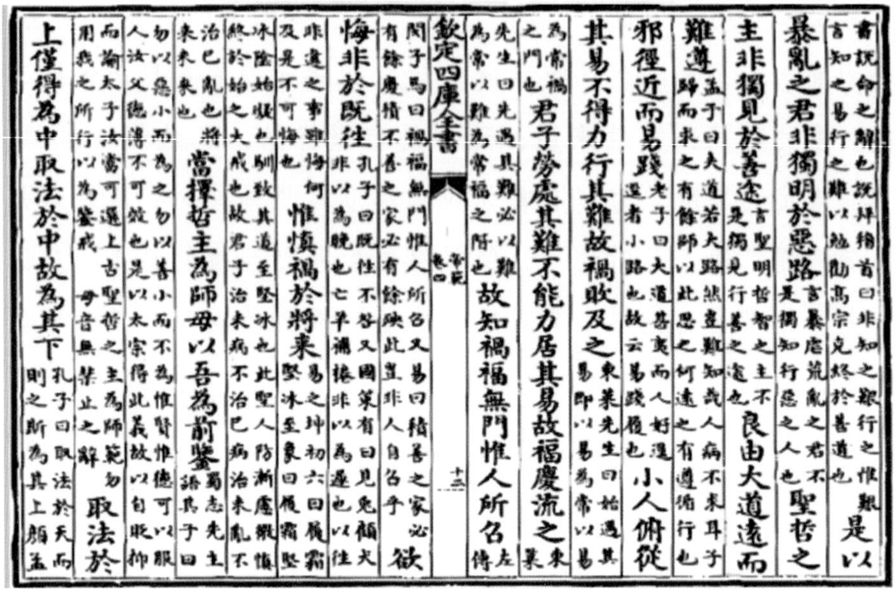
書說命之辭也說拜稽首曰非知之艱行之惟艱言知之易行之難以勉勸高宗克終於善道也是以
暴亂之君非獨明於惡路言暴虐荒亂之君不是獨知行惡之人也聖哲之
主非獨見於善途言聖明哲智之主不是獨見行善之遠也良由大道遠而
難遵孟子曰夫道若大路然豈難知哉人病不求耳子歸而求之有餘師以此思之何遠之有遵循行也
邪徑近而易踐老子曰大道甚夷而人好徑徑者小路也故云易踐履也小人俯從
其易不得力行其難故禍敗及之東萊先生曰始遇其易即以易為常以易
為常禍之門也君子勞處其難不能力居其易故福慶流之東萊
先生曰先遇其難必以難為常以難為常福之階也故知禍福無門惟人所召左傳
欽定四庫全書 帝範 卷四 十三
閔子騫曰禍福無門惟人所召又易曰積善之家必有餘慶積不善之家必有餘殃此豈非人自召乎欲
悔非於既往孔子曰既往不咎又國策有曰見兔顧犬非以為晚也亡羊補牢非以為遲也以往
非遠之事雖悔何及是不可悔也惟慎禍於將來易之坤初六曰履霜堅冰至象曰履霜堅
冰陰始凝也馴致其道至堅冰也此聖人防漸慮微慎終於始之大成也故君子治未病不治已病治未亂不
治已亂也將來未來也當擇哲主為師毋以吾為前鑒蜀志先主語其子曰
勿以惡小而為之勿以善小而不為惟賢惟德可以服人汝父德薄不可效也是以太宗得此義故以自貶抑
而諭太子汝當可選上古聖哲之主為師範勿用我之所行以為鑒戒毋音無禁止之辭取法於
上僅得為中取法於中故為其下孔子曰取法於天而則之斯為其上顏孟

［唐］李世民《帝范》书影，清咸丰三年南海伍氏刊粤雅堂丛书本

威及域外，史称“贞观之治”。谥“文”，庙号太宗。

《帝范》是唐太宗李世民所作的帝训，于贞观二十二年（648）撰成。唐太宗结合自身理政经验，从君体、建亲、求贤、审官、纳谏、去谗、戒盈、崇俭、赏罚、务农、阅武、崇文十二个方面教诫其子李治治国为君之道。在后序中，李世民诫子以己为鉴，指出要规贤矩圣，效法明哲之主。师法当以“上”为准绳：将上等作为标准来借鉴取法，往往只能收到中等的效果；而以中等为标准来取法，就只能收到下等的效果。若非至上之德，则不足为法。意谓做事要高标准严要求，否则很难取得大的成就。

【析义】

取法，强调的是借鉴和师法功夫。要使各项事务处理合宜，离不开尊师重道，向贤人学习。扬雄指出：“师者，人之模范也。”（《法言·学行》）《荀子·性恶》亦云：“得贤师而事之，则所闻者尧舜禹汤之道也。”有了学习的模范，才能进于仁义之道，成就理想人格，进而推行社会教化，化民成俗，构建理想社会。

取法的第一要义在于“学”。《礼记·学记》指出：“虽有至道，弗学，不知其善也。”关键在于把前贤的经验借来学习、对照和吸取，若是不学，即便是有最好的道德和制度，也无法知晓其中的妙理。《荀子·劝学》开宗明义地指出学无止境的道理，曰：“学不可以已。”要使学问广博精到，就要知晓前代留下的法则。正所谓“古训是式”，要以先王的遗典为法式，参酌取照并加以实践。《荀子·劝学》：“君子博学而日参省乎己，则智明而行无过矣。故不登高山，不知天之高也；不临深谿，不知地之厚也；不闻先王之遗言，不知学问之大也。”经由学习和实践，才能够陶冶性情，进德修业，不断实现进步和成长。为政者首先需要具备学习能力，注重博学、审问和慎思，立足于躬行、履道和实践，把握自身的责任，提升自我道德修养。

第二要义在于“师”，要慎重选择师长。学习是不断增加和更新知识的过程，以成就德才兼备的完人为理想目标，而在成人的过程中，离不开贤师的教育和指导。《礼记·学记》曰：“君子知至学之难易，而知其美恶，然后能博喻；能博喻然后能为师，能为师然后能为长，能为长然后能为君。故师也者，所以学为君也。是故择师不可不慎也。《记》曰：‘三王四代唯其师。’此之谓乎！”君子知晓学习有难有易，获得的学习效果不尽相同，然后才能对各种知识有广泛而深入的理解。实现了广解博喻，才能一步步地为人作师、为人作长、为人作君，下学而上达，循序以渐进。所以，要慎重地选择师长。学以成人，其关注的要点就在于达成理想人格，而理想人格的养成，必须借助师长的诲导。师长能够着眼于学子身心发展，以道德修养为核心，教人以知，告人以行，发掘出主体内在的能动性，成就明知识、负责任、有行动的全人，进而达成政治教化。

第三要义在于“高”。“取乎其上”，即强调要高标准取法。严羽在《沧浪诗话》中指出：“学其上，仅得其中；学其中，斯为下矣。”标准高，达成的目标才能高；要求严，获得的结果才能好。选师则范亦是此理，眼界要向上，择取经典传世之作来研习，确定有至德的先贤来师法。《帝范注》对此条原典释义：“孔子曰：取法于天而则之，斯为其上。颜、孟取法于孔子而近之，才得其中。后儒取于颜、孟而远之，则为其下矣！既为其下，何足法乎？为儒者当取法孔子、颜子、孟子，为君者当取法于尧舜文王。”孔子效法自然和天道，得以成就至圣。颜回、孟子尊孔子为师，博学笃行，切问近思，才勉强收到中等的效果。后儒向颜、孟取法，更是远于至德。为君治政的道理与之相通，应当以尧、舜、文王为准则和模范，尽量向最好的学习，不要降低标准。高标准是践履执行的源头，人皆有见贤思齐的本能，见到贤德之人，就会萌生学习的念头，想要成为同他一样的人。《论语·里仁》：“子曰：‘见贤思齐焉，见不贤而内自省也。’”孔颖达疏曰：“见彼贤则思与之齐等。”要立身治国，首先应树立“贤”的标准，通过明确楷范来导引进步方向，同时注重反躬自省，严格要求，深化实践。求上仅可得中，求中则仅能得下，若不思进取，一味降低目标，仅求下等，其结果必然是失败。唯有以严要求和高标准来衡量、鞭策自己，才能收获理想的效果。

取法的三层要义，环环相扣，层层递进。为政者唯有如是学习，慎择师，高标准，才能够窥测出至道的门径，掌握治政之体要。再加以延展推广，便能够实现治政有方的理想效果，正所谓“引而伸之，触类而长之，天下之能事毕矣”（《易·系辞上》）。

（三）公生明，廉生威。

——《在中央政法工作会议上的讲话》等文中引用

【原典】

吏不畏吾严而畏吾廉，民不服吾能而服吾公；公则民不敢慢，廉则吏不敢欺；公生明，廉生威。

——［明］年富《官箴》刻石

【题解】

年富（1395—1464），字大有，明代怀远人。历事成祖、仁宗、宣宗、景泰帝和宪宗五朝，官德平训导、给事中、陕西左参

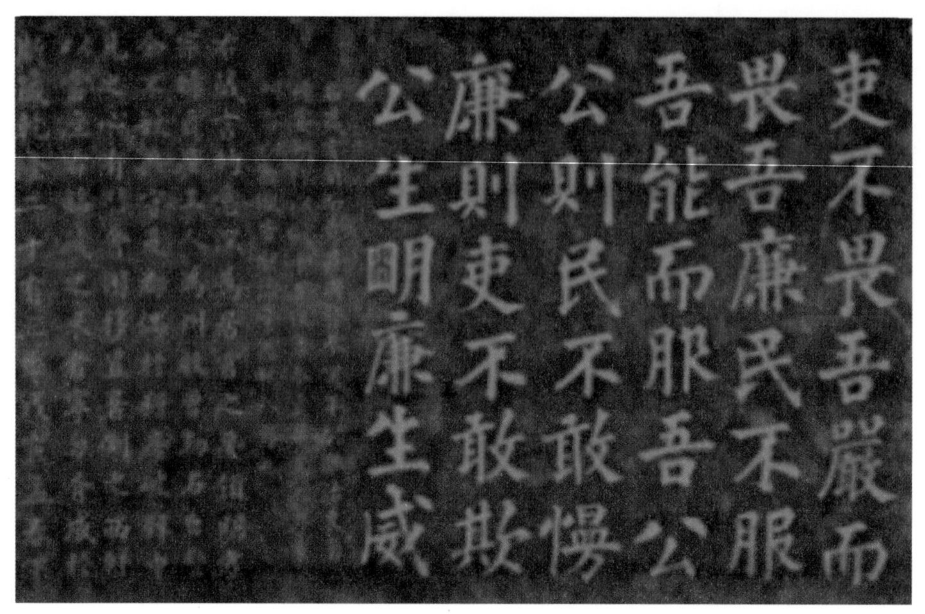

济南市博物馆馆藏“三十六字官箴碑”拓片

议、户部尚书等职。在任期间，持身谨廉，勤政爱民。其为政严整，果敢有为，不避权贵，终成一代名臣。卒谥“恭定”。

此《官箴》刻石于明弘治十四年（1501）立于泰安州署，由时任山东巡抚年富制箴，时任泰安知州顾景祥刻立。清乾隆十八年（1753），颜希深任泰安知府时重刻此碑，并于文末附以跋文，以作警示。碑文指出，对于官长，胥吏、差役之属所畏惧的，是清廉而不是严厉；百姓所钦服的，不是才智多能而是处事公正。处事公正则民众不敢对其轻慢，清正廉洁则吏役不敢欺蒙。公正便能明察事理，廉洁便能树立威信。

【析义】

“公”与私相背，本义是公正、无私。《韩非子·五蠹》：

“古者苍颉之作书也，自环者谓之私，背私谓之公。”《白虎通·爵》：“公之为言，公正无私也。”《新书·道术》：“兼覆无私谓之公。”公平正直而无所偏私，是为人治政的正确态度。为官者理政的基本要求便是公听并观，一视同仁，即按照同一标准不加偏私地听取不同意见和不分厚薄地对待人与事。《管子·形势解》曰：“天公平而无私，故美恶莫不覆；地公平而无私，故小大莫不载。”天地之所以能够覆载万物，就在于具备公平无私的美德。所以，中国传统思想历来以尚公为美德。《吕氏春秋·贵公》曰：“昔先圣王之治天下也，必先公，公则天下平矣。平得于公。尝试观于上志，有得天下者众矣，其得之以公，其失之必以偏。凡主之立也，生于公。”先王治理天下，必先奉公行事，不加徇私。因为只有不曲从私情，才能持守公平，才能得到人心，为众所归。凡是得天下者，均是建立在公正的基础上。同理，若想建立久安之势，成就长治之业，亦必须坚守公正之道。房玄龄就曾指出：“理国要道，在于公平正直。”（《贞观政要·公平》）治理国家的重要方法，就在于掌握公平正直之道。

“公生明”之语，出自《荀子·不苟》，曰：“公生明，偏生暗。”是说公正方能政治清明，偏私则易黑暗腐败，唯有公心可以奉国理家。武则天《臣轨·公正》亦云：“公道行则神明不劳而邪自息，私道行则刑罚繁而邪不禁。”以公正为处事准则，不必劳心焦思而奸邪自然止息；相反，若为谋求己利而偏私阿曲，即便刑罚再多，也难禁奸邪巧伪。《管子·形势解》：“故奸邪日多，而人主愈蔽。”奸恶滋生，邪佞作伪，在上者便易受到蒙蔽，导致社会落后、政治腐败。所以要持守公心，公正处事，如此才能明辨是非，成就清明政治。

“公生明”作为一个理性的道德规范，其生发与“义”密切相联系。文献中多将“公”“义”合言，如《荀子·修身》：“怒不过夺，喜不过予，是法胜私也。《书》曰：‘无有作好，遵王之道。无有作恶，遵王之路。’此言君子之以公义胜私欲也。”义者，理也，指合于一定道德伦理的行为或行事准则，是人们在面对社会规范或准则时，对于公道、公平、正当、正义等理性原则的诉求。从伦理道德的角度来看，“义”可以作为一切行为活动的最高准则，“义也者，群善之蕝也”（《性自命出》)。蕝，取“标志”之义，在一众善德中，义处于较高层次，能够指导和规束其他德行。作为一种道德观念，它不仅能增加主体的道德期许，勉励主体躬体力行，还能规范和约束主体的思维意念和行为活动，是一切德行的统帅。“公”只有以义为内质，依循义而行，才能不徇私情，免入私欲之窠臼，达至澄澈清明的修养境界。“义”也由此成为执政者秉公执法的动力源泉。

“廉”，清也。做官的品格在于清廉，清正廉洁才能树立威信。《臣轨·廉洁》：“理官莫如平，临财莫如廉。廉平之德，吏之宝也。”廉洁和公正，是官吏的“为政大宝”。公正，侧重点在于治理官事的方法；廉洁，则强调面对财货的正确态度。只有廉洁不贪，才能持守正派，不迎合阿谀，生出威望。《论语·里仁》曰：“富与贵，是人之所欲也，不以其道得之，不处也。贫与贱，是人之所恶也，不以其道得之，不去也。”又曰：“放于利而行，多怨。”世上多有利义取舍不当之辈，为追求一己私利，而不依照公义标准行事，难免会招致怨恨。这类人在获得利益的同时，也失去了威信。所以说为官当清廉，廉者以不贪为宝。

清廉，亦当以节俭相配，节俭可以助廉，故古代多有“廉俭”之说。《宋书·刘怀默传》：“在任廉俭，不营财货，所余公禄，悉以还官。”刘怀默在任期间不求财货名利，即便是剩余的俸禄，也都全部返还给官府，强调为官清廉节俭的优良品行。《臣轨·廉洁》篇记载季文子到鲁国作相之事，称其“妾不衣帛，马不食粟”，可谓是极俭极廉，仲孙忌则认为此举过于吝啬，有损国格。季文子指出：“然吾观国人之父母，衣粗食蔬，吾是以不敢。且吾闻君子以德显国，不闻以妾与马者。夫德者得之于我，又得于彼，故可行也。若独贪于奢侈，好于文章，是不德也。何以相国?”季文子体察民情，反对贪图奢侈，合于为官之道。他以廉俭之品德令仲孙忌惭愧而退，是能戒奢从简、清廉为民的执法官，即便是清廉俭朴，亦不曾有损威风气派，反而令人敬重佩服。所以，为官者当廉，廉则生威望，廉则有威名。

（四）俭则约，约则百善俱兴；侈则肆，肆则百恶俱纵。

——《在十八届中央纪律检查委员会第二次全体会议上的讲话》等文中引用

何怨而恐枉其是非腹誹巷議者乎
和氣平心發出來如春風拂弱柳細雨潤新苗何
等舒泰何等感通疾風迅雷暴雨酷霜傷損必
多或曰不似無骨力乎余曰辟之玉堅剛未嘗
不堅剛溫潤未嘗不溫潤余嚴毅多和平少近
悟得此
儉則約約則百善俱興侈則肆肆則百惡俱縱
天下國家之存亡身之生死只係敬怠兩字敬則
慎慎則百務脩舉怠則苟苟則萬事墮頹自天
呻吟語 卷一之二 八
子以至於庶人莫不如此此千古聖賢之所兢
兢而亡人之所必由也
每日點檢要見這念頭自德性上發出自氣質上
發出自習識上發出自物欲上發出如此省察
久久自識得本來面目初學最要知此
道義心胸發出來自無暴戾氣象怒也怒得有禮
若說聖人不怒聖人只是六情
過差遺忘只是昏忽昏忽只是不敬若小心慎密
自無過差遺忘之病孔子曰敬事樊遲粗鄙告

［明］吕坤《呻吟语》书影，明万历二十一年刻本

【原典】

俭则约，约则百善俱兴；侈则肆，肆则百恶俱从。

——［明］吕坤《呻吟语·存心》

【题解】

吕坤（1536—1618），字叔简，明代河南宁陵人。历襄垣知县、山东参政、山西按察使、陕西右布政使以及右、左佥都御史等职，官至刑部左、右侍郎。其性刚正，为政清廉，在任期间推崇文教、抚恤孤寡、严禁邪党、创办社学等，颇有治绩，被誉为万历年间“三大贤”之一。所著官箴书《实政录》，被官吏奉为楷模，得到广泛的传播。

《呻吟语》是吕坤在任职陕西巡抚之际所创作的语录笔记，

关涉性命、存心、伦理、谈道、修身、问学、应物、养生以及天地、世运、圣贤、品藻、治道、人情、物理、广喻、词章等多个方面，被誉为“古今罕见的修身齐家治国平天下的指南性书籍”。该箴言选自《呻吟语·存心》，《存心》篇强调治心的学问，主张通过修养品德来保养正性。治心的关键，在于时刻省察和点检，防止“心”溺于物欲，故而需践行俭约之道。俭有自我约束和勤俭节省之义。厉行俭约，能有效避免言语和情欲上的放纵，防止自身在物欲上的沉溺，进而保持平正谐和的心境，最终实现内心的清明澄澈。该箴言中指出“俭”与“约”相涉的道理：持身勤俭，就会注重约束自身行为，使美德长进，善事兴起。相反，奢侈则易导致放纵，种种恶行也就由此萌生和泛滥。所以，俭约之道，是实现治心和养性的重要法宝。

【析义】

“俭”是中国传统道德中的重要范畴，其本义是自我约束，不放纵。《说文》：“俭，约也。”节俭是中华民族的传统美德，提倡俭约具有重要的指向意义。为官者若是能用自己的行动作出榜样，更是可以发挥“君子之德风”的引领示范效果。《左传·庄公二十四年》：“俭，德之共也；侈，恶之大也。”“共”通“洪”，大也，强调俭约是至上的大德。诸子百家中多有崇俭之说。孔颜乐处的精神，历来备受儒者推崇。《论语·雍也》：“一箪食，一瓢饮，在陋巷，人不堪其忧，回也不改其乐。贤哉，回也!”后用为简朴节约，安贫乐道的典故。老子以俭为宝，对于奢，则主张去之。曰：“我有三宝，持而宝之，一曰慈，二曰俭，三曰不敢为天下先。”墨子更是主张“节用”为本，限制统治者的铺张浪费。“凡足以奉给民用则止。诸加费不利于民利者，圣王弗为。”（《墨子·节用》）一切用度，凡是能够满足基本生活需要就行了，如果超过了这个限度而不利于人民，就不能做。

节俭虽是美德，但若太过分，便易导致悭吝。所以儒家认为，过度的俭约，亦不符合中道。《论语·述而》：“子曰：奢则不逊，俭则固。与其不逊也，宁固。”奢侈豪华容易傲慢无礼，节俭朴素就会显得寒窘。但是相较而言，不逊的危害大，固的危害小，与其傲慢，不如寒俭。举例来讲，统治者若是不加约束，过分奢侈，便易采取苛政，横征暴敛，下层官吏亦会争相仿效，加重剥削，使得民穷财困，威胁到普通民众的生存。所以孔子主张宁俭宁固，对于管仲之奢，批评其为不知礼，曰：“管氏而知礼，孰不知礼?”（《论语·八佾》）从一个侧面透露出对俭的重视。

俭约虽有固陋，但并非不可挽救。俭约的标准，在于“贵顺物情”，即顺从物理，顺应民心，使之合乎中道。《贞观政要·俭约》中，唐太宗曾对廷臣说道：“自古帝王凡有兴造，必须贵顺物情。昔大禹凿九山，通九江，用人力极广，而无怨仇者，物情所欲，而众所共有故也。始皇营建宫室，而人多谤议者，为徇其私欲，不与众共故也。”大禹开凿山川，疏通河汉，其间所耗费的人力、物力、财力都极大，却没有遭到百姓怨怼，其根源就在于行动举措顺于天意，合乎民心。为治理洪水，大禹三过家门而不入，孜孜不怠以至“首无发，股无毛”的境地，可谓是极俭极约，终成盛谈。《左传·昭公元年》：“美哉禹功，明德远矣。微禹，吾其鱼乎！”盛赞其治水的功绩。而秦始皇营建宫室，则遭到了众多的非议指责，因其出发点在于满足自身喜好，放纵私欲，不加克制，有违民心。《书·太甲》曰：“欲败度，纵败礼。”私欲败坏法度，放纵有损礼治，一味地奢侈放纵，就会沾染各种恶行。唐太宗吸取前鉴，不复营建宫室，亦不做无益于民之事，戒奢从简，使得在治期间，“风俗简朴，衣无锦绣，财帛富饶，无饥寒之弊”（《贞观政要·论俭约》）。

唐太宗俭约率下的目的，在于克俭于邦，教化天下，要实现这一点，需要有对“慎独”之道的持守。《礼记·中庸》曰：“君子戒慎乎其所不睹，恐惧乎其所不闻。莫见乎隐，莫显乎微，故君子慎其独也。”实现修身，达成“俭约”，关键在于对“慎独”和“不苟”的修习，要求统治者戒贪戒欲，以绳检自律，压制住不良的行为念头，勉励修持，实现自身道德水准的进步。唯有在存心养性式的不断磨砺中，才能深化对仁义法正之理的认知，进而以使言行有范，兢兢业业，合于善道。否则，便缺少对自身责任的关注，无法保持长存的善心。《孟子·梁惠王上》：“苟无恒心，放辟邪侈，无不为已。”若不能约束自身，便易“放溢辟邪，侈于奸利”，使百恶并起，无法合于礼义之善道。

《贞观政要·规谏太子》：“克俭节用，实弘道之源；崇侈恣情，乃败德之本。”此语与格言相类，亦是提倡崇俭抑奢，弘扬正道。君子以俭养德，深戒奢侈。崇俭就会注重约束，从而成就善德；崇奢则易恣情纵欲，沾染不良习气而造恶多端。

所以，克俭节用，是弘扬正道的根本；崇侈恣情，则是败坏德行的源头。为政者若是能够志于勤俭之道，在下位的臣子亦会循理奉法，上行下效，便能在很大程度上杜绝奸邪之事的发生。所以，“君人之道，处静以修身，俭约以率下。静则下不扰矣，俭则民不怨矣”（《淮南子·主术》）。

（五）一丝一粒，我之名节；一厘一毫，民之脂膏。宽一分，民受赐不止一分；取一文，我为人不值一文。

——《在河南省兰考县委常委扩大会议上的讲话》等文中引用

【原典】

一丝一粒，我之名节；一厘一毫，民之脂膏。宽一分，民受赐不止一分；取一文，我为人不值一文。虽云交际之常，廉耻实伤。傥非不义之财，此物何来？

——［清］张伯行《禁止馈送檄》

【题解】

张伯行（1652—1725 ），字孝先，号恕斋，晚号敬庵，仪封（今河南兰考）人。康熙二十四年（1685）进士，累官至礼部尚书。为官清正，任事勤敏，忠直爱民，被誉为“天下第一清官”。在任期间有治河之绩，康熙帝特赐“布泽安流”四字加以褒奖。治学以程朱为宗，对理学家的著作多加整理、刊刻。

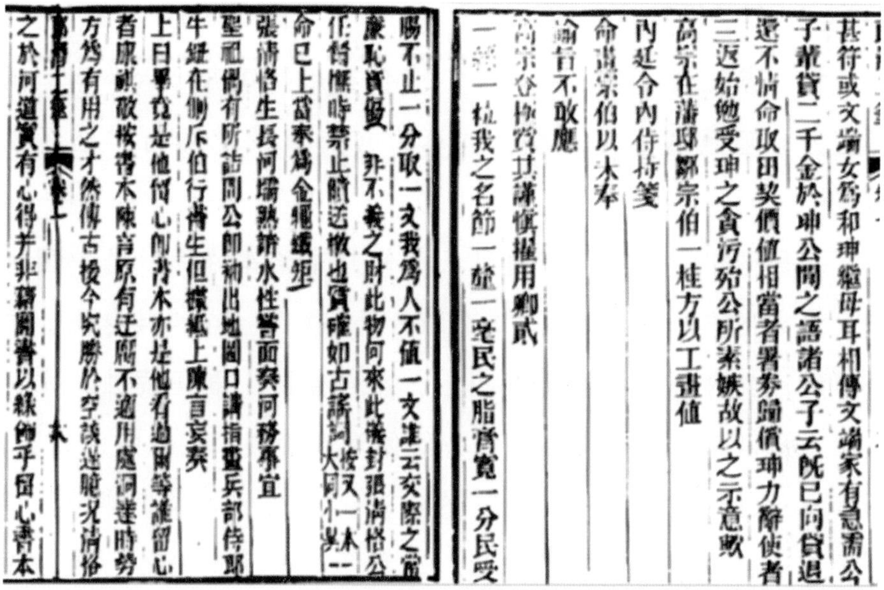
甚符或文端女爲和珅繼母耳相傳文端家有急需公
子藉貸二千金於珅公聞之語諸公子云既已向貸退
還不情命取田契價值相當者署券歸償珅力辭使者
三返始勉受珅之貪污殆公所素嫉故以之示意歟
高宗在藩邸聞宗伯一桂方以工畫值
內廷令內侍持箋
命請宗伯以末奉
諭旨不敢應
高宗登極嘉其謹慎擢用卿貳
一絲一粒我之名節一釐一毫民之脂膏寬一分民受
賜不止一分取一文我爲人不值一文誰云交際之常
廉恥實傷 非不義之財此物何來此張封翁清恪公
任督撫時禁止餽送檄也質確如古箴詞按又一本一一大同小異
命已上賞奉爲金繩鐵矩
張清恪生長河壖熟諳水性嘗面奏河務事宜
聖祖偶有所詰問公即袖出地圖口講指畫兵部侍郎
牛鈕在側斥伯行書生但憑紙上陳言妄奏
上曰畢竟是他留心即書本亦是他看過留等語留心
者康祺敬按書本陳言原有迂腐不適用處洞達時勢
方爲有用之才然傳古援今究勝於空談迂腔況清恪
之於河道實有心得并非藉圖書以緣飾乎留心書本

［清］陈康祺《郎潜记闻二笔》书影，清光绪刻本

卒赠太子太保，谥“清恪”。光绪初年，从祀孔庙。

《禁止馈送檄》是张伯行任福建巡抚之际所发布的檄文，意在禁止行贿，整顿官场的贪腐之风。他在檄文中指出，即便是一丝一粒，都关系到我的名誉与节操；纵使是一厘一毫，也都是民众用血汗换来的财富。为政宽大一分，百姓所得的收益就不止一分；多拿一文，我的为人就一文不值。不要说这只是正常的交际来往，实在是有伤廉耻。如果这些不是来路不正的钱财，那又是从何处来的呢？檄文用八个“一”字，勾勒出一位公正无私的清官形象。正所谓一粥一饭，来之不易，半丝半缕，物力维艰，为官者要恪守清节，多关注民生，顾念百姓的疾苦。

【析义】

在《禁止馈送檄》一文中，张伯行用短短五十六个字，阐释出为官理政的三个道理，被奉为官吏廉政爱民的“金绳铁矩”。

一是恪守清节。官吏通过正已修身来治事临民，是中国古代政治文化中的典型方式。《论语·子路》即云：“其身正，不令而行；其身不正，虽令不从。”廉洁自持，重视慎独，才能成就正已以率下的楷模。鲁相公仪休为人清廉，在他的引领下，百官自正，留下“廉不受鱼”的美谈。东汉杨震深夜却金，留下了廉洁自持的“四知”佳话。这种不受非义馈赠的行为，深受后世尊崇。所谓“要一文，身即受一文之污”，在非私有的钱财面前，要树立正确的态度与行为，律已以清洁，守住内心，从小事小节上守起。孟子所言的“浩然之气”，即有“富贵不能淫”的要求，而这样的一种气概和人格，依靠内心的不断修养而成，即便只是做了一件问心有愧的事情，也会对其造成损害。吕本中在《西垣童蒙训》中指出：“立节非一朝一夕所能为，盖在平日之所养也。”亦是强调于细微之处的长期积累之功。

二是敬惜民力。汪辉祖《治平之道》中指出：“先儒有言，一命之士苟留心于爱物，于物必有所济。身为牧令，尤当时存此念。遇地方公事不得不资于民力，若不严察吏役，或又从而假公济私，扰累何堪！故欲资民力，必先为民惜力，不惟弭怨，亦可问心。”不论是民力还是民财，都需要珍惜，分厘毫丝，也都是百姓的脂膏，要杜绝浪费民力的不良作风。《传》曰：

"不伤财，不害民。"《论语·学而》亦曰："节用而爱民，使民以时。"民为邦本，民力关系到国家的强盛与否，养民之道在于节用民力、爱惜民财，取用有度，才能不伤民害民。一切财物都来之不易，要重视体恤民力，懂得维护爱惜。

三是宽仁爱民。宽，有宽大、宽容、宽厚、宽免、宽恕之意，历来被视为君子之德的重要组成部分。孔子将宽视为"仁"的重要表现之一："'能行五者于天下为仁矣。''请问之。'曰'恭、宽、信、敏、惠'。"（《论语·阳货》）在为政方面，宽包含着宽征、宽徭、宽恤民力等要求。儒家即提倡为政宽大、施恩惠于民的治政方略。《书·舜典》："帝曰：'契，百姓不亲，五品不逊，汝作司徒，敬敷五教，在宽。'"舜命契作司徒，告导其布施教化在于宽政。仲虺劝勉商汤时说，能够做到宽厚和仁爱，便能在万民之中彰显信义，所以商汤"以宽治民，而除其邪"（《国语·鲁语上》），注重减轻民众负担，以宽仁之心来爱民护民。孔子虽有宽猛相济之说，但亦以"居上不宽"为诫，《论语·八佾》曰："居上不宽，为礼不敬，临丧不哀，吾何以观之哉?"《论语·尧曰》也指出"宽则得众"。为政宜宽，君子应当以长远的目光和宽阔的胸襟来实行宽仁的政策，慎刑简罚，宽恤民力，如此，教化才能流行，民众才能亲附。

（六）莫用三爷，废职亡家。

——《在第十八届中央纪律检查委员会第六次全体会议上的讲话》等文中引用

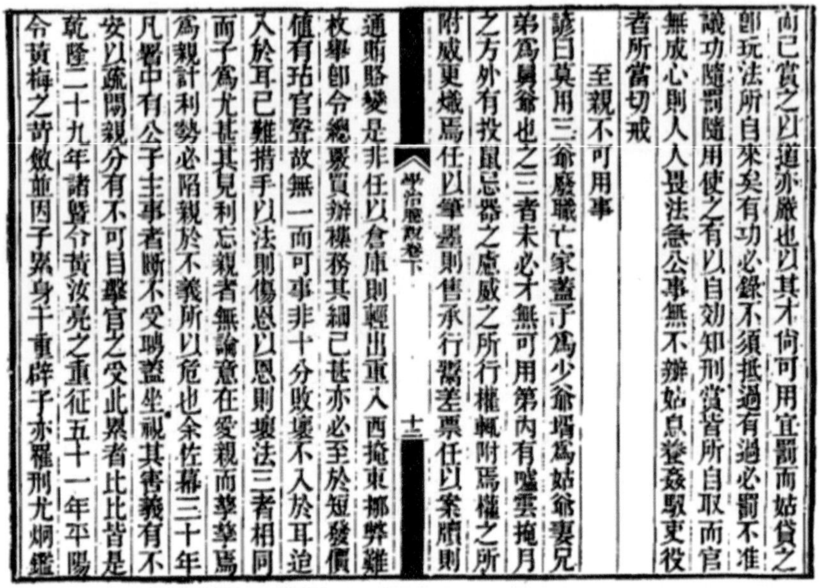
而已賞之以道亦廉也以其才尚可用宜罰而姑貸之即玩法所自來矣有功必錄不須抵過有過必罰不准議功隨罰隨用使之有以自効知刑賞皆所自取而官無成心則人人畏法急公事無不辦姑息養姦馭吏役者所當切戒

至親不可用事

諺曰莫用三爺廢職亡家蓋子爲少爺壻爲姑爺妻兄弟爲舅爺也之三者未必才無可用第內有噓雲掩月之方外有投鼠忌器之慮威之所行權輒附焉權之所附威更熾焉任以筆墨則售承行鬻差票任以案牘則

《學治臆說卷下 十二

通賄賂變是非任以倉庫則輕出重入西掩東挪弊難枚舉即令總核買辦雜務其細已甚亦必至於短發價值有玷官聲故無一而可事非十分敗壞不入於耳迨入於耳已難措手以法則傷恩以恩則壞法三者相同而子爲尤甚其見利忘親者無論意在愛親而孳孳焉爲親計利勢必陷親於不義所以危也余佐幕三十年凡署中有公子主事者斷不受聘蓋坐視其害義有不安以疏間親分有不可自辜官之受此累者比比皆是乾隆二十九年諸暨令黃汝亮之重征五十一年平陽令黃梅之苛斂並因子累身干重辟子亦羅刑尤炯鑑

［清］汪辉祖《学治臆说》书影，清同治十年慎间堂刻汪龙庄先生遗书本

【原典】

谚云：莫用三爷，废职亡家。盖子为少爷，婿为姑爷，妻兄弟为舅爷也。之三者，未必才无可用，第内有嘘云掩月之方，外有投鼠忌器之虑。威之所行，权辄附焉。权之所附，威更炽焉。任以笔墨，则售承行、鬻差票。任以案牍，则通贿赂、变是非。任以仓库，则轻出重入，西掩东挪。弊难枚举。即令总核买办杂务，其细已甚，亦必至于短发价值，有玷官声，故无一而可。

——［清］汪辉祖《学治臆说·至亲不可用事》

【题解】

汪辉祖（1731—1807），字焕曾，号龙庄，晚号归庐，浙江萧山人。乾隆四十年（1775）进士，官湖南宁远知县。任官前曾做幕友三十四年，善于吏治，是清代著名的“名幕良吏”。著有《佐治药言》《学治臆说》等。

在做地方官幕宾的三十余年中，汪辉祖积累了丰富的理讼断案经验，提出了“至亲不可用事”“用亲不如用友”的仕宦准则，意在革除官场“任人唯亲”的积弊。谚语有云：“莫用三爷，废职亡家。”三爷，是指少爷、姑爷、舅爷，泛指亲属。此语意在告诫为官者，至亲不可用事，不要只图自利而任用亲属在官衙任职，官亲倚仗特殊身份，容易狐假虎威，要特别防止他们依仗权势和地位胡作非为，以免连累自身，败坏家风。

【析义】

官员任人唯亲容易引发祸端，所以，在委任过程中，要特别避讳儿子、女婿和妻兄弟这三类人。这三类人，并非是能力小不能称任，而是因为亲属身份的缘故，能够具备遮掩过错的条件。他们借助同官员之间的特殊关系，获得威势和权力的加持，从而能够有恃无恐地作弊乱政。而且，他们大多不善理政，目光短浅，只为中饱私囊，不论委任他们担负何种职务，他们都会设法贪污受贿，甚至嫁祸害人。举例来讲，若令其掌管文书，他们就会私自出售各式差票；令其处理案件，他们也会接受贿赂，颠倒是非；令其管理仓库，便会出现少出多入、东挪西补的情形；即便是令其总核买办，负责采购或兼理杂务这类细微的事情，他们也会凭借权势欺压别人，设法压低价钱，克扣斤两，玷污官府名声。种种弊端，不胜枚举，所以，几乎没有一种职务是适合他们的，为官者要尽量避免选用同自己关系密切的人担任职务。

在官场中，多有官员因亲属徇私作弊而遭到牵累者，因为官亲多图自利，容易被教唆使用欺骗的手段经营违法事件。若是情节较轻，一般不会为官员所知晓，除非事情败坏到一定程度。而等到这个时候，通常已经难以下手处理和挽救了。再者，即便官亲做出违法乱纪的事，也很难得到制裁和处分。张集馨就曾指出，官亲“犯事不能惩办，非如家人（指家丁、长随）可以驱逐而严治之”。因为天下之人，多有“各怀其家”“各私其子”的常情，面对亲人，更易萌发恻隐之意。问题的关键就在这里，倘若是依法处置，就会伤害亲情，而若从亲情方面考虑开恩处置，又会破坏法律制度，导致官员经常处于左右为难的境地。所以，最好的办法就是洁身自好，杜绝官亲，以免害人误己。

使用吏役，要避免任人唯亲，这一问题涉及到公私之辨。公，是公共、公家和公众的，指向群体和国家；私，是私人的和自己的，指向自我和个体。在中国传统道德伦理中，是以“公”为本位，将“尚公”作为基本价值取向，要求“大公无私”“废私立公”。为官理政亦是如此，要求官长具备“公”之德性。《管子·任法》：“任公而不任私。”即强调持心公正，处事正直。《说苑·至公》篇中，对为官者的公德提出了更为详细的要求，曰：“治官事则不营私家，在公门则不言货利，当公法则不阿亲戚，奉公举贤则不避仇雠，忠于事君，仁于利下，推之以恕道，行之以不党。”治理官事，当不求营私以利于家；身处公门，不去谈论货物财利；执行公法，不要迎合阿谀亲戚朋友；奉行公事，举荐贤能，不可回避冤家对头。所以，克己奉公之官，能够对君主忠诚，对百姓仁爱，推行宽恕之道，处众而不阿私。

“任人唯亲”的路线不可行，“唯贤是举”方是正道。在中国传统政治思想中，有着任人唯贤的传统。《书·咸有一德》曰：“任官惟贤材。”即强调要选取德才兼备之人来任用。《论语·子路》：“仲弓为季氏宰，问政。子曰：‘先有司，赦小过，举贤才。’”孔子告诫仲弓尚贤使能、举贤任能的为政之道。《墨子·尚贤》：“有能则举之，无能则下之。”主张任用贤才，当不计出身贵贱，不掺私情私怨，一依能力为准。《荀子·君子》：“尚贤使能，等贵贱，分亲疏，序长幼，此先王之道也。”《荀子·王霸》亦云：“论德使能而官施之者，圣王之道也，儒之所谨守也。”荀子更是将尊崇贤才、使用能人归入到先王之道的范畴，对其敬慎守持并加以推广。可见，任贤使能是为政理事的一贯之道，在官职的任用上，若是不论才德，只采择与自己关系密切的人，便是公私不分，使政事难以得到良好的治理。相反，若是能够全秉公心，推举品行正直的人，起用才能出众的人，给予贤才以施展政治才能的机会，便能够促进政事清明，纲纪有序，进而实现美教化、移风俗的理想追求。

（七）大臣不廉，无以率下，则小臣必污；小臣不廉，无以治民，则风俗必坏。

——习近平同志主持中共十九届中央政治局第四十次集体学习时的讲话

【原典】

大臣不廉，无以率下，则小臣必污；小臣不廉，无以治民，则风俗必坏。层累而下，诛求勿已，害必加于百姓，而患仍中于邦家。欲冀太平之理，不可得矣。

——［清］王永吉《人臣儆心录·徇利论》

【题解】

王永吉（1599—1659），字修之，号铁山，明末清初江苏高邮人。明天启五年（1625）进士，累官至蓟辽总督。清顺治初荐授大理寺卿，顺治八年（1651），授户部右侍郎，疏请治理黄河，多出良策，为世祖嘉纳。历任兵部尚书、秘书院大学士、仓场侍郎、国史院大学士、吏部尚书等职，官至太常寺少卿。能诗，诗风中正，笔力苍古。卒谥“文通”。

王永吉在《人臣儆心录·徇利论》中提出“利之祸人”的观点，并指出，自古以来，败名、丧德、亡身、覆宗的臣子，多是缘于对财利的汲汲营营。身为臣子，当求仁义，时刻以百姓对自己的期望、朝廷对自己的委任为重，勤勉为政，清廉严正，必受清誉。相反，若是不避财货，习其贪利，则不免招致邪恶。正所谓大臣不廉洁，便不能为下属作表率，下层的小吏必定贪污；小臣不廉洁，便无从治民，社会风气必定败坏。如此逐层往下，积弊日增，事故相仍，勒索诈取便会没完没了。其危害定然施加在百姓身上，国家也必定产生祸患。如此，再想实现太平之治、享国泰民安之乐，显然是过望之求了。

【析义】

《人臣儆心录·徇利论》中的这段话，既强调为官者正身率下的重要性，也指出不惜身而求利行为的危害性。财利祸人的道理，众所周知，但仁义难修，不免有徇于欲念之时，稍有不察，悔之晚矣。如何防备心徇于物欲？这涉及到功利与道义之间的矛盾调和问题。王永吉在《徇利论》篇中，提出两种预防之道。其一，是通过功利主义式的计算，来平衡“创造己身幸福”和“创造最大多数人的幸福”之间的天平。《徇利论》云：“既已委身为臣矣，试思朝廷之所以任己者，何其重？百姓之所以望己者，何其殷？与夫生平之所以自许者，何其远且大？而孳孳焉为利是逐，尚堪颜立于人事耶？度其心，不过图一己之逸豫耳，博一时之声势耳，贻后人之饶裕耳。”这是说，既然已经身为臣子，其所担负之任，便不应限于己身的幸福追求。面临财利诱惑之际，应当试想一下，朝廷对自己的委任是何其重大，百姓对自己的期望又是何等殷切，自己又能否达到对自我的要求，是否辜负了平生的远大志向。几番权衡比较，便有助于推动为官者做出合乎民众利益，且符合道德观念的正确选择。

这样一种功利比较的计算方法，具有直观的吸引力。其优势在于输出力、实用性和明确性，适合于戒利之诱。利之诱惑，不过在于一己的安乐、一时的声势和富饶。但若不惜身以求利，其后果也是十分惨重的：败名、丧德、亡身和覆宗，每一样都代价深重。历史上不乏“利以祸人”的典型，如张禹内殖货财，元载外通赇赂，王戎执筹会计，石崇聚贿争豪，等等。这

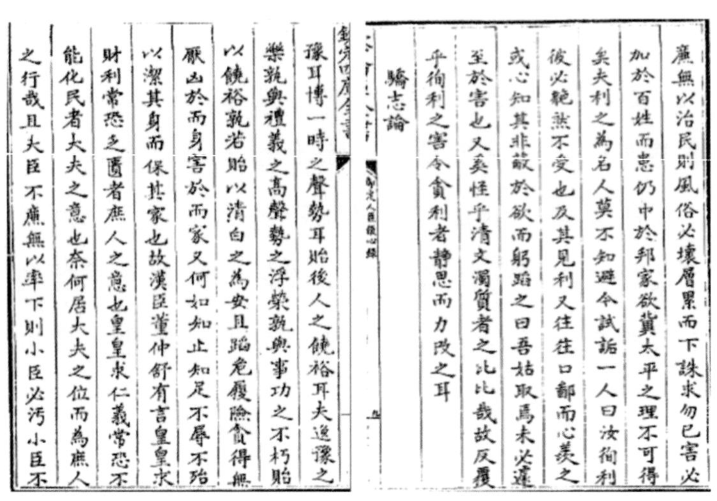

廉無以治民則風俗必壞層累而下誅求勿已害必加於百姓而患仍中於邦家欲冀太平之理不可得矣夫利之為名人莫不知避今試詬一人曰汝徇利彼必艴然不受也及其見利又往往口鄙而心羡之或心知其非蔽於欲而躬蹈之曰吾姑取焉未必遽至於害也又奚怪乎清文濁貿者之比比哉故反覆乎徇利之害令貪利者静思而力改之耳

驕志論

豫耳博一時之聲勢耳貽後人之饒裕耳夫逸豫之樂孰與禮義之高聲勢之浮榮孰與事功之不朽貽以饒裕孰若貽以清白之為安且蹈危履險貪得無厭凶於而身害於而家又何如知止知足不辱不殆以潔其身而保其家也故漢臣董仲舒有言皇皇求財利常恐乏匱者庶人之意也皇皇求仁義常恐不能化民者大夫之意也奈何居大夫之位而為庶人之行哉且大臣不廉無以率下則小臣必汚小臣不

［清］王永吉《人臣儆心录》书影，清乾隆文渊阁四库全书抄本

些人“或被戮于当时，或贻讥于后世”（《徇利论》），用实际证明“徇利”之弊，给为官者提供最为直观的警示。可以说，王永吉所提出的设问，给为官者提供了一种规避“利之祸人”风险的确切方法，只需一番量化的计算和比较，便能够帮助为官者裁决行为冲突，做出道德决定。

但这样一种方法，并不能从根本上避免为官者贪荣慕利。故而，王永吉进一步提出对为官者道德责任的要求：“知止知足，不辱不殆，以洁其身，而保其家。”（《徇利论》）身为官者，应当负起己身之任，以率下和化民为务。故而，为官者的偏好应当基于道德的考虑，而不是沉溺于逸豫之乐。一味地功利比较，不免过于粗俗。试想，人之为人，更高境界的追求应当在于精神层次，若是仅满足身体的逸乐，与动物又有何异？这是稍有良知的民众都会思考和关注的问题。道德的一个核心概念，便是个人的“自主”，也就是“自觉”，即自由、理性、道德选择的能力。一个良好道德行为者的标志是拥有“礼义”观念，能够出于正当的理由而自主、自觉地做正当的事。

《汉书·董仲舒列传》曰：“皇皇求财利，常恐乏匮者，庶人之意也。皇皇求仁义，常恐不能化民者，大夫之意也。”急切地追求财利，常担心资用匮乏，是平民百姓的心意。为官者则要以教化百姓为职责，不能身居官位而行庶人之举。否则下面的人就会起而效法，一味地剥削百姓、贪得无厌，形成不正的社会风俗，使国家衰败。而败国乱俗的根源，很大程度上是因为理政者的“不廉”。《文子·守平》：“故圣人食足以充虚，衣足以盖形御寒，适情辞余，不贪得，不多积。”为官者要清身率下，临财而不贪得，从反思自身对他人和社会的责任出发，律己之廉，避免徇于贪利。《论语·子路》：“苟正其身矣，于从政乎何有？不能正其身，如正人何？”正，是为官理政的前提。唯正身，才可从政，进而以道德教化去实现“正人”。“君子求诸己，小人求诸人”（《论语·卫灵公》），道德修养非一朝一夕之功，有赖于个人的不懈努力，以养成道德自律的意识。克制物欲作为自律的基本内容，是为官理政者的必备素养。人皆有物质欲望，但这种欲望有必要进行适当的控制，取舍的标准就在于仁义道德。为官者勤修仁义道德，正身率下，廉洁奉公，才能促进社会良好风尚的形成，使天下太平，百姓安宁。

（八）官之至难者，令也。

——《摆脱贫困·从政杂谈》等文中引用

黎之鄉都乎
令箴示進士奚銘　丘濬
官之至難者令也令之所以難者政也政之所
施有其本焉敬也敬立乎中由是而見之行事
形既端矣表無有不正也由是而施諸人民此
之所以感之者有其道在彼則未嘗無其應也
承乎上焉必凜凜以畏則獲乎上雖不敢公拒
而亦不曲從其非理之命也待乎下焉必切切
以憂斯得乎下不適乎己而拂乎人之性也中
焉而接乎人必公而恕謙而有禮委曲以詳盡
設以己之身處其人之地則人人止其所而各
自靖也於乎令之任難矣而爾以初筮之仕得
繁劇之邑匪廉匪明匪慎匪勤曷能得其職之
稱也勉之哉吏以案牘為師有所猷為則繙閱
以為證也政以前官為比有所違礙則依緣以
為徑也一邑之事無非己事夙夜孜孜毋苟安
以圖一時之幸也百里之民無非吾人念念在
茲惟恐一夫之或病也行其所無事其來不迎

万历《琼州府志》书影，明万历刻本

【原典】

官之至难者，令也。令之所以难者，政也。政之所施，有其本焉，敬也。敬立乎中，由是而见之行事，形既端矣，表无有不正也。

——［明］丘濬《令箴》

【题解】

《令箴》是明代丘濬所作的官箴。箴，属文体的一种，其内容以规劝和告诫为主；令，在此处指县令。该篇是丘濬用于勉励即将就任知县的进士奚铭，告诫其有关县令为政之道的箴言。县令，是一县之行政长官，源自周代的县正之职。县正位次遂大夫，为地官之属，《周礼·地官·县正》：“县正各掌其县之政令征比。”春秋时期，县邑之长称为县宰，另有尹、公、大夫等称谓，其职与县正同。至秦汉，县内人口万户以上者称县令，不足万户者则称县长。晋隋沿之，唐宋有所更改。唐代县分七等，皆置令，而无令长之分。《通典》：“大唐县有赤、畿、望、紧、上、中、下七等之差。京都所治为赤县，京之旁邑为畿县，其余则以户口多少、资地美恶为差。”宋因袭唐制，且多以中央机关的官员任县令职，结衔称某官知某县事，简称知县。至元代，州县均设达鲁花赤，县达鲁花赤称监县，汉人充任县尹。明代正式将知县用作一县长官的名称。清代相沿不改，为正七品官。

箴言中指出，最难做的官便是县令。县令的难做之处，在于政务的处理。为政理事要以敬为本，这就要求为官者借敬慎之心，来正身履道，忠贞惠民。本乎“敬”来处理政务，使内心敬慎，行为处事就没有不端正的了。县令的行为可敬，民众自然乐于配合其政治教化，进而感化人情，使仁惠被于民众。

【析义】

《令箴》篇载于《琼台会稿》，万历《琼州府志》中亦有收录。然至清康熙《琼山县志》、咸丰《琼山县志》中，却载其为海瑞所作，后又被收入《海瑞集》。各种版本著录不一，存有分歧。据周济夫《琼台说诗》中的考证，奚铭字自新，明代宛平人，成化八年（1472）进士，曾知乐安县，有从游于丘濬的经历。丘濬（1421—1495），字仲深，景泰五年（1454）进士，官至太子太保、礼部尚书、文渊阁大学士、户部尚书，为明成化、弘治年间的中央重臣，成化五年（1469）丁母忧，九年（1473）服阕，复侍讲学士原职。海瑞（1514—1587），字汝贤，嘉靖二十八年（1539）举人。从时间上来看，海瑞的出仕时间远晚于奚铭，而丘濬复职时间则与奚铭中进士授职时间相近，且丘、奚二人又属师生关系，符合箴言中所体现的前辈对后辈规劝、告诫的口吻，故该文当为丘濬所作。

丘濬于《令箴》中所言的“敬立乎中，由是而见之行事，形既端矣，表无有不正也”之语，和《大学》中“诚于中，形于外，故君子必慎其独也”是一个道理。中，指内心；外，指外表。正所谓“有诸内必形诸外”，内心的敬慎和真诚，也必定会表现在外在的行为和动作之中。品德高尚的君子在独处之际，也必定保持谨慎戒惕，以防不善。县令作为一县的行政长官，担负极重的爱民之责，更是要时时敬慎，恭正理治，避免习焉不察，方可施诸民众。

《诗·大雅·抑》：“敬慎威仪，维民之则。”对于为官理政者而言，敬所表征的，是一种自觉承担的精神状态，为官者需要体认到成己成物和宽仁爱民的责任，使自身的所作所为堪当民众表率。《礼记·中庸》：“诚者，非自成己而已也，所以成物也。成己，仁也；成物，知也。”孔颖达疏曰：“言人有至诚，非但自成就己身而已，又能成就外物。”强调由己以及物，既要使自身有所成就，也要使自身以外的万物有所成就。体现在为官者身上，就是要“道洽政治，泽润生民”（《尚书·毕命》）。这要求为官者树立起对自身和对外在的敬畏之心。对内规整心理欲望，修己立德，激发出自觉的担当意识；对外则推广仁道，宽厚待民，施以恩惠，能够将内在的担当意识加以实践。保持这种敬慎自觉的精神状态，非但能成就自身，而且能成就身外之物，使社会风俗淳厚、政理清明。

州县之官职掌地方行政，事务繁多，且易受胥吏蒙蔽，对于初次莅政者，难免受制于各种利欲羁绊，实在难得做好。县令若要想吏治得方，达成社会治理，就必须铭记敬终慎始之道，自觉履行作为一县之长的责任，规整自身的心理状态。正如《令箴》中所言："本此一敬，而慎以持之，勤以行之，公以生其明，俭以养其廉，是诚为邑之要道，处事临民之龟镜也。"要遵循敬慎之道，以廉俭为规矩，以公明为宗旨，勤于修己，逐步充实自身，承担起肩负的责任，成己成物。这是告诫邑令的妙言要道，非如此，不足以成为后人学习的榜样。

敬慎重正、成己成物的境界，简言之，就是要求县令怀有高度的责任自觉意识。丘濬于《令箴》中告诫道："一邑之事，无非己事，早夜孜孜，毋苟安以图一时之兴也。百里之民，无非吾人，念念在兹，惟恐一夫之或病也。"要将全县事务皆视为己身之务，将全县之民皆视为己之子民，事事勤勉，时时记挂。这种意识，敦促县令立先忧后乐之志，重视己身对于民众应尽的责任，保持一种对事严谨、心性恭密的状态来处理政务，忧恤民黎，最终赢得民众的信任与尊重。如此，民众便会欣然接受其治理和教化，积极效仿以减少失范行为的发生，县令自然能够取得清明的治绩。

二、追源溯流：官箴形态的演变与类型

（一）官箴形态的演变

官箴文化是我国传统政治文化的重要组成部分。所谓“官箴”，“就是针对从政者而提出的一系列道德戒律和行为规范等的统称”[①]。或言之，“官箴”是以从政者为箴诫对象，主要从“为政之德”与“为政之术”两大方面，告诫并教导从政者如何从政。这里所言“从政者”，是指包括帝王、百官乃至僚佐役吏在内的一切从政人员。所谓“为政之德”，是向从政者提出所应遵循或具备的官德修养、职业素养与原则理念等，具有抽象性与说教性；所谓“为政之术”，是教授、指导其从政或施政的经验方法、技能诀窍等，凸显务实性与实践性。[②]

中国传统官箴文化的发展趋势，是从“官箴王阙”到“官吏自箴”，但其发展进程却是漫长、曲折与反复的。就箴诫对象而言，学界普遍认为官箴由最初的“箴君”逐渐演变为“箴官”。但这一演变的“节点”，却存在春秋、秦

① 裴传永：《关于古代官箴几个基本问题的辨析》，《理论学刊》，2010 年第 3 期。

② 有关今人对“官箴”含义的表述，可参见郭成伟主编：《官箴书点评与官箴文化研究》，中国法制出版社，2000 年，第 417 页；王化平：《中国古代的官箴类文献》，《图书与情报》，2005 年第 4 期；崔宪涛：《关于中国古代官箴书的几个问题》，《理论学刊》，2005 年第 1 期；李文海：《〈官箴〉解读》，《决策与信息》，2007 年第 11 期；王晴：《宋代官箴研究》，河南师范大学硕士学位论文，2014 年，第 6 页。

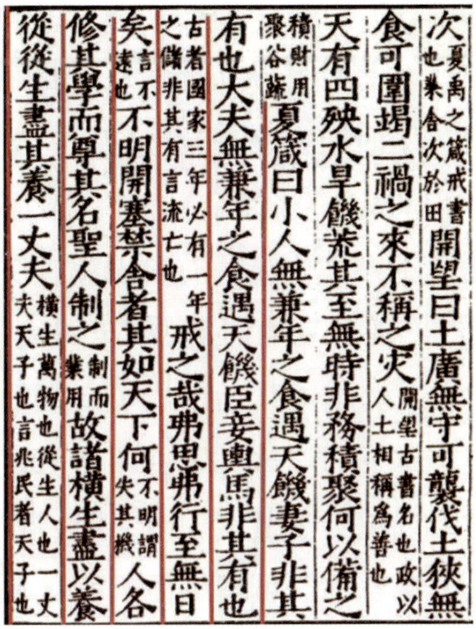

《逸周书·夏箴》书影

《商箴》书影

汉、隋唐等诸多说法，其具体的演变历程也有待进一步探讨。这里试对这一问题进行探讨与梳理，并揭示官箴形态的演变历程。

1.“官箴王阙”的确立及“箴官”对“箴君”主体地位的挑战

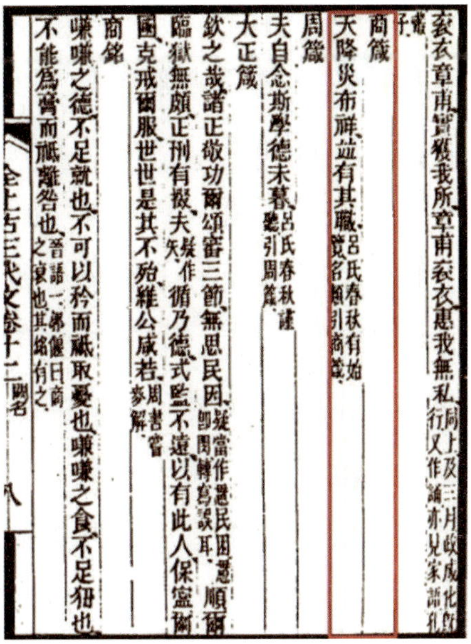

关于“箴文”出现的时间，一般认为是夏商时期。《逸周书》载有《夏箴》①，《吕氏春秋》载有《商箴》②。南朝梁刘勰总结道：“斯文之兴，盛于三代。《夏》《商》二箴，余句颇存。

① 《逸周书·文传解》引《夏箴》曰：“中不容利，民乃外次。”见黄怀信：《逸周书校补注译》，西北大学出版社，1996年，第124页。

② 《吕氏春秋·有始览》引《商箴》云：“天降灾布祥，并有其职。”见（战国）吕不韦编，（汉）高诱注，（清）毕沅校：《吕氏春秋》，上海古籍出版社，2014年，第253页。

周之辛甲，百官箴阙，唯《虞箴》一篇，体义备焉。”[①] 但也有学者质疑“夏商二箴”的真实性，如杨伯峻认为，“夏、商之箴，皆后人妄作”[②]。裴传永在《先秦时期官箴文献考论》一文中，否认了《夏箴》的真实性，但肯定了《商箴》的真实性，进而论证了《尚书·盘庚》所载“小人之攸箴”应是殷商时期的一篇箴文。[③] 大体言之，箴文约出现于夏商时期。[④] 至周代，已有了完整的箴文形态，“官箴从《虞箴》开始形成了一定的程序规范”[⑤]。但由于年代久远，存留下的“箴文”并不多。这时的“箴文”多为进谏君王而作，以期君王贤能理政，即“官箴”最初的形态为百官劝谏君王的谏言，这可理解为“官箴王阙”的肇始。

《尚书·盘庚》中“小人之修箴”所指“是群臣搜集、整理民众反对迁都的意见而写成的一篇箴文”[⑥]，也是目前保存下来最早的较为完整的官箴文献。其创作背景是盘庚迁殷后“民不适有居”[⑦]，箴谏对象是商王盘庚。

我王来，既爰宅于兹，重我民，无尽刘。不能胥

① （南朝梁）刘勰著，（清）黄叔琳注，（清）纪昀评，戚良德辑校：《文心雕龙》，上海古籍出版社，2015 年，第 69—70 页。

② 杨伯峻编著：《春秋左传注》第 3 册，中华书局，1981 年，第 938 页。

③ 具体论证可详见裴传永：《先秦时期官箴文献考论》，《东岳论丛》，2010 年第 8 期。

④ “箴文”文体从兴起到成熟必然有一个历史过程，且《商箴》的真实性已被论证，盘庚时期所做的“小人之攸箴”已是较为完整的箴文，只是不如西周箴文那样讲究程序规范。我们大体可以认为，夏代至少出现了“箴文”的萌芽。总体而言，箴文出现于夏商时代。

⑤ 曹丹：《汉代箴文研究》，东北师范大学硕士学位论文，2009 年，第 19 页。

⑥ 裴传永：《先秦时期官箴文献考论》，《东岳论丛》，2010 年第 8 期。

⑦ 周秉钧注译：《尚书》，岳麓书社，2001 年，第 77 页。

《尚书·盘庚》书影

《左传·官箴王阙》书影

匡以生，卜稽，曰其如台？先王有服，恪谨天命，兹犹不常宁？不常厥邑，于今五邦！今不承于古，罔知天之断命，矧曰其克从先王之烈？若颠木之有由蘖，天其永我命于兹新邑，绍复先王之大业，底绥四方。[①]

箴文大意是：盘庚迁都于殷，民不适其居。臣民们说道：先王敬慎地遵从天命，难道不能长久安宁吗？不能做到长久地居住一地，现已有五个国都了！若不继承先王敬慎天命的传统，就无法知道上天对命运的决定，更何况继承先王事业呢？

西周时，箴文的创作相对繁盛，并建立了“官箴王阙”的制度。《左传·襄公四年》载：“昔周辛甲之为大史也，命百

① 周秉钧注译：《尚书》，岳麓书社，2001 年，第 77 页。

官，官箴王阙。"[①] 百官作箴，以规谏王的过错，是西周政治文化的一大特色。《国语》曰："天子听政，使公卿至于列士献诗，瞽献曲，史献书，师箴……百工谏，庶人传语，近臣尽规"[②]。《史记》有"师箴"之名，张守节正义曰："师，乐太师也。上箴戒之文。"[③] 《左传》曰"工诵箴谏"，杜预注："工，乐人也。诵箴谏之辞。"[④] 可见，西周专门设立了创作"箴戒之文"与吟诵"箴谏之辞"的职官，以箴王阙，为"官箴王阙"提供了制度保障。在周代，"官箴王阙"是一种政治制度，"或太史令百官作箴，或专司箴谏之官作箴，箴文既成以后，由常在君主之侧的乐工'诵'于王耳。"[⑤]

《虞人之箴》即是"官箴王阙"的代表之作，是西周传世箴文中流传最广的一篇，其辞曰：

芒芒禹迹，画为九州，经启九道。民有寝庙，兽有茂草，各有攸处，德用不扰。在帝夷羿，冒于原兽，忘其国恤，而思其麀牡。武不可重，用不恢于夏家。兽臣司原，敢告仆夫。[⑥]

箴文大意是：大禹时期百姓安居乐业，百畜生息繁衍，与

① （战国）左丘明撰，（西晋）杜预集解：《左传》，上海古籍出版社，2015年，第494页。

② （战国）左丘明撰，（三国吴）韦昭注：《国语》，上海古籍出版社，2015年，第6页。

③ （汉）司马迁：《史记》卷4《周本纪》，中华书局，2005年，第103页。

④ （战国）左丘明撰，（西晋）杜预集解：《左传》，上海古籍出版社，2015年，第550页。

⑤ 赵俊玲：《"官箴王阙"传统与扬雄箴文》，《安阳师范学院学报》，2015年第3期。

⑥ 《春秋左传正义》卷29《襄公四年》，《十三经注疏》，北京大学出版社，1999年，第838—840页。

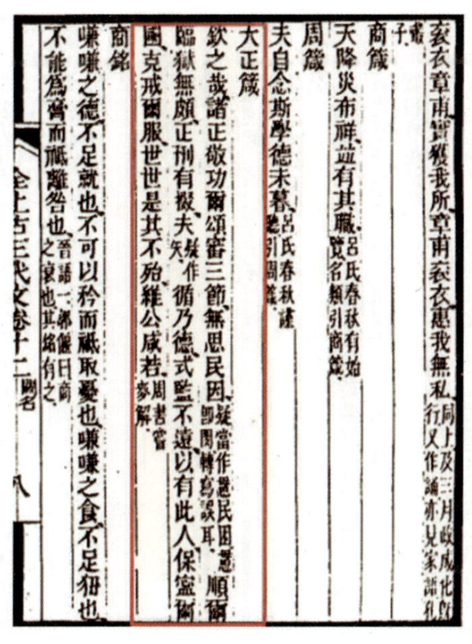

袞衣章甫，實獲我所；章甫袞衣，惠我無私。同上。及三月政成，化館行，又作誦，亦見家語好生篇。

商箴

天降災布祥，並有其職。呂氏春秋有始覽名類引商箴。

周箴

夫自念斯學，德未暮。呂氏春秋謹聽引周箴。

大正箴

欽之哉！諸正敬功，爾頌審三節，無思民因，疑當作毋思民困，周書轉寫誤耳。順爾臨獄無頗，正刑有掇。夫循乃德，夫疑作矢。式監不遠，以有此人，保寧爾國，克戒爾服，世世是其不殆，維公咸若。周書嘗麥解。

商銘

嗛嗛之德，不足就也，不可以矜，而祗取憂也。嗛嗛之食，不足狃也，不能爲膏，而祗離咎也。晉語一。郤偃曰：商之衰也，其銘有之。

全上古三代文卷十二 八

《大正箴》书影

百姓和谐相处，互不相扰。夷羿登上王位后，却迷恋捕杀，贪恋渔猎，不思国家忧患，不知体恤百姓。因而向国君提出劝谏，不可过度武力杀生。

有关早期官箴的形态，早在二十世纪八十年代，高成元就指出：“最早的官箴，并不是‘官吏之诫’……而是‘君王之诫’。”① 至九十年代，学者多沿用其说。如刘俊文言：“官箴，原系百官对国王所进的箴言”②；时运生称，周代“动员百官撰写官箴，以戒王过”③。葛荃则进一步认为，西周以至春秋的官

① 高成元：《官箴的研究》，《天津社会科学》，1985 年第 6 期。

② 刘俊文：《开发历史文化宝藏——官箴书》，《中国典籍与文化》，1992 年第 2 期。

③ 时运生：《中国古代的为官之道——古代官箴述论》，《人文杂志》，1996 年第 6 期。

廬之子。燕丹
衛武公
公名和，釐侯子，康叔之九世孫，宣王時殺兄共伯餘而代立，及犬戎之亂，舉兵入立平王，東遷于雒，平王命為公，在位五十五年，謚曰睿聖武公。
耄箴
自卿以下至於師長士，苟在朝者，無謂我老耄而舍我，必恭恪於朝，朝夕以交戒我，聞一二之言，必誦志而納之，以訓導我。楚語上。昔衛武公年數九十有五矣，猶箴儆于國。
衛莊公
公名蒯聵，靈公太子，以謀殺南子事露，出奔宋，尋之晉，依趙鞅，以子出公輒之十二年入立，在位三年，為晉所伐，出奔，晉師退，復入，尋為其下石圃所攻，走戎州己氏，見殺，謚曰莊公。

《耄箴》书影

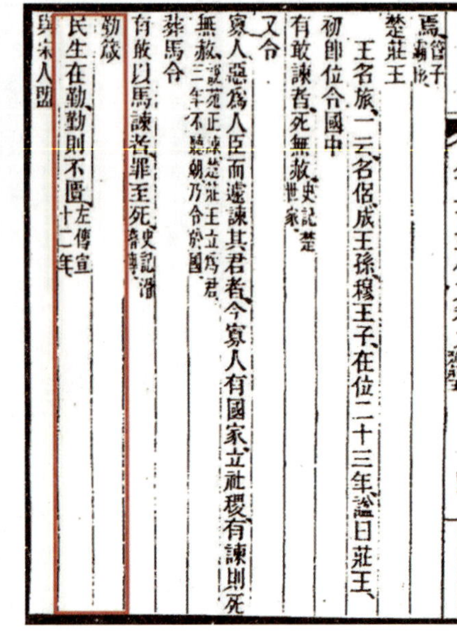

焉。管子霸形。
楚莊王
王名旅，一云名侶，成王孫，穆王子，在位二十三年，謚曰莊王。
初即位令國中
有敢諫者，死無赦。史記楚世家。
又令
寡人惡為人臣而遽諫其君者，今寡人有國家，立社稷，有諫則死無赦。說苑正諫。楚莊王立為君，三年不聽朝，乃令於國。
葬馬令
有敢以馬諫者，罪至死。史記滑稽傳。
勤箴
民生在勤，勤則不匱。左傳宣十二年。
與宋人盟

《勤箴》书影

箴都是“官箴王阙”性质。[①]二十一世纪以来，早期官箴为“官箴王阙”的性质，已被学者广泛接受，如崔宪涛言：“官箴最初的含义是官员们对君主的谏言。”[②]可以说，学界对此已取得基本共识。

早期官箴具有浓厚的“箴君”色彩，但晚于《虞人之箴》同样创作于周代的《大正箴》却有了“君箴臣”的层面。《大正箴》载于《逸周书·尝麦解》，学者依据《尝麦解》篇的内容，多认定《大正箴》为周成王规诫大正而作。如裴传永认为，《大正箴》为周成王“对主管刑狱的司寇提出的规诫”[③]。

① 葛荃认为，“自西周以至春秋，箴即谏，官箴即是一种臣僚对君王的谏戒形式。”见葛荃：《官箴论略》，《华侨大学学报》（哲学社会科学版）1998 年第 1 期。

② 崔宪涛：《关于中国古代官箴书的几个问题》，《理论学刊》，2005 年第1 期。

③ 裴传永：《先秦时期官箴文献考论》，《东岳论丛》，2010 年第 8 期。

钦之哉，诸正！敬功尔颂，审三节，无思民因顺。尔临狱无颇，正刑有掇。夫循乃德，式监不远。以有此人，保宁尔国，克戒尔服，世世是其不殆。维公咸若。①

《大正箴》以“明德慎罚”为核心，向大正之职提出了公正司法、慎重刑罚、恪守德性等职业素养。“这篇箴文在某种程度上堪称我国历史上最早的一部法官职业道德准则。”②

进入春秋，箴文的创作相对衰微。刘勰在《文心雕龙·箴铭》中称“迄至春秋，微而未绝”③。目前所知，春秋时期的箴文仅有两篇，即《耄箴》与《勤箴》，分别为春秋早期卫武公与春秋中期楚庄王所作。其中《勤箴》系楚庄王为告诫楚国国人而作，但仅有两句八个字的断章残篇。④

《耄箴》系卫武公为鼓励臣下直言进谏而作，以表达虚怀纳谏的为政之道：

自卿以下至于师长士，苟在朝者，无谓我老耋而舍我，必恭恪于朝，朝夕以交戒我；闻一二之言，必诵志而纳之，以训导我。⑤

战国末期，秦国出现了一篇著名的官箴文献，即《为吏之

① 黄怀信：《逸周书校补注译》，西北大学出版社，1996 年，第 318 页。

② 裴传永：《先秦时期官箴文献考论》，《东岳论丛》，2010 年第 8 期。

③ （南朝梁）刘勰著，（清）黄叔琳注，（清）纪昀评，戚良德辑校：《文心雕龙》，上海古籍出版社，2015 年，第 70 页。

④ 裴传永：《先秦时期官箴文献考论》，《东岳论丛》，2010 年第 8 期。

⑤ （战国）左丘明撰，（三国吴）韦昭注：《国语》，上海古籍出版社，2015 年，第 364 页。

道》，从各方面论述了官吏应遵守的从政规范：

> 凡为吏之道，必精絜（洁）正直，慎谨坚固，审悉毋（无）私，微密韱（纤）察，安静毋苛，审当赏罚……吏有五善：一曰中（忠）信敬上，二曰精（清）廉毋谤，三曰举事审当，四曰喜为善行，五曰龚（恭）敬多让……①

由此可见，《为吏之道》对秦国官吏提出了“正直”“慎谨”“毋私”“微密”“毋苛”“忠信”“清廉”“善行”“恭敬”等一系列为官所应遵循或具备的官德修养与职业素养。

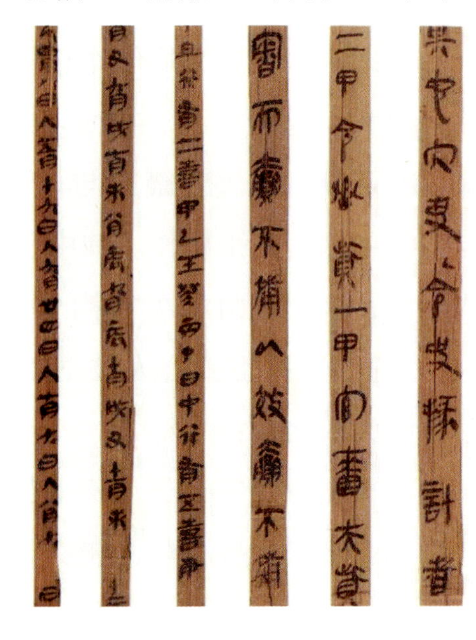

《为吏之道》竹简

有关春秋战国时期的官箴形态，以往学者多疏于考察，往往将其与夏商周三代视为一体。如时运生认为，秦代以后，“对君王的劝告和谏诤，已由言谏机构承担，所以从此时起，君王之诫就变成了官吏之诫了”②。言下之意是，秦以前的官箴都是“君王之诫”。葛荃也言道：“自西周以至春秋，箴即谏，官箴即是一种臣僚对君王的谏戒

① 王辉、王伟编著：《秦出土文献编年订补》，三秦出版社，2014 年，第 260—261 页。

② 时运生：《中国古代的为官之道——古代官箴述论》，《人文杂志》，1996 年第 6 期。

形式。”[1] 裴传永经详细考辨后，对此提出反驳：“《大正箴》开启了先秦官箴文献中君诫臣的先河。《耄箴》《勤箴》这两篇分属春秋早中期的箴文的存在无可置疑地表明，进入春秋时期之后，君诫臣已成为官箴创作的常见现象。”[2]

我们认为，这个结论是可靠的。官箴最初的形态是“官箴王阙”，即百官箴谏君王、天子，周初《虞人之箴》是“官箴王阙”的代表作。但我们绝不能忽视稍晚于《虞人之箴》，同样创作于周初的《大正箴》即有了“君箴臣”的层面。而到了春秋时期，仅发现的两篇箴文均为君王所作，箴诫对象已是臣僚了。且《耄箴》正是“系卫武公为鼓励卿大夫、士直言进谏而作”，似乎说明此时百官箴谏君王并不活跃。完成于秦统一前后的睡虎地秦简《为吏之道》，是一部“箴官”色彩极其强烈的官箴文献。可见此时，以“箴君”为主体的格局早已受到严重挑战。这是战国时代君主权力强化的普遍需要，与专制主义中央集权的最终确立不无关系。

2.“官箴王阙”的复兴与“箴君”“箴官”二元并立格局的形成

两汉时期，箴文数量骤增。《后汉书·胡广传》载：“初，扬雄依《虞箴》作‘十二州二十五官箴’，其九箴亡阙，后涿郡崔骃及子瑗又临邑侯刘騊駼增补十六篇，广复继作四篇，文甚典美。乃悉撰次首目，为之解释，名曰《百官箴》，凡四十八篇。”[3] 自西汉扬雄作箴后，东汉崔骃、崔瑗、崔寔、胡广、

① 葛荃：《官箴论略》，《华侨大学学报》（哲学社会科学版）1998 年第 1 期。

② 裴传永：《先秦时期官箴文献考论》，《东岳论丛》，2010 年第 8 期。

③ （南朝宋）范晔撰，（唐）李贤等注：《后汉书》卷 44《胡广传》，中华书局，1965 年，第 1511 页。

刘騊駼、繁钦等皆有仿效之作。[①] 魏晋南北朝时期，代表性的官箴有：潘勖《符节箴》、温峤《侍臣箴》、王济《国子箴》、潘尼《乘舆箴》,[②] 及梁武帝萧衍《凡百箴》、北朝王褒《皇太子箴》等。两汉魏晋南北朝时期的官箴形态是"君王之诫"还是"百官守则"，是学界探讨官箴演变问题的核心点，也是意见分歧的焦点所在。

(1)"官箴王阙"的复兴与西汉官箴的形态

学界普遍认为，官箴形态最初为"箴君"，后演变成"箴官"，但这一演变的"节点"存在较多分歧，其中又以"秦汉说"与"隋唐说"影响最大。"秦汉说"最早由刘俊文提出，他指出："官箴，原系百官对国王所进的箴言，秦汉以后演变成对百官的劝诫，即做官的箴言。"[③] 时运生表达了相同看法："秦代以后，对君王的劝告和谏诤，已由言谏机构承担，所以从此时起，君王之诫就变成了官吏之诫了。"[④] 随后葛荃、崔宪

---

① 崔骃的《太尉箴》《司徒箴》《司空箴》《尚书箴》《太常箴》《大理箴》《河南尹箴》；崔瑗的《尚书箴》《博士箴》《东观箴》《关都尉箴》《河堤谒者箴》《郡太守箴》《北军中候箴》《司隶校尉箴》《中垒校尉箴》《侍中箴》；崔寔的《谏议大夫箴》《太医令箴》；胡广的《百官箴叙》《侍中箴》《边都尉箴》《陵令箴》；刘騊駼的《郡太守箴》、繁钦的《尚书箴》等。参见曹丹：《汉代箴文研究》，东北师范大学硕士学位论文，2009 年，第 16 页。

② 刘勰指出："潘勖《符节》，要而失浅；温峤《侍臣》，博而患繁；王济《国子》，引多而事寡；潘尼《乘舆》，义正体芜。"参见（南朝梁）刘勰著，（清）黄叔琳注，（清）纪昀评，戚良德辑校：《文心雕龙》，上海古籍出版社，2015 年，第 70 页。

③ 刘俊文：《开发历史文化宝藏——官箴书》，《中国典籍与文化》，1992 年第 2 期。

④ 时运生：《中国古代的为官之道——古代官箴述论》，《人文杂志》，1996 年第 6 期。

欽定四庫全書　史部十二

百官箴　職官類二 官箴之屬

提要

臣等謹百官箴六卷宋許月卿撰月卿字太
空後更字宋士婺源人始以軍功補校尉理
宗時換文資就舉以易魁江東廷對賜進士及
第官至浙江西運幹賈似道當國召試館職
語不合罷去閉門著書自號泉田子宋亡不

欽定四庫全書　百官箴 提要

仕遁跡十年乃卒亦志節之士也是書仿揚
雄官箴分曹列職各申規戒考宋史百官志
經筵乃言路兼官二府掾乃樞密中書屬吏
參知政事以門下中書侍郎為之登聞院隸
諫議進奏院隸給事中俱轄於門下者軍器
監文思院俱轄於工部是書皆各自為箴蓋
以所掌之事區分故既列本職又及其兼官
既列總司又及其所分掌非複出也又考永

《百官箴》书影

涛等学者皆持这种观点。①

“隋唐说”最早由彭忠德提出。他认为，两汉时期的官箴仍与《虞箴》相同，是官吏规谏君主的箴言。② 直至隋唐时期，官箴的性质才发生变化，“《臣轨》当是官箴改变性质后的第一部官箴书”③，从此官箴对象由君主变为官吏。持类似观点的还

① 葛荃认为：“秦汉以后，箴言的内容有了很大变化，从初始的箴谏君王，转而演变为百官守则。”不过葛荃也同时认为“汉人官箴的适用性包括了君臣双方”。见葛荃：《官箴论略》，《华侨大学学报》（哲学社会科学版）1998 年第 1 期。崔宪涛言：“两汉时期，不少学者和官员撰写了一些官箴。可以说，汉代开了撰写官箴风气的先河。”见崔宪涛：《关于中国古代官箴书的几个问题》，《理论学刊》，2005 年第 1 期。

② 彭忠德：《古代官箴文献略说》，《文献》，1995 年第 4 期。

③ 彭忠德：《古代官箴文献略说》，《文献》，1995 年第 4 期。

有李玉阁、赵俊玲等。[①]

如何看待这两种分期呢？问题的关键在于如何理解两汉魏晋南北朝时期的官箴形态。“秦汉说”认为官箴在秦汉后已演变为“百官守则”，“隋唐说”则主张两汉至南北朝的官箴仍以“官箴王阙”为主。而探讨这一问题的关键，在于如何理解“扬雄箴”及后世补作的性质。

箴文从《虞箴》开始形成了一定的程序规范，汉代官箴受此影响较深。以下试以《虞箴》与扬雄《执金吾箴》的比较说明之。

《虞箴》：

芒芒禹迹，画为九州，经启九道。民有寝庙，兽有茂草，各有攸处，德用不扰。在帝夷羿，冒于原兽，忘其国恤，而思其麀牡。武不可重，用不恢于夏家。兽臣司原，敢告仆夫。[②]

扬雄《执金吾箴》：

温温唐虞，重袭。（案：二句有脱）纯孰。（案：此句有脱）经表九德。张设武官，以御寇贼，如虎有

① 李玉阁在《试论明代官箴勉廉》（《哈尔滨学院学报》，2010 年第 2 期）中说：“官箴最初是对帝王过失的规谏与告诫，到唐朝时武则天作《臣轨》、唐玄宗制《令长新戒》，官箴则演变为皇帝对百官的‘儆戒训诰之词’。”赵俊玲在《“官箴王阙”传统与扬雄箴文》（《安阳师范学院学报》，2015 年第 3 期）中说：“扬雄的箴文是‘官箴王阙’传统中产生的代表性作品，其箴诫对象是君主，而非今天一些论者所认为的那样是百官。”要“周代而后，‘官箴王阙’成为一种历史传统，在两汉魏晋南北朝时期从未衰败过”。

② 《春秋左传正义》卷 29《襄公四年》，《十三经注疏》，北京大学出版社，1999 年，第 838—840 页。

牙，如鹰有爪，国以自固，兽以自保。牙爪蒽蒽，动作宜时，用之不理，实反生灾。秦政暴戾，播其威虐，亡其仁义，而思其残酷。猛不可重任，威不可独行。尧咨虞舜，惟思是尚。吾臣司金，敢告执璜。[①]

经对比，两篇箴文在格式、体例和韵律等方面均有相似之处，[②]“芒芒禹迹”与“温温唐虞”，“经启九道”与“经表九德”，“武不可重”与“猛不可重任”等等。裴传永也指出：“《虞箴》全篇基本上是四言成句，凡十五句，且注重押韵。受其影响，后世相当大的一部分官箴私箴都采用了四言协韵、数句到数十句不等的体式与风格。”[③] 可见，汉箴对《虞箴》模仿的痕迹十分明显。

究竟汉代箴文是否继承了《虞箴》“官箴王阙”的性质呢？答案是肯定的。首先体现在固定格式的运用上。《虞箴》结尾“兽臣司原，敢告仆夫”两句所形成的“×臣司×，敢告××”句式，成为汉代箴文固定的格式。以上所列《执金吾箴》即有“吾臣司金，敢告执璜”，其他箴文亦如此。[④] 实际上，这是“作者代官员阐明自己所管辖之事，表明目的乃是箴告执政者”[⑤]。所箴告的执政者主要是指君主。

---

① （汉）扬雄：《执金吾箴》，（清）严可均辑：《全上古三代秦汉三国六朝文》第1册《上古至前汉》，河北教育出版社，1997年，第747页。

② 具体在用韵方面，汉代箴文对《虞箴》的模仿问题，可参见侯妍：《汉代箴铭文研究》，鲁东大学硕士学位论文，2015年，第24—25页。

③ 裴传永：《“箴”的流变与历代官箴书创作——兼及官箴书中的从政道德思想》，《理论学刊》，1999年第2期。

④ 如《少府箴》：“府臣司共，敢告执觚。”《上林苑令箴》：“衡臣司虞，敢告执指。”《雍州箴》：“牧臣司雍，敢告赘衣。”《扬州箴》：“牧臣司扬，敢告执筹。”

⑤ 卜晓伟：《汉代箴文研究》，河北师范大学硕士学位论文，2012年，第18页。

其次，在内容上确有“官箴王阙”的体现。从《执金吾箴》内容来看，一方面劝诫执金吾不能残酷威猛以示权威，另一方面也劝谏皇帝任用执金吾时须谨慎小心、认真考察。再如《扬州箴》：“汤武圣而师伊、吕，桀纣悖而诛逄、干。盖迩不可不察，远不可不亲……元首不可不思”[①]，分别以成汤、姬发与夏桀、商纣作为正反面教材，对帝王用人提出规谏：察近小，亲远贤。《益州箴》：“帝有桀纣，湎沉颇僻”[②]，劝谏君主勿湎沉酒色。《交州箴》：“盛不可不忧，隆不可不惧，顾瞻陵迟，而忘其规摹。亡国多逸豫，而存国多难”[③]，对君主提出居安思危、慎重周密的箴告，勿要闲适安乐。《大司农箴》：“帝王之盛，实在农植……膏腴不获，庶物并荒，府库殚虚，靡积仓箱，陵迟衰微，周卒以亡。”[④] 以周为鉴，劝谏帝王重视农业生产，充实国库。《光禄勋箴》：“昔在夏殷，桀、纣淫湎，符牛之饮，门户荒乱……内不可不省，外不可不清。德人立朝，义士充庭。”[⑤] 从“对内节俭、对外识人”两方面规谏帝王。《上林苑令箴》：“昔在帝羿，共田径游……麀鹿牧伏，不如德至。衡臣司虞，敢告执指。”[⑥] 以帝羿为反面教材，劝谏

① （汉）扬雄：《扬州箴》，载（清）严可均辑：《全上古三代秦汉三国六朝文》第1册《上古至前汉》，河北教育出版社，1997年，第742页。

② （汉）扬雄：《益州箴》，载（清）严可均辑：《全上古三代秦汉三国六朝文》第1册《上古至前汉》，河北教育出版社，1997年，第743页。

③ （汉）扬雄：《交州箴》，载（清）严可均辑：《全上古三代秦汉三国六朝文》第1册《上古至前汉》，河北教育出版社，1997年，第744页。

④ （汉）扬雄：《大司农箴》，载（清）严可均辑：《全上古三代秦汉三国六朝文》第1册《上古至前汉》，河北教育出版社，1997年，第745页。

⑤ （汉）扬雄：《光禄勋箴》，载（清）严可均辑：《全上古三代秦汉三国六朝文》第1册《上古至前汉》，河北教育出版社，1997年，第745页。

⑥ （汉）扬雄：《上林苑令箴》，载（清）严可均辑：《全上古三代秦汉三国六朝文》第1册《上古至前汉》，河北教育出版社，1997年，第749页。

帝王勿好游乐，当施仁德。汉成帝嗜酒成性，扬雄曾作《酒箴》以示劝诫。[①] 这些均体现了“扬雄箴”的“箴君”色彩，其中一大特点是借用历史上的昏庸暴虐之君与贤德圣明之主来进行箴谏。

最后，在后人的追述中，也表明了“扬雄箴”具有“箴君”层面。崔瑗《叙箴》云：“昔杨子云读《春秋传·虞人箴》而善之。于是作为九州及二十五官箴规匡救，言君德之所宜，斯乃体国之宗也。”[②] “言君德之所宜”之语，即为确切体现。潘尼《乘舆箴》序言也称：“自《虞人箴》以至于《百官》，非唯规其所司，诚欲人主斟酌其得失焉。《春秋传》曰：‘命百官箴王阙’，则亦天子之事也。”[③]

实际上，整个西汉的政治环境相对宽松，允许甚至鼓励臣子箴谏帝王的过失，臣子对君王的箴谏之言不在少数。“汉初，贾谊、董仲舒等都不断地给帝王提出很重要的官箴要求来约束帝王。”[④] 宣帝曾诏曰：“有能箴朕过失，及贤良方正直言极谏之士以匡朕之不逮，毋讳有司。”[⑤] 扬雄作为“真儒”的追求者，崇尚“如用真儒，无敌于天下”[⑥] 的观念，提倡经世致用，

---

① 《汉书·游侠传》：“黄门郎扬雄作酒箴以讽谏成帝。”后世有诸多作家也将《酒箴》看作《酒赋》。

② （汉）崔瑗：《叙箴》，载（清）严可均辑：《全上古三代秦汉三国六朝文》第2册《后汉》，河北教育出版社，1997年，第429页。

③ （唐）房玄龄等撰：《晋书》卷55《潘岳传》，中华书局，1974年，第1513页。

④ 郭成伟：《官箴文化的演变与借鉴》，《解放日报》，2012年4月15日。

⑤ （汉）班固撰，（唐）颜师古注：《汉书》卷8《宣帝纪》，中华书局，1962年，第249页。

⑥ （汉）扬雄：《法言》，陈志坚主编：《诸子集成》（第5册），北京燕山出版社，2008年，第23页。

延续与复兴“官箴王阙”的传统，是其逻辑之必然，这也是原始儒学干政传统在汉代的具体体现。

“秦汉说”认为，秦汉以后的官箴已演变为“百官守则”了。有什么依据呢？这主要是受到了宋人晁说之的影响。有关扬雄作“二十五官箴”的缘由，晁说之曾云：“雄见（王）莽更易百官，变置郡县，制度大乱，士皆忘去节义，以从谀取利，乃作司空、尚书、光禄勋……等箴……皆劝人臣执忠守节，可为万世戒。”[①] 按其说法，扬雄作“二十五官箴”目的是“劝人臣执忠守节”，也即主要告诫对象为臣子。吕祖谦对此提出反驳：“凡作箴，须用‘官箴王阙’之意，各以其官所掌而为箴辞。如《司隶校尉箴》，当说司隶箴人君振纪纲，非谓使司隶振纪纲也。如《廷尉箴》，当说人君谨刑罚，非谓廷尉谨刑罚也。”[②] 通过前文的论述，我们认为，吕祖谦之言是有道理的，扬雄作箴主要是用来箴谏君主。

虽然扬雄作箴的主要目的是规谏君主，但我们详察扬雄《官箴》的内容后发现：扬雄从特定的职官入手进行箴谏，在这个过程中，《官箴》也不可避免地“阐述设官分职的重要作用、界说具体职位的职责范围、提出履行职权的官德要求”[③]。如《尚书箴》：“王之喉舌，献善宣美，而谗说是折，我视云明，我听云聪，载夙载夜，惟允惟恭。”[④] 扬雄指出了尚书“王之喉舌”的

① （宋）晁说之：《景迂生集·扬雄别传》，清文渊阁四库全书本。

② 王应麟在《玉海·辞学指南》中引吕祖谦之语。见王水照：《历代文话》，复旦大学出版社，2007 年，第 998 页。

③ 裴传永：《试论两汉官箴的主要内容和基本特点》，《理论学刊》，2011 年第 2 期。

④ （汉）扬雄：《尚书箴》，载（清）严可均辑：《全上古三代秦汉三国六朝文》第 1 册《上古至前汉》，河北教育出版社，1997 年，第 744 页。

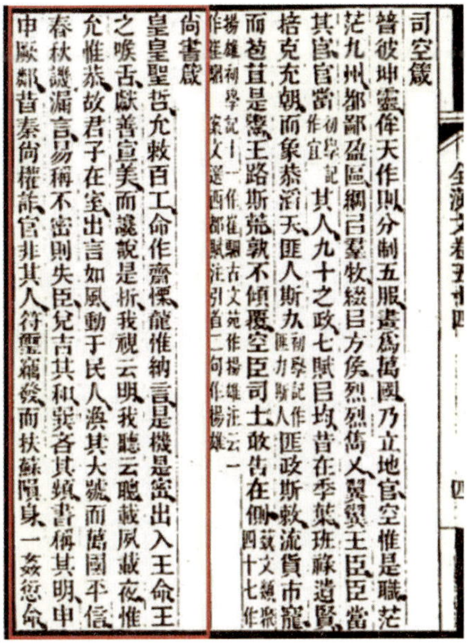

全漢文卷五十四　四
司空箴
普彼坤靈侔天作則分制五服畫爲萬國乃立地官空惟是職茫
茫九州都鄙盈區綱以羣牧總以方矦烈烈雋乂翼翼王臣臣當
其官官當初學記作宜其人九十之政七賦以均昔在季葉班祿遺賢
掊克充朝而象恭滔天匪人斯力初學記作匪力斯人匪政斯教流貨市寵
而苞苴是鬻王路斯荒孰不傾覆空臣司土敢告在側藝文類聚四十七作
揚雄初學記十一作崔駰古文苑作揚雄注云一
作崔駰案文選西都賦注引首二句作揚雄
尚書箴
皇皇聖哲允敕百工命作齋慄龍惟納言是機是密出入王命王
之喉舌獻善宣美而讒說是折我視云明我聽云聰載夙載夜惟
允惟恭故君子在室出言如風動于民人渙其大號而萬國平信
春秋譏漏言易稱不密則失臣兌吉其和巽吝其頻書稱其明申
申厥繇昔秦尚權詐官非其人符璽竊發而扶蘇隕身一姦愆命

《尚书箴》书影

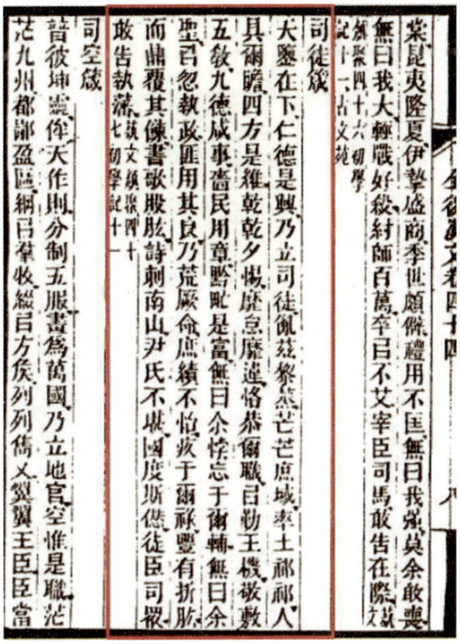

全後漢文卷四十四　八
棠昆夷隆夏伊摯盛商季世頗僻禮用不匡無曰我强莫余敢喪
無曰我大轉職好殺紂師百萬卒以不艾宰臣司馬敢告在際藝文
類聚四十六初學記十一古文苑
司徒箴
大鑒在下仁德是興乃立司徒弼茲黎蒸芒芒庶域率土祁祁人
具爾瞻四方是維乾乾夕惕靡怠靡違恪恭爾職以勸王機敬敷
五教九德咸事嗇民用章黜虩是富無曰余悖忘于衛轉無曰余
聖以忽教政匪用其良乃荒厥命庶績不悋疚于爾祿豐有折肱
而鼎覆其餗書歌股肱詩刺南山尹氏不堪國度斯愆徒臣司衆
敢告執藩藝文類聚四十七初學記十一
司空箴
普彼坤靈侔天作則分制五服畫爲萬國乃立地官空惟是職茫
茫九州都鄙盈區綱以羣牧總以方矦列列雋乂翼翼王臣臣當

《司徒箴》书影

地位，“献善宣美”的职责，提出了“明”与“聪”的素质要求，以及勤勉、公允的工作态度。《少府箴》：“实实少府，奉养是供。纪经九品，臣子攸同，海内币帑，祁祁如云。家有孝子，官有忠臣”①，强调了少府一职的重要性，对其提出“忠”的官德要求。《扬州箴》：“元首不可不思，股肱不可不孳。”② “孳”同“孜孜”，有勤勉之意。《卫尉箴》：“阙为城卫，以待暴卒。国以有固，民以有内，各保其守，永修不败。”③《博士箴》：“官

① （汉）扬雄：《少府箴》，载（清）严可均辑：《全上古三代秦汉三国六朝文》第1册《上古至前汉》，河北教育出版社，1997年，第747页。

② （汉）扬雄：《扬州箴》，载（清）严可均辑：《全上古三代秦汉三国六朝文》第1册《上古至前汉》，河北教育出版社，1997年，第742页。

③ （汉）扬雄：《卫尉箴》，载（清）严可均辑：《全上古三代秦汉三国六朝文》第1册《上古至前汉》，河北教育出版社，1997年，第746页。

操其业，士执其经。昔圣人之绥俗，莫美于施化。”[①] 此二箴都是对各自职责的申说与强调。

曹丹称，扬雄箴“主讽地方及各个专业部门，兼及中央最高统治者”[②]。实际上颠倒了“箴君”与“箴官”的主次地位，但其“箴官”层面至少是存在的。

总之，扬雄作箴的主要目的是规谏君主，但又涉及百官职责。[③] 其中“二十五官箴”的写法虽从官职入手，但其主要箴谏对象为帝王，在这个过程中，某些《官箴》同时也提出了该官职的职责范畴与官德要求。在“十二州箴”中，扬雄以帝王为箴谏对象，体现得更为明显。

（2）“箴官”层面的逐渐强化与“箴君”“箴官”二元并立格局的形成

东汉出现的《百官箴》延续了扬雄箴的风格与思想，但其“箴官”的层面有所加强，有着更为明显的“箴官”因子。如崔骃《司徒箴》：“恪恭尔职，以勤王机……无曰余悖，忘于尔辅。无曰余圣，以忽执政。”[④] 强调了司徒的辅政重任，要求恭谨其职。《尚书箴》：“赫赫禁台，万邦所庭。无曰我平，而慢

---

① （汉）扬雄：《博士箴》，载（清）严可均辑：《全上古三代秦汉三国六朝文》第1册《上古至前汉》，河北教育出版社，1997年，第748页。

② 曹丹：《汉代箴文研究》，东北师范大学硕士学位论文，2009年，第25页。

③ 赵俊玲在《“官箴王阙”传统与扬雄箴文》（《安阳师范学院学报》，2015年第3期）中说：“扬雄的箴文是‘官箴王阙’传统中产生的代表性作品，其箴诫对象是君主，而非今天一些论者所认为的那样是百官。”赵俊玲有关扬雄箴属“官箴王阙”性质的结论，本文十分认可。但她忽视了扬雄箴围绕特定职官，也有一些为官职责与修养等方面的申说，即至少存在一定的“箴官”层面，而非完全没有。

④ （汉）崔骃：《司徒箴》，载（清）严可均辑：《全上古三代秦汉三国六朝文》第2册《后汉》，河北教育出版社，1997年，第423页。

尔衡；无曰我审，而怠尔明……举以无私，乃忝服荣。”[1] 东汉以尚书台总揽政务，故称“赫赫禁台”，作者对尚书提出公平、明察、无私等官德要求或职业素养。《大理箴》：“嗟兹大理，慎于尔官。赏不可不思，断不可不虔。”[2] 将“慎重”“恭敬”看作大理赏罚断案的必备素养。高彪所作《督军御史箴饯赠第五永》为劝诫同僚的箴文：“勿谓时险，不正其身。忽谓无人，莫识己真。忘富遗贵，福禄乃存……先公高节，越可永遵。佩藏斯戒，以厉终身。”[3] 表达了作者对同僚正身律己、重才尚贤与公正高节的期盼。东汉还出现了《女师箴》《皇后箴》《外戚箴》等新类型箴文，主要针对后宫与外戚。皇甫规《女师箴》曰：“咨尔庶妃，銮路斯迈。战战兢兢，厉省鞶带。”[4] 崔琦《外戚箴》：“辅主以礼，扶君以仁，

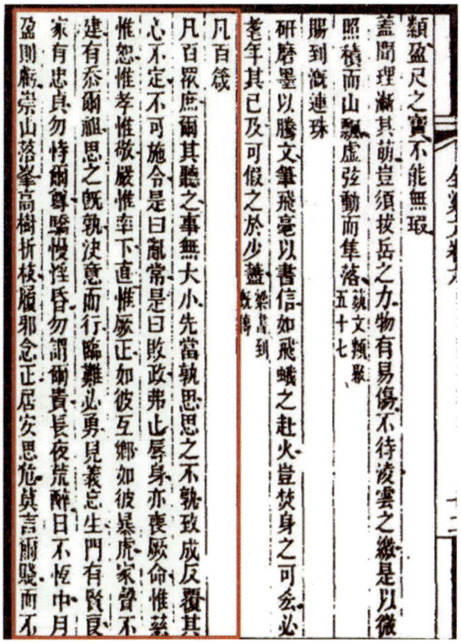
類盈尺之寶不能無瑕
蓋闇理漸其萌豈須拔岳之力物有易傷不待凌雲之繳是以微
照積而山飄虛弦動而隼落 藝文類聚五十七
賜到溉連珠
研磨墨以騰文筆飛毫以書信如飛蛾之赴火豈焚身之可吝必
耄年其已及可假之於少盞 梁書到溉傳
凡百箴
凡百眾庶爾其聽之事無大小先當孰思思之不孰致成反覆其
心不定不可施令是曰亂常是曰敗政弗止辱身亦喪厥命惟慈
惟恕惟孝惟敬嚴惟率下直惟厥正如彼互鄉如彼暴虎家聲不
建有忝爾祖思之既孰決意而行臨難必勇見義忘生門有賢良
家有忠貞勿恃爾尊驕慢淫昏勿謂爾貴長夜荒醉日不恒中月
盈則虧崇山落峯高樹折枝履邪念正居安思危貞言爾聽而不

《凡百箴》书影

① （汉）崔骃：《尚书箴》，载（清）严可均辑：《全上古三代秦汉三国六朝文》第2册《后汉》，河北教育出版社，1997年，第423页。

② （汉）崔骃：《大理箴》，载（清）严可均辑：《全上古三代秦汉三国六朝文》第2册《后汉》，河北教育出版社，1997年，第424页。

③ （汉）高彪：《督军御史箴饯赠第五永》，载（清）严可均辑：《全上古三代秦汉三国六朝文》第2册《后汉》，河北教育出版社，1997年，第630页。

④ （汉）皇甫规：《女师箴》，载（清）严可均辑：《全上古三代秦汉三国六朝文》第2册《后汉》，河北教育出版社，1997年，第588页。

达才讲善，以义济身。”[①] 东汉中后期，外戚势力与宦官集团轮流执掌朝政，成为东汉政治的一大特色，这些箴文正是这一政治生态的真实反映。

魏晋以后的官箴，“箴官”色彩越发明显。西晋傅咸作有《御史中丞箴》，其序文写道：“百官之箴，以箴王阙。余承先君之踪，窃位宪台，惧有忝累垂翼之责，且造斯箴，以自勖励。不云自箴而云御史中丞箴者，凡为御史中丞欲通以箴之也。”[②] 由序文可知，傅咸明知官箴用来“箴王阙”，但他个人却以御史中丞的身份对御史中丞一职进行箴诫。关于此，清人光聪谐认为，“以箴王阙”是长久以来的传统，但“傅咸《御史中丞箴》始变其义，用以自箴。后来人主为之，遂以箴官，非官箴矣”[③]。尽管光聪谐所言“始变其义”之语，有失严谨，因在此之前早已有“箴官”的出现，但他强调了魏晋以后一种明显的变化：“遂以箴官，非官箴矣。”至梁武帝萧衍作《凡百箴》，“凡百众庶，尔其听之。事之大小，先当熟思。”“勿恃尔尊，骄慢淫昏。勿谓尔贵，长夜荒醉。”[④] 其“箴官”色彩已相当明显。

不过，这一时期“官箴王阙”的传统仍然具有一定影响力。傅咸《御史中丞箴》序言所提及的“百官之箴，以箴王阙”，表

---

① （汉）崔琦：《外戚箴》，载（清）严可均辑：《全上古三代秦汉三国六朝文》第 2 册《后汉》，河北教育出版社，1997 年，第 435 页。

② （晋）傅咸：《御史中丞箴（并序）》，载（清）严可均辑：《全上古三代秦汉三国六朝文》第 4 册《晋》（上），河北教育出版社，1997 年，第 549 页。

③ 钱钟书：《管锥编》，中华书局，1979 年，第 964 页。

④ （南朝）萧衍：《凡百箴》，载（明）张溥，（清）吴汝纶编：《汉魏六朝百三家集选》，吉林人民出版社，1998 年，第 453 页。

明这种传统认知在当时依然存在。潘尼《乘舆箴》则明确沿用“箴王阙”的传统，其序言曰：“自《虞人箴》以至于《百官》，非唯规其所司，诚欲人主斟酌其得失焉。《春秋传》曰：‘命百官箴王阙’。”① 在内容上也是明显的“箴君”言论：“王者无亲，唯在择人，倾盖惟旧，自首乃新。”“知人则哲，惟帝所难。”②嵇康的《太师箴》也是以太师身份对君主的规劝，③ 其中有“故居帝王者，无曰我尊，慢尔德音；无曰我强，肆于骄淫”④ 之语。北朝王褒《皇太子箴》序言曰，“窃以太史官箴，《虞书》所诫”，“敢自斯义，献箴云尔”⑤，再次提到《虞箴》及“官箴王阙”。且箴谏对象为储君，是未来的帝王，不同于臣僚。这说明，“箴王阙”在魏晋南北朝仍作为对“百官之箴”的重要认知。可以说，这一时期呈现出“箴君”与“箴官”二元并立的格局。

由上述可知，“秦汉说”有其合理性，汉代箴文确有“箴官”层面，但忽视了“官箴王阙”在西汉时期复兴的事实，从这一时期官箴的整体形态看，“箴君”“箴官”二者皆备，但“箴君”仍据主流，官箴并未完全演变为百官守则。“隋唐说”总体上肯定了汉代箴文对“官箴王阙”的复兴，以及魏晋箴文

---

① （唐）房玄龄等撰：《晋书》卷55《潘岳传》，中华书局，1974年，第1513页。

② （唐）房玄龄等撰：《晋书》卷55《潘岳传》，中华书局，1974年，第1515页。

③ 童强：《嵇康评传》（上），南京大学出版社，2011年，第193页。

④ （三国魏）嵇康著；殷翔，郭全芝注：《嵇康集注》，黄山书社，1986年，第334页。

⑤ （北朝）王褒：《王子渊皇太子箴（有序）》，载（清）李兆洛编：《骈体文钞》，上海古籍出版社，2001年，第76页。

仍具“箴君”的层面，但对东汉魏晋以来“箴官”的发展趋势及其对官箴形态的巨大冲击，未能给予充分揭示。所以，对传统官箴形态的演变，不能简单地划出一个时间节点，而应看到其曲折反复的一面。

3.“箴官”主体下的“君臣互箴”

官箴文化发展至隋唐时期，有了显著的变化。唐代首次出现了帝王专为臣僚制定的官箴书，即广为人知的《臣轨》。学界普遍强调《臣轨》是强化“箴官”色彩的一个里程碑，东汉以来“箴官”的发展，在此取得“质”的突破。《臣轨》为武则天所作，其序言写道：“为事上之轨模，作臣下之准绳。”[①] 该书共两卷十章，近两万字，从各个方面提出了为官者的标准与规范，以作为臣僚的座右铭与士人贡举习业的读本。

《臣轨》包含同体、至忠、守道、公正、匡谏、诚信、慎密、廉洁、良将、利人十章，全面阐述了人臣的为官之道。《同体章》：“人臣之于君也，犹四肢之载元首”；“臣主同体，上下协心”[②]。表达君臣一体、上下一心。《至忠章》：“事君者以忠正为基，忠正者以慈惠为本”；“先其君而后其亲”[③]。强调百官对君主尽忠，对百姓慈惠。《守道

① （唐）武则天：《臣轨》，见《官箴书集成》第1册，黄山书社，1997年，第2页。

② （唐）武则天：《臣轨》，见《官箴书集成》第1册，黄山书社，1997年，第4、6页。

③ （唐）武则天：《臣轨》，见《官箴书集成》第1册，黄山书社，1997年，第7、8页。

章》，“故道之所在，圣人尊之”；“道成而后有福禄也”。[①] 强调遵守先贤圣人之道。《公正章》：“理人之道万端，所以行之在一。一者何？公而已矣。”[②] 公正无私是“理人之道”之根本。《匡谏章》，“夫谏者，所以匡君于正也”；“臣子不谏诤，则亡国破家之道也”。[③] 强调臣子对君主的进谏之责，此关乎国家兴亡。《诚信章》：“非诚信无以取爱于其君，非诚信无以取亲于百姓。”[④] 官员的诚实守信对君主与百姓至关重要。《慎密章》：“夫不慎于始，则祸成于末，虽终身积悔，其可及哉！”[⑤] 告诫官员行事谨慎。《良将章》：“夫将若能先事虑事，先防求防，如此者，守则不可攻，攻则不可守……若骄贪而轻于敌者，必为人所擒。”[⑥] 对良将提出标准要求。《廉洁章》：“夫不义而处富财，必招却夺之患。”[⑦] 警告百官贪腐，必招灾祸。《利人章》：“夫衣食者，人之本也……人者，国之本……为臣之忠者，先利于人。”[⑧]

---

① （唐）武则天：《臣轨》，见《官箴书集成》第1册，黄山书社，1997年，第10、12页。

② （唐）武则天：《臣轨》，见《官箴书集成》第1册，黄山书社，1997年，第13页。

③ （唐）武则天：《臣轨》，见《官箴书集成》第1册，黄山书社，1997年，第17、19页。

④ （唐）武则天：《臣轨》，见《官箴书集成》第1册，黄山书社，1997年，第20页。

⑤ （唐）武则天：《臣轨》，见《官箴书集成》第1册，黄山书社，1997年，第23页。

⑥ （唐）武则天：《臣轨》，见《官箴书集成》第1册，黄山书社，1997年，第28页。

⑦ （唐）武则天：《臣轨》，见《官箴书集成》第1册，黄山书社，1997年，第25页。

⑧ （唐）武则天：《臣轨》，见《官箴书集成》第1册，黄山书社，1997年，第30、31页。

强调利为人本，人为国本，为官者应为百姓谋利。

从语言文体来看，《臣轨》已经突破了两汉魏晋时期官箴的形态，完成了从箴文到官箴书的演变。官箴书与箴文相比，叙述形式随意多样，内容更加丰富。从编纂结构来看，此书相比于汉代零散的箴文，体例更加完备，书内篇章之间凸显一定的逻辑关联性，对后世官箴书的结构体例产生了较大影响。从具体内容来看，《臣轨》是“为官之道”或“居官法则”的全面系统阐释，是为官者所应遵循或具备的官德修养、原则理念或职业素养等，也是秦汉以来“为官之道”论述之集大成者，形成了传统官箴书论述“为官之道”的基本格局。除《臣轨》外，武则天还召集文学之士周思茂等作有《百僚新戒》五卷，[①]现已佚失。

唐太宗也写过箴规臣僚的《百字箴》：

> 耕夫役役，多无隔宿之粮。蚕女波波，少有御寒之衣。日食三餐，当思农夫之苦。身穿一缕，每念织女之劳。寸丝千命，匙饭百鞭，无功受禄，寝食不安。交有德之朋，绝无益之友。取本分之财，戒无名之酒，常怀克己之心，闭却是非之口。若能依朕之斯言，富贵功名可久。[②]

《百字箴》体现了唐太宗对百官的谆谆告诫：杜绝浪费，常思物力维艰；廉洁自律，不可无功受禄；慎重交友，常怀克

① （后晋）刘昫等撰：《旧唐书》卷6《则天皇后本纪》，中华书局，1975年，第133页。

② （唐）李世民：《百字箴》，见丁宜曾辑《农圃便览》，清乾隆二十年丁氏强善斋刻本。

己之心。

唐玄宗《令长新戒》也是唐代“君箴臣”的代表作。开元二十四年（736），玄宗宴请新任县令于朝堂，自作《令长新戒》，颁赐于天下县令。[①]《令长新戒》表达了唐玄宗对县令长为政一方、勤政爱民的殷切期望；要求他们革除旧弊，维新政事，教化风俗，体恤贫苦，劝农养富，勤劳躬亲，终成一代“良臣”。[②]《令长新戒》还被刻为铭石，立于衙署。宋人欧阳修记述：“右《令长新戒》。开元之治盛矣，玄宗尝自择县令一百六十三人，赐以丁宁之戒。其后天下为县者皆以新戒刻石，今犹有存者。”[③] 此外，玄宗尚颁有《处分县令敕》《明皇戒牧宰敕》等官戒敕令。

唐以后，官箴文化中的“箴官”层面已占据主流，官箴在总体上演变为帝王约束告诫百官的工具，是为官者的从政规范或入仕指南。

不过需要注意的是，隋唐时期的官箴文化颇有“君臣互箴”的特点，即君臣互相针对。前文所述唐太宗、武则天、唐玄宗创作箴文或官箴书，皆针对臣僚，而臣子作箴往往也针对君主。如隋代戴逵作有《皇太子箴》，以储君为劝谏对象。[④] 唐

---

① （宋）司马光编著，（元）胡三省音注：《资治通鉴》卷214，中华书局，1956年，第6813页。秦制：县万户以上为令，秩一千至六百石；万户以下为长，秩五百至三百石。秦汉时治万户以上县者为令，不足万户者为长。后因以“令长”泛指县的行政长官。

② （唐）李隆基：《令长新戒》，载周绍良主编：《全唐文新编》第1部·第1册，吉林文史出版社，2000年，第521页。

③ （宋）欧阳修：《欧阳修全集》，中国文史出版社，1999年，第475页。

④ （唐）欧阳询撰，汪绍楹校：《艺文类聚》，上海古籍出版社，1999年，第295页。

初统治者积极吸取隋亡的教训，广开言路，积极纳谏。贞观初年，中书省官员张蕴古上《大宝箴》以讽，“太宗嘉之，赐以束帛，除大理丞”[1]。唐宪宗崇尚武功，又好游猎。吏部郎中柳公绰上《太医箴》：“医之上者，理于未然。患居虑后，防处事先。”[2] 宪宗也欣然接受，并提拔其为御史中丞。唐敬宗时，“帝昏荒，数游幸，狎比群小”，百官鲜有进言，李德裕上《丹扆六箴》。《宵衣箴》讽视朝稀晚，《正服箴》讽服御非法，《罢献箴》讽敛求怪珍，《纳诲箴》讽侮弃忠言，《辨邪箴》讽信任群小，《防微箴》讽伪游轻出。敬宗“敦敦作诏，厚谢其意”[3]。

最能体现“君臣互箴”的是唐德宗与杜希全君臣二人之事。时杜希全将赴灵州，行前向德宗“献《体要》八章，多所规谏。德宗深纳之，乃著《君臣箴》以赐之”[4]。君臣二人互相劝戒。在《君臣箴》中，德宗阐释了为臣之道，有“臣之事君，咸思正直”，“惟君无良，亦臣之咎”，及“期尽忠而纳诲”等“箴官”言论，还借用“辛毗引裾”等典故勉励臣下直言进谏与尽心辅政。[5] 不过《君臣箴》也表达了君臣携手、共谋社

---

① （后晋）刘昫等撰：《旧唐书》卷 190《张蕴古传》，中华书局，1975 年，第 4993 页。

② （唐）柳公绰：《太医箴》，载周绍良主编：《全唐文新编》第 3 部 · 第 2 册，吉林文史出版社，2000 年，第 6299 页。

③ （宋）欧阳修等撰：《新唐书》卷 180《李德裕传》，中华书局，1975 年，第 5329—5330 页。

④ （后晋）刘昫等撰：《旧唐书》卷 144《杜希全传》，中华书局，1975 年，第 3921 页。

⑤ （后晋）刘昫等撰：《旧唐书》卷 144《杜希全传》，中华书局，1975 年，第 3922 页。

稷的为政理念。[①]

可见唐代“君臣互箴”的特点是比较明显的，凡君主作箴多为告诫臣子，而臣子作箴又多以劝谏君主。这与魏晋南北朝时的“箴君”“箴官”二元并立不同，“二元并立”格局只是强调“箴君”与“箴官”平分秋色、势均力敌。而无论“箴君”还是“箴官”，此时官箴的创作群体基本上为百官臣僚，因此也就谈不上“君臣互箴”。这一时期虽有梁武帝作《凡百箴》规诫百官，但这种现象并不普遍，且臣子作箴之目的也与唐代多针对君主有所不同。

大体言之，唐代的官箴形态，呈现出“箴官”主体下“君臣互箴”的特点。相比于魏晋南北朝时期，隋唐建立了大一统王朝，君主权威与中央集权得到了巩固与强化，从中央到地方有着一套比较严密、系统且完善的官僚行政体制。为保障统治机器在广阔地域上的良好运转，帝王规谏百官在所难免，也显得更为迫切。但在“箴官”主体下，之所以又呈现“君臣互箴”的特点，一方面因唐代政治生态相对良好，政治环境也相对宽松，臣子作箴劝谏君主，君主多能虚心接受，甚至给予赏赐或提拔。另一方面，“箴王阙”的传统影响力也还未彻底消退。唐代有帝王“自箴”现象，早在贞观年间，唐太宗就著有《帝范》一书，论述了帝王的为君之道。唐德宗则作有《刑政

---

① 《君臣箴》在阐释为臣之道的同时，也提及为君之道。如“惟德惠人，惟辟奉天，从谏则圣，共理惟贤”之语，隐含帝王君德。再如“且以谠言者逆耳，谗谀者伺侧，故下情未通，而上听已惑”之语，强调近忠贤、远谗谀，使下情通畅。“君之任臣，必求一德”，表达了帝王用人原则。《君臣箴》在结尾强调“君臣协德，混一区宇”。见（后晋）刘昫等撰：《旧唐书》卷144《杜希全传》，中华书局，1975年，第3922页。

箴》，用以“自箴”。其序言“聊缀斯文，庶乎自儆尔”，明确表明“自儆”目的，即自我警醒。内容上有“立政伊何，必循道德”；“广无情之听，思得其真”等自警言语。结尾也表明“自箴”用意：“戒于未形”“书以自勖”。① 唐代帝王自觉承继“箴王阙”的历史传统，为“臣箴君”树立了良好典范，同时也可视为“君臣互箴”的补充形式。

4.“官吏自箴”的定格及其文化动因

宋元明清时期，官箴文化中“箴官”层面的主体地位被再度强化，并最终定格在“官吏自箴”。宋以后的官箴，其展现方式不再以箴文为主，而是数量众多、篇幅浩瀚的官箴书。初步统计，宋代官箴书有十余种，如吕本中的《官箴》，许月卿的《百官箴》，李元弼的《作邑自箴》，陈襄的《州县提纲》，朱熹的《朱文公政训》，真德秀的《西山政训》，张镃的《仕学规范》等。这些官箴书无不以百官作为规诫对象，其中吕本中《官箴》所言当官三法：清、慎、勤，② 对后世产生了深远的影响，几乎成为钦定的官箴。梁启超说：“近世官箴，最脍炙人口者三字：曰清、慎、勤。”③《州县提纲》可谓我国现存最早

① 不过详查《刑政箴》内容，也隐含了德宗对司法官员的箴勉。如有“详刑伊何，必去烦刻。不以人众欲，不以枉伤直”；“宽则致慢，猛亦取怨，酌于大猷，戒厥偏见”；“奉无私之心，以诚其意”等言论。但德宗作此箴主要目的是“自箴”，之所以又隐含对司法官员的箴勉，是因德宗作箴的一贯风格，即表达君臣同心同德、携手共进，共谋社稷的为政理念。《刑政箴》全文见周绍良主编：《全唐文新编》第1部·第1册，吉林文史出版社，2000年，第691页。

② （宋）吕本中：《官箴》，中华书局，1985年，第1页。

③ 梁启超：《新民说》，辽宁人民出版社，1994年，第19页。

寶顏堂訂正真西山政訓

宋　真德秀著　仲醇陳繼儒　天生沈德先同校　白生沈孚先

其猥以庸虛謬當閫寄朝夕怵惕思所以仰荅朝廷之恩俯慰士民之望惟賴官僚協心同力庶克有濟區區鄙有所懷敢以布于左右盖聞爲政之本風化是先潭之爲俗素以淳古稱比

西山政訓卷

者經其田里見其民朴且愿循有近古氣象則知昔人所稱良不爲過今欲因其本俗迪之於善已爲文諭告俾興孝弟之行而厚宗族鄰里之恩不幸有過許之自新而毋狃於故習若夫推此意而達之民則令佐之責也繼今邑民以事至詣願不憚其煩而諄曉之感之以至誠持之以悠久必有油然而興起者若民間有孝行純至友愛著聞與夫叶和親族賙濟鄉閭爲衆

《西山政训》书影

的一部州县治政论著，《仕学规范》则篇幅浩瀚，达四十卷。宋仿唐制，也将官箴刻为铭石立于衙署堂前，以作官吏的“警示镜”，即著名的《戒石铭》[①]。这一做法被明清统治者所沿用，衙署堂前的“尔俸尔禄，民膏民脂，下民易虐，上天难欺”四句箴言，在后世广泛流传。

宋代单篇箴文也强化了“箴官”色彩。北宋田锡作《相箴》，更多将政治责任归于宰相，“黄阁之下，敢献箴曰”[②]，对帝王则称“圣乃君德也，贤亦君德也”[③]。田锡还作有针对武官的《将箴》。宋真宗针对百官，也作有《内侍箴》《文臣七条》

① 《戒石铭》铭文出自五代蜀主孟昶的《颁令箴》，宋太宗摘取其中的四句。

② （宋）田锡：《咸平集》卷13《箴》，巴蜀书社，2008年，第113页。

③ （宋）田锡：《咸平集》卷13《箴》，巴蜀书社，2008年，第112页。

及《武臣七条》[①]。北宋吕大防为激励百官，作有《观政阁箴》。[②] 南宋唐士耻针对特定职官，作有《谏院箴》与《三司使箴》。也有针对具体某人作箴的，如金履祥作《越州箴》，献浙江统帅王敬严。[③] 不过宋代也并非完全没有“箴君”的箴文，南宋陈亮的《上光宗皇帝鉴成箴》即以宋光宗为箴谏对象。[④]

元代的官箴书主要有：张养浩《三事忠告》、叶留《为政善报事类》、苏霖《有官龟鉴》[⑤]、徐元瑞《吏学指南》、王结《善俗要义》[⑥]，以及赵素《为政九要》等，大体不超十部，其中以《三事忠告》影响最大。《三事忠告》分《牧民忠告》《风宪忠告》《庙堂忠告》三部分，规诫或指导对象分别为州县官、御史言官与中书辅官。

明清时期，以各级官吏为规诫对象的官箴书不断涌现。明中前期的官箴延续了宋元时期的发展势头，产生了何文渊《牧民备用》、明宣宗《御制官箴》、薛瑄《从政录》，及许堂《居官格言》、汪天赐《官箴集要》、吴遵《初仕录》等十余部官箴书。至晚明时期，由于特殊的时代背景，官箴书的数量骤增。

---

① 曾枣庄、刘琳主编：《全宋文》第7册，巴蜀书社，1990年，第129—130页。

② 北宋中期，在成都大慈寺观政阁上绘有开宝元年（968）以来历任地方官的图像，并注明姓名、爵位和在任年月，但没有记载他们为官的政绩。吕大防考察了其中28人的政绩，分别写成箴言，以激励将来。见《都江堰文献集成·历史文献卷》，巴蜀书社，2007年，第135页。

③ （宋）金履祥：《仁山集》卷3《越州箴上浙帅王敬严》，中华书局，1985年，第58页。

④ （宋）陈亮：《陈亮集》卷10《箴铭赞》，中华书局，1974年，第106页。

⑤ 彭忠德：《古代官箴文献略说》，《文献》，1995年第4期。

⑥ 彭作禄：《中国历代官箴文献与传统吏道思想》，《古籍整理研究学刊》，1990年第4期。

据不完全统计，晚明产生了吕坤《实政录》、刘时俊《居官水镜》、佘自强《治谱》、王世茂《仕途悬镜》、袁黄《当官功过格》、颜茂猷《官鉴》、沈大德《当官日镜》、不著撰者《新官轨范》等不下三十部官箴书，以及规模达五十卷的官箴丛书《重刻合并官常政要全书》。明代官箴书以吕坤的《实政录》对后世影响最大，清人郑端《政学录》一书大篇幅引用《实政录》，尹会刊行了《实政录》的卷首《明职》，陈宏谋所辑官箴书对其多有取材。[①]

清代是官箴书创作的集大成时期，造就了清代官箴文化的巅盛之态。周保明指出："明末清初，官箴书籍如雨后春笋般……时代愈往后，官箴文献便呈现出细密复杂的景象。"[②] 以《官箴书集成》收录数量看，历代官箴书共计 101 种，清代则高达 73 种，以往各代之总和仅占清代三分之一左右。崔宪涛估计，"有清一代流传下来的官箴书，达五百余种之多"[③]。总而言之，清代官箴书已多至数百种，远远超过以往各代之总和。清代代表性的官箴书如：李容《司牧宝鉴》、黄六鸿《福惠全书》、陈宏谋《从政遗规》《在官法戒录》、徐栋《牧令书》、刚毅《居官镜》，及田文镜、李卫奉雍正帝令所撰《钦颁州县事宜》等。其中黄六鸿的《福惠全书》三十二卷，近三十万字，内容涉及居官为政的方方面面，几乎无所不包。清代还涌现出针对胥吏和幕僚为规诫对象的官箴书，如汪辉祖《学治臆

① 解扬：《政治与事君：吕坤〈实政录〉及其经世思想研究》，三联书店，2011 年，第 190—199 页。

② 周保明：《明清官箴文献论略》，《新世纪图书馆》2011 年第 2 期。

③ 崔宪涛：《关于古代官箴书的几个问题》，《理论学刊》，2005 年第 1 期。

说》《佐治药言》、万维翰《幕学举要》、李庚乾《佐杂谱》、庄某《长随论》[①] 等，这就使官箴书的箴诫对象再次扩大，由单纯的“官员”群体扩展至“书吏”“杂役”“幕僚”“长随”等一切从政人员。

与唐代相比，宋元明清时期的官箴，不仅进一步强化了“箴官”的主流地位[②]，且官箴书的创作者，绝大多数为官吏或士大夫本身。其创作者可大致分以下五类：（1）中央高层官僚。如《三事忠告》作者张养浩官居礼部尚书、参议中书省事；《牧民备用》作者何文渊官至吏部尚书，加太子太保[③]。（2）学术造诣深厚的学者。如《朱文公政训》作者朱熹为宋代著名理学家、思想家，理学集大成者；《从政录》作者薛瑄，为明代理学家、思想家，河东学派创始人。（3）坐镇一方、从政经验丰富的封疆大吏。如《治谱》作者佘自强历任巴陵知县、户部主事、兵备副使、山西按察使、布政使，官至延绥巡抚；《州县事宜》作者之一田文镜，历任长乐县丞、宁乡知县、易州知州、河南布政使，官至直隶河道水利总督（简称河北总督）。（4）中层官僚士人。《廉平录》辑者之一高为表，国子监

---

① （清）徐珂编撰：《清稗类钞》第 11 册，中华书局，2010 年，第 5271 页。

② 我们注意到，由于特殊的政治与社会环境，中晚明出现了一批不顾生死、积极谏诤的言官。我们并不否认这一时期言官的进谏异常活跃，但总体上不能改变宋元明清时期“箴官”已占据绝对主流的事实。且本文讨论的是“官箴文化”，明代大臣上劝谏奏疏，虽有对君主的箴谏意味，但本质上还是国家机器的运转。如将宋元明清时期官员所上，凡有劝谏意味的奏疏均归为“官箴文化”，如此只会让“官箴文化”的概念无限扩大化，进而与监察文化、言官文化等混为一谈，走向漫无边际的研究。宋元明清时期的“官箴文化”，我们倾向将其定义为一种告诫、指导从政者如何从政、施政的文化，是一种入仕指南、行政手册。

③ 《江西省志·人物志》，方志出版社，2007 年，第 177 页。

博士，官至袁州知府[①]；《牧令书》作者徐栋曾任工部郎中、西安知府。（5）下层官吏文人。如《璞山蒋公政训》作者蒋廷璧，以举人出任青城教谕；《福惠全书》作者黄六鸿，以举人出郯城知县。当然也有两类兼得者，如《西山政训》作者真德秀，既是著名的理学家，也官居“副宰相”参知政事。[②] 可见自宋代以来，尤其明清时期，各个层面的官僚士人都加入了官箴书的创作队伍。如果说在唐代“君臣互箴”的现象还比较普遍，那么到了宋元明清时期，已基本演变成“官吏自箴”的形态。[③] 至此，中国传统官箴形态从“官箴王阙”到“君臣互箴”再到“官吏自箴”的演变基本完成。

宋元明清时期的官箴定格在“官吏自箴”，其原因复杂多面。最主要的原因在于，官箴形态的发展演变是与整个传统政治生态密切相关的。郭成伟认为：“宋元明清是封建专制中央集权统治逐步强化的时期，约束官吏的各项制度愈益严格。在‘伴君如伴虎’的特定时期，朝廷官吏为求生存与自救，多著有自警性质的官箴内容，使得官箴文化的发展带有官员自箴自省的时代特征。”[④] 可以说，这一看法是符合实际的。宋代以后，专制主义与中央集权在总体上不断强化。宋代吸取了中晚唐以来皇权旁落、藩镇割据的历史教训，在强化皇权与集权中央等方面做了大量工作，其中一个

---

① （同治）《番禺县志》，广东人民出版社，1998 年，第 671 页。

② 杨倩描主编：《宋代人物辞典》（下），河北大学出版社，2015 年，第 1213 页。

③ 这里所言的“官吏自箴”，是将官吏作为一个群体看待，而非个体。也即官吏群体自作官箴，以箴诫官吏群体，并非官吏箴诫本人。

④ 郭成伟：《中国古代官箴文化论纲》，《政法论坛》，2011 年第 2 期。

重要的原则就是分权制衡，采用各种办法限制、分散官吏的权力，监督官吏的行为。宋代官制复杂，官员冗叠，在起到维护皇权与中央权威作用的同时，造成行政效率的低下，也往往制造“行政事故”。这就使得官吏为减少“事故”，不得不进行“自箴”。明代专制主义中央集权达到空前高度，明太祖“特用重典驭下，稍有触犯，刀锯随之”，导致人人自危。“时京官每旦入朝，必与妻子诀，及暮无事，则相庆以为又活一日。”① 虽言语夸张，但足见当时的政治生态。至清代，专制皇权发展至顶峰，军机重臣皆“跪受笔录”，皇帝通过奏折和廷寄遥控督抚，牢牢掌控大权。清朝统治者入主中原，面临华夏正统危机，在文化内涵高于自身的庞大“异族”面前，一方面采取文化专制，实行禁书政策与大兴文字狱，另一方面也积极以“官箴”的方式，对广大官吏进行道德与良心上的“驯化”。在这种政治生态下，官吏为自保而“自箴”，也就成为必然现象。

除这一主因外，尚有其他几大因素需要注意。（1）宋代以来，科举取士在人才选拔中所占的比例有了大幅提高，尤其明清以后，八股取士几乎垄断了官场仕途。科举取士重义理，轻实务，一定程度上造成官员行政技能的普遍缺失，从而使宋以后务实指导性的官箴书获得了广阔市场。（2）宋代以来胥吏问题逐渐凸显，主要是数量增加与管理失控带来的行政舞弊，尤其在中晚明与清代更为突出。清人纪昀直言：“最为民害者，一曰吏，一

① （清）赵翼著，王树民校证：《廿二史札记校证》卷32《明祖晚年去严刑》，中华书局，1984年，第744页。

曰役。"[①] 吏役、长随、幕僚的思想行为深刻地牵动着官员的政绩与仕途，因此对其进行规诫成为官员的一大要务。(3) 宋代以来理学兴盛，宋明理学对士大夫的熏陶也不容忽视。这时期的士大夫有着更为普遍的"苍生社稷"情怀，官箴成为他们表达与实践理想信念的一种路径，官箴书的创作者有不少为理学名家。(4) 宋代以来社会治理难度的增大也是一项客观因素，社会变迁[②]加剧行政难度，倒逼官吏学习新的行政经验与技能。官吏出于做好本职工作的需求，创作官箴书主观自觉地选择自箴，这就有别于被迫地进行"政治自救"。此外，活字印刷术的出现与改良为官箴书的"生产"提供了技术支持。随着商业资本介入官箴文化，也不乏有官吏以谋求经济利益作为出版官箴书的动机。[③] 总而言之，官箴形态的发展演变与政治生态密切相关，也与其他各方面的时代因素有着一定的关联。

传统官箴形态的演变呈现出由"官箴王阙"到"官吏自箴"的总体趋势。但官箴形态的演变并非呈现"直线型"，而是一个漫长、曲折与反复的历史过程。最初的箴文主体形态为"箴君"，是以告诫君王、天子为主的，至西周初年出现了"箴官"的萌芽——《大正箴》。春秋战国至秦代，随着君权的加

---

① (清) 纪昀著，北原注译：《〈阅微草堂笔记〉注译》，中国华侨出版社，1994年，第246页。

② 可参见林文勋：《唐宋社会变革论纲》，人民出版社，2011年；王瑞来：《近世中国：从唐宋变革到宋元变革》，山西教育出版社，2015年；李新峰：《论元明之间的变革》，《古代文明》，2010年第4期；万明主编：《晚明社会变迁问题与研究》，商务印书馆，2005年。

③ 可参见杜金：《明清民间商业运作下的"官箴书"传播——以坊刻与书肆为视角》，《法制与社会发展》，2011年第3期。

强，箴文的“箴官”层面得到发展，以“箴君”为主流的格局遭到严重挑战。两汉时期，在儒学复兴并渗透于政治的背景下，“官箴王阙”的传统得到复兴，重新确立了“箴君”的主流地位，但东汉以后“箴官”层面又有强化，至魏晋南北朝时期，呈现出“箴君”“箴官”二元并立的格局。隋唐时期，武则天的《臣轨》使得“箴官”的发展取得“质”的突破，“箴官”最终取得了主流地位，官箴在总体上演变为帝王约束告诫百官的工具。但由于唐代总体上较为宽松的政治环境，“官箴王阙”的传统影响力仍未彻底消退，官员箴谏君主的作品也为数不少，颇具“君臣互箴”色彩。至宋元明清时期，官箴形态演变并定格成为“官吏自箴”。这既是专制主义中央集权发展的必然结果，又与传统中国的政治生态、思想形态以及社会变迁等都具有千丝万缕的关联。

（二）传统官箴的类型及合理内核

中国历代官箴内容丰富、形式多样，从内容上看主要可分为道德说教型、从政经验型、帝王御制型、言行辑录型、公牍选编型、综汇融合型等六种类型。

1. 道德说教型

道德说教是中国传统官箴的主体。先秦时期的箴文，多以历史教训为鉴进行说教，内容重在阐述为政之道。如《虞箴》以后羿贪恋田猎、不恤百姓而导致灭亡为例，规谏周武王节制田猎、关爱百姓。汉代“独尊儒术”后，箴文带有浓厚的儒家伦理色彩，箴文的内容侧重于以儒家伦理为核心的官德，强调

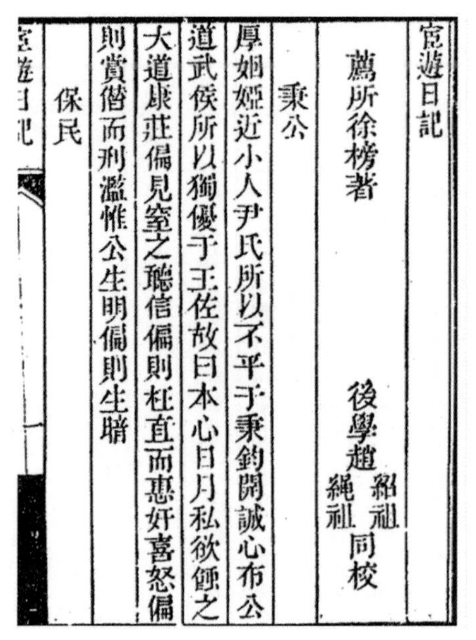

宦遊日記

薦所徐榜著

後學趙紹祖繩祖同校

秉公

厚姻婭近小人尹氏所以不平于秉鈞開誠心布公道武侯所以獨優于王佐故曰本心日月私欲錮之大道康莊偏見窒之聽信偏則枉直而惠奸喜怒偏則賞僭而刑濫惟公生明偏則生暗

保民

宦遊日記

《宦游日记》书影

官员自身的道德素养，说教的重心由为政之道嬗变为为官之德。隋唐以后的官箴受此影响，道德说教的色彩依旧浓厚，如唐代武则天的《臣轨》有《至忠》《守道》《公正》《廉洁》等篇章，明代徐榜的《宦游日记》有《秉公》《训廉》《训勤》等篇章，都是道德说教的经典之作。总的来说，道德说教型官箴，主要是针对从政者的为政品行、职业素养和个人品德等方面进行说教，企冀官吏群体通过接受说教，塑造为“有德”之官。这种说教型官箴，对官员品格塑造和加强官德建设起到了积极作用。

2. **从政经验型**

从政经验型官箴常见于宋明时期，是指官吏士大夫依据个人在从政实践中形成的心得体会与经验方法所撰写的官箴书。其内容重在人际关系与政务操作，表达或教导相关的原则规范、注意事项及办事方法等，具有劝诫与教授双重目的，与道德说教型官箴相比，更凸显方法性、务实性、具体性及实践性。代表性官箴书有宋代陈襄《州县提纲》，元代张养浩《三事忠告》，明代吕坤《实政录》、佘自强《治谱》、刘时俊《居官水

欽定四庫全書　史部十二

州縣提綱　職官類二 官箴之屬

提要

臣等謹案州縣提綱四卷不著撰人名氏楊士奇文淵閣書目題陳古靈撰古靈者宋陳襄別號也襄字述古侯官人慶歷二年進士解褐授浦城尉官至右司郎中樞密直學士事迹具宋史本傳史稱其蒞官所至必講求民間利病歿後友人劉彝視其篋得手書數十幅皆言民事則此書似當出於襄然襄所著古靈集尚傳于世無一字及此書又所著易講義郊廟奉祀禮文校定夢書等見宋史藝文志福建通志說郛中不言更有此書晁陳二家書目亦皆不著錄書內有紹興二十八年語又有昔呂惠卿昔劉公安世語考襄卒于元豐三年距南渡尚遠不應載及紹興

《州县提纲》书影

镜》等。此类官箴的内容多细致、具体，具有可操作性。尤其是对缺乏从政经验的新任官员来说，是必不可少的入仕指南与行政手册，因此又习惯上称这类官箴书为“入仕指南型”。如佘自强的《治谱》一书，涉及初选赴任、待人处世、钱粮税务、社会治安、司法狱政等从政施政的方方面面，是从政者官场应酬、施政执法的重要参考读本。经验总结是中国传统政治文化传承的重要路径，在官箴文化中表现得尤为突出。总结经验、吸取教训，以达到立足当下、审视过去、烛照未来的目的。从某种意义上讲，从政经验型官箴包括了许多中国古代长期积淀的政治智慧。

3. 帝王御制型

帝王御制型官箴书是由帝王撰写或主持编纂，相比于官员自撰的从政经验型官箴书，帝王御制型官箴书往往有一定的法律效能与强制规范，而不仅仅是一种劝诫。如武则天《臣轨》："为事上之轨模，作臣下之准绳。"（《臣轨·序》）唐玄宗《令长新戒》是专门针对县官所作，被刻石立于衙署，时时警戒。明宣宗《御制官箴》："凡中外诸司，各著一篇，使揭诸厅事，朝夕览观，庶几有儆。"（《御制官箴·圣谕》）再如由清雍正帝主持、田文镜等撰的《州县事宜》，内有"圣谕条列事宜""圣谕条列州县事宜"等条目，以帝王圣谕的形式颁发全国，

臣軌序

御撰

蓋聞惟天著象庶品同於照臨惟地含章羣生等於
亭育朕以庸昧忝位坤元思齊厚載之仁式罄普覃
之惠迺中迺外思養之志靡殊惟子惟臣慈誘之情
無隔

靡無也聖心無私故視之若一也

常願甫弼微懃上翊紫機爰須衆僚聿匡玄化伏以
大皇明逾則哲志切旁求

書曰知人則哲惟帝其難之又曰旁求俊彥啓迪

臣軌序 一

後人

簪裾總川岳之靈珩珮聚星辰之秀

簪裾珩珮所以別貴賤也左思蜀都賦曰近則江
漢炳靈代載其英蔚若相如皭若君平毛詩曰嵩
高惟岳峻極于天惟岳降神生甫及申春秋佐助
期曰漢將蕭何昴精生於豐誕於制度也

羣英莅職衆彥分司

莅臨也文子曰知過萬人謂之英孔安國尚書傳
曰美德曰彥

足以廣扇淳風長隆寶祚

《臣轨》书影

文武百官依照执行。这已经超出了单纯劝诫的范畴，具备了强制性的因素，在一定程度上开启了官箴的制度化特征。对官吏群体而言，官箴不仅仅局限于道德自律层面，而且具有了强制规范的性质，为制度监督奠定了基础。

4. 言行辑录型

辑录型官箴书多辑录先儒前贤的嘉言懿行，多从儒家经典和前人所论中摘录为政之道和为官之德。此类官箴书多见于明清时期，如明代彭韶辑编《政训》“采掇《朱子语类》中论政之语”（《四库全书总目提要》）；明代杨昱辑《牧鉴》，“是书经史百家之言有关政治者，裒辑成帙……上述经传，中纪古人政迹，下摭儒先议论”（《四库全书总目提要》）。再如薛瑄的《从政录》多为从政名言和警世之辞；王天锡的《官箴集要》

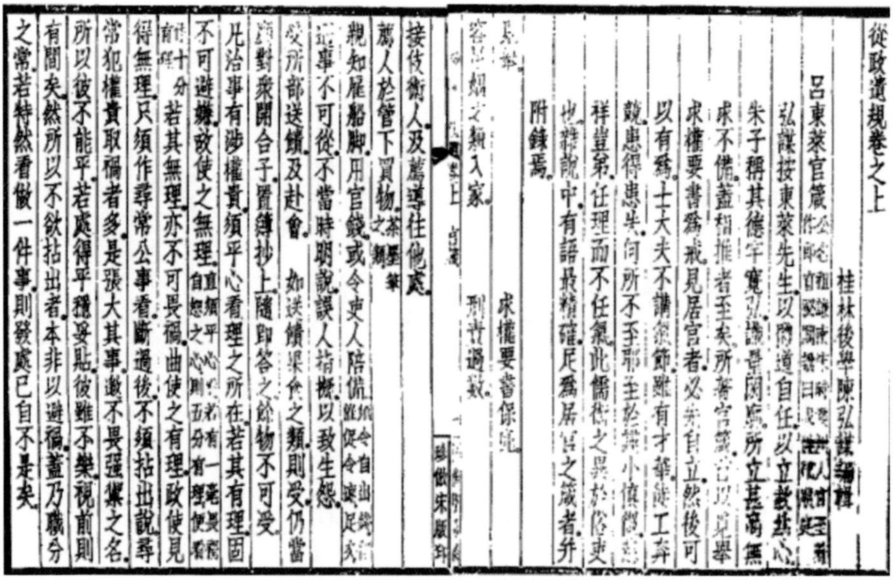
從政遺規卷之上
桂林後學陳弘謀輯
呂東萊官箴
弘謀按東萊先生以聞道自任以立教為心
朱子稱其德宇寬弘識量閎廓所立甚高無
求不備蓋稱推者至矣所著官箴亦以見舉
求權要書為戒見居官者必先自立然後可
以有為士大夫不講氣節雖有才華徒工奔
競患得患失何所不至耶至於辨小慎微
詳豈第任理而不任氣此儒術之異於俗吏
也粹說中有語最精確足為居官之箴者并
附錄焉
[illegible]
求權要書保[illegible]
[illegible]入家
刑責過數
接待衛人及薦導往他處
薦人於管下買物茶墨筆之類
親知雇船脚用官錢或令吏人陪償
[illegible]事不可從不當特明說誤人指擬以致生怨
受所部送饋及赴會　如送饋果食之類則受仍當
[illegible]對衆開合子置簿抄上隨即答之餘物不可受
凡治事有涉權貴須平心看理之所在若其有理固
不可避嫌故使之無理
[illegible]十分　若其無理亦不可畏禍曲使之有理致使見
得無理只須作尋常公事看斷過後不須拈出說尋
常犯權貴取禍者多是張大其事邀不畏強禦之名
所以彼不能平若處得平穩妥貼彼雖不樂視前則
有間矣然所以不欲拈出者本非以避禍蓋乃職分
之常若特然看做一件事則發處已自不是矣

《从政遗规》书影

辑录了自古以来儒家典籍和其前官箴书中的名言名句。还有一些辑录型官箴附有注解和心得，如清代陈宏谋的《从政遗规》除采录先贤言论外，还有个人的按语。清代隋人鹏的《治镜录集解》则是对张鹏翮《治镜录》的集解之作。言行辑录型官箴的出现，极大地丰富了官箴的内容，特别是对先儒前贤嘉言懿行的辑录整理，整合了中国传统官箴的精华，对弘扬和光大优秀官箴文化起到了积极的推动作用。

5. 公牍选编型

公牍选编型官箴书，即官箴书直接收录官府档案作为内容，这些档案包括告示、榜文、移文、手训、报告、批词、判词、碑记、田记、条约等。此类官箴书出现于晚明时期，如明代刘时俊的《居官水镜》，其内容包括《批词类》《公移类》《告示类》《禁谕类》等公牍，多为作者在知县任上所撰写的文件选编。明代江东之的《抚黔纪略》，包括《右文田记》《开河檄》《募兵防守榜文》《黔中手训》《恤隐局谕》等多条公牍，多为作者巡抚贵州任上所撰。此类档案选编不仅树立了一

撫黔紀畧引
自昔得君行道化民成俗內修外攘首首然爲萬世法
爲萬世教文中子曰吾視千載而上未有若周公焉其
道一而經制大備後之爲政有所持循噫人知周公多
材藝制禮樂示周行泰和在宇宙間已嚋知其愛君之
心精微之訓夷左罔不賴焉徐維其故公蓋以忠格上
以德化民神而明之溢於制作之外明良相遇千載一
時矣督撫中丞江公崛起歙州以文學名家召拜西臺
忠肝義膽面折廷諍即古稱埋輪使莫或過之今奏議
海內爭傳爲之紙貴渢渢直氣與岷峨劍閣爭雄也以

《抚黔纪略》书影

种官方文案的书写典范，也可以让施政者从中体会与学习公牍撰写者（发布者）的治政思想与理念，为广大基层官吏群体提供了学习的样本，起到了垂范作用。

6. 综汇融合型

综汇融合型可分两类。第一类是指传统意义上的官箴内容（大致可理解为从政经验型与道德说教型）融合专业知识，如法律条文、法医鉴定、公文套式、礼仪规范等知识，或混编公牍文件，所组成的新式文本。如明代苏茂相辑《大明律例临民宝镜》，清代潘杓灿的《未信编》、黄六鸿的《福惠全书》。第二类是指丛书汇编型，如明末官员的重要读物《官常政要》，共收录了二十九部文献，文献种类包括传统官箴类、文告套语类、法律解释及运用类、法医类、礼仪类等。此类官箴书主要

福惠全書凡例
一茲集惟詳於州縣之事蓋州縣上承　欽部憲件下
理民情大要其事錢糧則地丁漕雜稅產則編審清
丈刑名大而命盜逃姦小而殴詐雜犯其反叛一條
固屬大案然非盛世所有姑置刑名之末以示備而
不用夫保甲亦刑名類也茲獨表而出之者蓋保甲
為弭盜逃戢奸宄安善良之要術願　司牧者尤宜
力行無倦焉夫觀卹祀祈賽依旌崇諸大典均於忠
君奉職尊賢勵俗所關故不敢與庶政同條冀奉行
者之倍加敬謹也至于教養之事今之有司惟簿書
期會是急而其所以為教為養者置而弗問是昧其
為治之本也茲恭奉講讀
上諭為立教之首而設義學講學課藝之類繼之以勸農
功為致養之源而修水利墾荒田敦節儉之類繼之
願在上者之並宜他圖也他如荒政為備災之至計
郵驛為衛劇之深累俱可弗預謀而亟釐乎故次敘
養而並列之夫其謁選乃晉備仕進之始而始事之
謹必井井而有條其之官乃士民屬望之初而初事

福惠全書　卷凡例　一

《福惠全书》书影

未信編序

中古畫衣冠○異章服○而民不犯○爰及三代○作誥而疑○作誓而叛○子產鑄刑書而叔向譏○民有爭心○夫子作春秋○欲垂空文以淑世○自茲以降○機變日尋○情僞萬端○上下相冒○如江河之日

未信編吳序　一

下於此而欲以靖民○不亦難乎○閒讀禹謨○從欲以治○四方風動○刑期無刑民協於中○未嘗不嘆古帝王帝臣德刑並重無二視也○司馬子長傳申韓與柱下史同列○以其原於道德之意豈非刑罰以佐德禮之窮○有未可偏

《未信编》书影

出现在清代，走向行政百科全书模式，具有集大成的作用。优胜劣汰，综合融汇，是官箴文化发展的必然结果。

三、含英咀华：经典官箴书与经典箴言

在中国古代官箴文化形成和发展的过程中，既积累了大量的箴言，如“公生明，廉生威”等，又诞生了为官者入仕必读之书即官箴书。不论是经典箴言还是经典官箴书，都蕴含着丰富的修身内涵与政治智慧，是中华优秀官箴文化的重要组成部分，发人深省、给人启迪。

（一）经典官箴书

官箴书是集修身、齐家、治国、平天下为一体的为政宝典。中国古代官箴文化历史悠久、内涵丰富，官箴书数量众多、成果丰硕，其中的经典作品，对今天的廉洁文化建设具有借鉴价值和启迪意义。

1. 吕本中《官箴》

吕本中（1084—1145），字居仁，号紫微，两宋之际寿州（今安徽凤台）人。以恩荫补承务郎，宋哲宗元符年间出任济阴县主簿、秦州士曹掾，辟大名府帅司干官。宋徽宗宣和六年（1124）除枢密院编修官，宋钦宗靖康年间迁礼部员外郎、直秘阁。南宋高宗绍兴六年（1136）特赐进士出身，擢起居舍人，兼权中书舍人；绍兴八年（1138）擢升为中书舍人，兼权直学士院；同年十月，因反对和议，忤逆秦桧而被罢职。吕本

中以诗文见长，且理学成就显著，著有《东莱集》《紫微诗话》《东莱吕紫微杂说》《童蒙训》《春秋解》等，学者尊称其为“东莱先生”，卒赐谥“文清”。

《官箴》一卷，是吕本中的“居官格言”，主要内容包括道德修养、工作经验和处世心得。《官箴》思想来源于《尚书》《论语》《礼记》等传统经典，以及前人、自身的为官经验和心得体会。吕本中认为：“故设心处事，戒之在初，不可不察。借使役用权智，百端补治，幸而得免，所损已多，不若初不为之为愈也。”写作《官箴》的目的，就是要官员以书中的原则经验自戒，然后躬行政事。

《官箴》全书以“清”“慎”“勤”为核心思想，开篇即云：“当官之法，唯有三事，曰清、曰慎、曰勤。知此三者，可以保禄位，可以远耻辱，可以得上之知，可以得下之援。”其中，“清”指的是为官清廉、奉公守法、不存私欲。如吕本中言：“不与人争者，常得利多；退一步者，常进百步；取之廉者，得之常过其初；约于今者，必有垂报于后，不可不思也。”又云：“当官之法，直道为先”。吕本中劝人清廉，并非全是道理说教，而是往往从具体案例出发，分析得失。如吕本中言：“当官取佣钱、般家钱之类，多为之程，而过受其直，所得至微，所丧多矣。亦殊不知此数亦吾分外物也。”“作官嗜利，所得甚少，而吏人所盗不赀矣。以此被重谴，良可惜也。”

“慎”指的是为官谨慎、脚踏实地、谨防小人。吕本中认为：“百种奸伪，不如一实；反覆变诈，不如慎始；防人疑众，不如自慎；智数周密，不如省事。”也就是说，脚踏实地、慎始慎终是为官者应该具备的基本素质，由此就可以以逸待劳。落实到具体的事宜上，吕本中告诫为官者要谨防小人，“当官既自廉洁，又须关防小人，如文字历引之类，皆须明白，以防中伤，不可不至慎，不可不详知也。”除此之外，官员还要洁身自好，慎重交友，“当官者，凡异色人皆不宜与之相接，巫祝尼媪之类尤宜疏绝，要以清心省事为本”。

“勤”指的是尽心尽责、勤于职务、身体力行。吕本中告诫当官者要克服“小人之性”，不可荒殆政务：“前辈常言小人之性，专务苛且。明日有事，今日得休且休。当官者，不可徇其私意，忽而不治。谚有之曰：‘劳心不如劳力。’此实要言也。”这其实是从反面案例，告诫居官者要勤政，不能拖延苟且、玩忽职守。吕本中还强调：“处事者，不以聪明为先，而以尽心为急；不以集事为急，而以方便为上。”“当官处事，但务着实。”上述言论，皆在论述勤政务实的重要性。

除“清”“慎”“勤”外，“忍”也是官员所需具备的重要素质。吕本中认为：“忍之一事，众妙之门。当官处事，尤是先务。若能清、慎、勤之外，更行一忍，何事不办!”也就是说，在“清”“慎”“勤”的基础之上，若能做到“忍”，就可以无事不成、锦上添花。“忍”与“清”“慎”“勤”是相辅相成的。吕本中还从反面案例来论述“忍”的重要性。“忍”的反面情绪是“暴怒”，吕本中认为：“当官者，先以暴怒为戒。事有不可当，详处之，必无不中。若先暴怒，只能自害，岂能害人。”

如果说“清”“慎”“勤”是《官箴》的核心思想，那么

官箴

紫微舍人呂 本中 居仁

當官之法唯有三事曰清曰慎曰勤知此三者可以保祿位可以遠恥辱可以得上之知可以得下之援然世之仕者臨財當事不能自克常自以爲不必敗持不必敗之意則無所不爲矣然事常至於敗而不能自已故設心處事戒之在初不可不察借使役用權智百端補治幸而得免所損已多不若初不爲之爲愈也司馬子微坐忘論云與其巧持於末孰若拙戒於初此天下之要言當官處事之大法用力簡而見功多無如此言者人能思之豈復有悔吝耶

事君如事親事官長如事兄與同僚如家人待群吏如奴僕愛百姓如妻子處官事如家事然後爲能盡吾之心如有毫末不至皆吾心有所未盡也故事親孝故忠可移於君事兄弟故順可移於長居家理故事可移於官豈有二理哉

當官處事常思有以及人如科率之行既不能免便就其間求其所以使民省力不使重爲民害其益多矣不與人爭者常得利多退一步者常進百步取之廉者得之常過其初約於今者必有垂報於後不可不思也惟不能少自忍者必敗此實未知利害之分賢愚之別也

予嘗爲泰州獄掾頗歧夷仲以書勸予治獄次第每一事寫一幅相戒如夏月取罪人早間在西廊晚間

《官箴》书影

以民为本就是《官箴》的基本原则。吕本中频频强调为官者要爱民惠民，推己及人：“爱百姓如妻子，处官事如家事”“当官处事，常思有以及人”“当官处事，务合人情”。综合全书来看，在吕本中的官箴思想中，“清”“慎”“勤”三位一体，不可或缺，三者在以民为本的原则上进行实践，如此才能成为一名合格的官员。《官箴》所列箴言，皆是围绕上述核心思想和基本原则展开。全书看似毫无章法，实际逻辑清晰、中心明确。

毫无疑问，“清”“慎”“勤”是《官箴》全书思想最为凝练、准确的总结归纳，也是吕本中官箴思想的代名词。

实际上，“清”“慎”“勤”的为官思想，渊源有自。《三国志·魏志·李通传》注引王隐《晋书》云：“为官长当清，当慎，当勤。”吕本中《官箴》中的核心思想，正是在此基础之上发展而来的，并将其影响扩大化。清人王士祯《古夫于亭杂录》记载："上（按：康熙）尝御书'清''慎''勤'三大字，刻石赐内外诸臣，士祯二十年前亦蒙赐。案此三字本吕本中居仁《官箴》中语也。"《四库全书总目提要》对该书也高度评价："书首即揭清、慎、勤三字，以为当官之法，其言千古不可易。"1990 年，时任福建省宁德地委书记的习近平同志在《秘书工作的风范——与地县办公室干部谈心》一文中援引"当官三事"，并进行创造性阐发，指出："一要'清'，公正廉洁，两袖清风；二要'慎'，周密考虑，谨言慎行；三要'勤'，勤奋好学，刻苦上进。"2003 年 7 月在中共浙江省委十一届四次全会作报告时，以及 2008 年 5 月在中央党校春季学期第二批进修班暨师资班开学典礼上的重要讲话中，习近平同志再次援引"当官三事"，并分别着重对"慎"和"清"的时代内涵进行解读。习近平同志强调"谨慎是一条重要的为政之道"，"对于共产党人来说，谨慎是一种责任心，用权时要如临如履，小心翼翼；是一种作风，要多做少说，敏于事而慎于言；是一种能力，要见微知著，防患于未然；也是一种品格，要慎权慎独，自警自励。保持谨慎，决不是因循守旧，谨小慎微，而是始终保持清醒头脑，谨言细致，慎终如始。"关于"清"，习近平同志解释道："'清'，指的就是清廉，即清清白白、干干净净。"习近平同志的讲话，不仅说明吕本中的为官思想依旧有借鉴价值，还阐明了《官箴》思想的当代价值，赋予其新的时代内涵。

《官箴》之所以具有较高的借鉴价值，与吕本中的个人素养是分不开的。吕本中出身官宦世家，他是宋仁宗时期宰相吕夷简玄孙、宋哲宗时期宰相吕公著曾孙、荥阳先生吕希哲之孙、东莱郡侯吕好问之子。两宋时期，吕氏家族内部朱紫辈出，政治氛围浓厚，吕本中必然受其熏陶渐染。《官箴》中一些内容，就是吕本中祖先留下来的为官经验。如书中提到："叔曾祖尚书，当官至为廉洁。盖尝市缣帛，欲制造衣服，召当行者取缣帛，使缝匠就坐裁取之，并还所直钱与所剩帛，就坐中还之。荥阳公为单州，凡每月所用杂物，悉书之库门，买民间，未尝过此数，民皆悦服。"吕本中《官箴》一书中的为官思想，在一定程度上也是吕氏家族为官经验的总结。

再者，吕本中自身久经宦海，又遭靖康之乱，为官经验丰富、感悟良多。他将自己的切身经历编写到《官箴》中去，现身说法。如书中提到"予尝为泰州狱掾，颜岐夷仲以书劝予治狱次第，每一事写一幅相戒""黄兑刚中尝为予言""故人龚节亨彦承，尝为予言"。此外，吕本中还借鉴了许多前人经验，如数次提到"范侍郎育作库务官""徐丞相择之尝言""前辈尝言""谚曰""范忠宣公镇西京，日尝戒属官""王沂公尝说"。丰富的历史经验加上吕本中自己的亲身体会，让《官箴》一书简明易懂又见解颇深，所述内容并非是纸上谈兵、空中楼阁。《四库全书总目提要》称此书"多阅历有得之言，可以见诸实事"，可谓一语中的。

除了各种途径获得的为官经验外，吕本中自身的理学修养，也对其为官思想的塑造影响颇大。根据《宋史·吕本中传》记载，吕本中家学渊源深厚，自幼就深受理学熏陶，其祖吕希哲师于宋代大儒程颐，吕本中因此对二程学问闻见习熟。吕本中的学术造诣，大大提升了其官箴思想的理论高度。因此，吕本中所著《官箴》虽然篇幅短小，全书不过三十三条，正文也仅两千余字，但言辞内容多切中要义、见地颇深，对为官者具有启发、引导意义。《四库全书总目提要》评价此书“虽篇帙无多，而词简义精，固有官者之龟鉴也”，如今亦是。

2. 朱熹《朱文公政训》

朱熹（1130—1200），字元晦，一字仲晦，号晦庵，晚号晦翁，世尊为朱子，南宋徽州婺源（今江西婺源）人，著名哲学家、思想家、政治家、教育家。南宋绍兴十八年（1148）赐同进士出身，历仕高宗、孝宗、光宗、宁宗四朝，官至焕章阁侍制兼侍讲。宋光宗绍熙五年（1194），因抨击权臣韩侂胄而褫职出朝，还居建阳考亭。宋宁宗庆元六年（1200）卒于家，时年七十一岁。宋宁宗嘉定二年十二月（1210 年 1 月）赐谥为“文”，后又追赠中大夫，特赠宝谟阁直学士；宋理宗宝庆三年（1227）赠太师，追封信国公，后改封徽国公。著有《四书章句集注》《太极图说解》《通鉴纲目》《朱子家礼》等，后人辑有《朱子大全》《朱子语类》等。

《朱文公政训》一卷，明朝成化年间福建莆田彭韶辑录而成。彭韶在《政训前序》中说：“文公之学，全体大用之学也。范我后人，如规之圆，如矩之方，万世所不能外也。间与门弟子问答时政，又皆指示病源，亲切的实，读之使人凛然知惧，盖不独为门人弟子语也。”鉴于此，彭韶将朱熹与弟子围绕为

寶顔堂訂朱文公政訓

仲醇陳繼儒

宋 朱 熹著 天生沈德先

白生沈孚先同校

論世事曰須是心度大方包裹得過運動得行今世士大夫惟以苟且逐旋挨去爲事挨得過時且過上下相咻以勿生事不要十分理會事且恁鶻突才理會得分明便做官不得有人少

朱文公政訓卷

負能聲及少經挫抑却悔其太惺惺了了一切刓方爲圓隨俗苟且自道是年高見識長進當官者大小上下以不見吏民不治事爲得策曲直在前只不理會庶幾民自不來以此爲止訟之道民有寃抑無處伸訴只得忍遏便有訟者半年周歲不見消息不得予決民亦只得休和居官者遂以爲無訟之可聽風俗如此可畏可畏

《朱文公政训》书影

政话题进行的相关言论汇集成编，全文总共八十余条。在所辑内容中，朱熹从自己的政治经历和思想体悟出发，援引前辈为官经验，论述治国安民之策和为官品德修养。全书言简意赅，通俗易懂。

《朱文公政训》虽然篇幅简短，但其中的官箴思想十分丰富。其一，令行禁止、宽严相济。朱熹反对为官不严，其云："与其不遵以梗吾治，曷若惩其一以戒百？与其核实检察于其终，曷若严其始而使之无犯？做大事，岂可以小不忍为心？"朱熹认为只有对待恶行毫不姑息，善良的弱者才能够生存下去。在"宽""严"关系上，朱熹虽然主张宽严相济，但反对当时普遍存在的以宽为本的认识，他主张"以严为本，而以宽济之”，并对“宽”有自己独到的见解。朱熹认为“若曰令不行、禁不止，而以是为宽，非也!”也就是说，“宽”是有原则、有前提的，那就是为官要令行禁止，而非事事不管。以严为本的目的是要刑罚得当，以此实现惩凶除恶。“如这个人当杀则杀之，理合当杀，非是自家不容他。”可见朱熹在刑狱方面是非常果断的。

其二，以民为本、尽职为公。民在朱熹的政治思想中地位非常高。朱熹认为“为守令第一是民事为重，其次则便是军政”，并且强调“平易近民，为政之本”。朱熹要求为官者要以民事为重，重民事首先应当近民，近民就应当有一颗为民之心，“人之仕宦不能尽心尽职者，是无那先其事而后其食底心”。落实到实际行动中，就是要为民办实事、除弊政，对百姓有利的事，不论大小，必须去做；对百姓有害的事，不论大小，必须祛除。但朱熹对如何作为也有要求，他认为“为政，如无大利害，不必议更张，则所更一事未成，必哄然成纷扰，卒未已也”。这一观点并非是主张因循守旧，而是强调稳健施政，不扰民生。该原则为明清多部官箴书所遵奉。强调民本、尽职的同时，朱熹还强调奉公，“官无大小，凡事只是一个公”，秉公执法官员才有权威，民众才会信服。民本、尽职、奉公是相辅相成的，是为官之本心、行政之根本。

其三，提升素养、恪守道理。除施政技巧、原则外，朱熹也十分注重官员自身的品格素养。如朱熹云：“士人先要识个礼义廉退之节，若寡廉鲜耻，虽能文要何用?”朱熹对那种眼高手低、自诩不凡的人嗤之以鼻：“今人掀然有飞扬之心，以为治国平天下如指诸掌，不知自家一个身心都安顿未有下落，如何说功名事业？”朱熹认为，若想在政治上有所作为，就必须恪守道理：“理却是心之骨，这骨子不端正，少间万事一齐都差了。”至于如何做到这一点，朱熹说：“须是事事从心上理会起，举止动步，事事有个道理。一毫不然，便是欠阙了他道理。”这种深入体察、思虑周全的做法，与其“格物致知”的方法论是一脉相承的，最终目的还是要提升自身素养。又有人问如何克服“气弱胆小”的弊病，朱熹回答说：“只去做工夫，到理明而气自强，胆自大矣。”朱熹对官员素养的要求，以及提升素养方面的方法主张，皆是其理学思想的反映。

其四，刚直不阿、勇于担当。为说明问题，朱熹举他在南康为官时的例子。当时南康街市上有人骑马将一小儿踩踏将死，朱熹命人将案犯捉拿，并嘱咐知录审问。等到晚上路过廨舍时，知录称已经依法办理。朱熹心生疑窦，回到军院后发现案犯冠履俨然，并没有经受过拷问。朱熹于是将案犯与知录一同审讯，并在次日杖责了知录。纵马之人背景深厚，有人劝告朱熹说：“此是人家子弟，何苦辱之？”朱熹义正词严地回答说：“人命所系，岂可宽弛？若云子弟得跃马踏人，则后日将有甚于此者矣。况州郡乃朝廷行法之地，保佑善良，抑挫豪横，乃其职也。纵而不问，其可得耶？”再如，朱熹论述何为“浑厚”：“浑厚是可做便做，不计利害之谓。今却是计利害太甚，做成回互耳，其弊至于可以得利者无不为。”朱熹批判官员只计自身利害，相互回护。针对这一弊病，朱熹主张为官就要不避祸：“若既要为大官，又要避祸，无此理。”从上述案例、言辞中，我们

朱子語類卷第一

理氣上

太極天地上

問太極不是未有天地之先有箇渾成之物是天地萬物之理總名否曰太極只是天地萬物之理在天地言則天地中有太極在萬物言則萬物中各有太極未有天地之先畢竟是先有此理動而生陽亦只是理靜而生陰亦只是理問太極解何以先動而後靜先用而後體先感而後寂曰在陰陽言則用在陽而體在陰然動靜無端陰陽無始不可分先後今只就起處言之畢竟動前又是靜用前又是體感前又是寂陽前又是陰而寂前又是感靜前又是動將何者爲先後不可只道今日動便爲始而昨日靜更不說也如鼻息言呼吸則辭順不可道吸呼畢竟呼前又是吸吸前又是呼淳

問昨謂未有天地之先畢竟是先有理如何曰未有天地之先畢竟也只是理有此理便有此天地若無此理便亦無天地無人無物都無該載了有理便有氣流行發育萬物曰發育是理發育之否曰有此理便有此氣流行發育理無形體曰所謂體者是強名否曰是曰理無極氣有極否曰論其極將那處做極淳

若無太極便不翻了天地方子

太極只是一箇理字人傑

有是理後生是氣自一陰一陽之謂道推來此性自有仁義德明

天下未有無理之氣亦未有無氣之理氣以成形而理亦賦焉○銖

先有箇天理了卻有氣氣積爲質而性具焉敬仲

朱子語類卷一　一　傳經堂藏書

《朱子语类》书影

能够发现朱熹是一个刚直不阿、公正廉明、勇于担当的官员，这也是《朱文公政训》的核心思想之一。

在《朱文公政训》中，朱熹还频频提到一个为官技巧，那就是将公务分门别类记录在册，随时核查，如此才能将繁杂的政务整理得条理清晰，避免有所遗漏。朱熹曾对弟子云：“公等他日仕宦，不问官大小，每日词状须置一簿，穿字号，录判语；到事亦作一簿，发放文字亦作一簿，每日必勾了号，要一日内许多事都了方得。若或做不办，又作一簿记未了事，日日检点了，如此方不被人瞒了事。”为官时“须是有旁通历，逐日公事开项逐一记。了即勾了，未了须理会教了，方不废事”。针对政务繁多、力不从心的问题，朱熹建议“但立一个纲程，不可先自放倒也。须静着心，实着意，沉潜反复，终久自晓得去”。上述技巧，内容该详，方法独到，且颇具操作性。于此之外，《朱文公政训》中还多次强调为官要防患未然、居安思危，量入为出、廉洁奉公，勤于政事、切勿拖延，严管下属、谨防欺瞒，脚踏实地、循序渐进，不断学习、身体力行等等，上述思想至今仍具有借鉴意义。

朱熹之所以能够就时政问题提出颇有见地的见解，并且具有推而广之的价值，这与其自身丰富的为官经历密不可分。据《宋史·朱熹传》记载：宋孝宗淳熙五年（1178），朱熹知南康军，到任之后，“兴利除害，值岁不雨，讲求荒政，多所全活”。适逢浙东发生大饥荒，宰相王淮奏请改任朱熹为提举浙东常平茶盐公事。因此前朱熹曾上奏请求朝廷对在南康救荒过程中主动献出粮食人进行奖赏，奖赏没有落实，朱熹辞而不就。直到奖赏颁发后，他才赴任浙东。为解决浙东饥荒，朱熹还未到任就积极准备救灾，“移书他郡，募米商，蠲其征。及至，则客舟之米已辐辏”。朱熹还经常悄悄探查民情，所属官吏对此非常忌惮，无不小心谨慎。在民政上，“凡丁钱、和买、役法、榷酤之政，有不便于民者，悉釐而革之”。“于救荒之余，随事处画，必为经久之计”。朱熹的管理才能由此可见一斑，宋孝宗评价说：“朱熹政事却有可观。”彭韶所辑《朱文公政训》中，有朱熹在漳州断田界、在南康赈灾、在浙东奏请改常平仓、在同安抓捕歹徒等实际案例。

朱熹理学成就高卓，这为其施政有方奠定了理论基础。朱熹是“二程”三传弟子李侗的学生，其思想在元、明、清三朝成为官方哲学，《四书章句集注》成为钦定的教科书和科举考试的标准。清人江藩称朱熹“宗孔嗣孟，集诸儒之大成者也”，康熙皇帝评价朱熹为“集大成而绪千百年绝传之学，开愚蒙而立亿万世一定之规”。朱熹于宋理宗淳祐元年（1241）从祀孔庙，清康熙五十一年（1712）入孔庙配享，是孔庙配享十二哲中唯一一位非孔子亲传学生。在关于当官为政的论述中，朱熹也经常从理中找寻依据，注重理论与实践的结合。如《朱文公政训》中有以下论述：“理却是心之骨，这骨子不端正，少间万事一齐都差了。”“见风吹草动便喜，做事不顾义理，只是简利多害少者为之。今士大夫皆有此病。”“与他研穷道理，分别是非曲直，自然讼少。”由是观之，朱熹的为官思想正是其理学思想的体现。《宋史·朱熹传》评价朱熹说：“其为学，大抵穷理以致其知，反躬以践其实。”基于自身丰富的为官经验和深厚的理学修养，在与弟子关于当官为政的问答中，朱熹才能提出切中要义的见解和切实可行的措施，这也是《朱文公政训》能够价值常葆、为后世鉴的原因所在。

再者，彭韶作为《朱文公政训》的辑录者，其自身的政治素养也影响着所辑之书的水平。彭韶（1430—1495），字凤仪，明莆田（今属福建）人。明英宗天顺元年（1457）进士，授刑部主事，进员外郎。后历任郎中、右副都御史、顺天巡抚、刑部尚书。明孝宗弘治八年（1495）卒，谥惠安，赠太子少保。著有《彭惠安集》。彭韶任职期间，持正立朝，秉节无私。据《明史·彭韶传》记载，明宪宗成化年间，彭韶迁四川按察司副使，果断处理安岳扈氏焚灭刘某家二十一人、定远曹氏杀其兄一家十二人两件大案。后进四川按察使，任上尽撤境内淫祠。

成化二十年（1484），擢右副都御史、应天巡抚，上疏明宪宗约束妃嫔内官，加强对官吏的恩赏。明宪宗不悦，命仍故官巡抚顺天、永平二府，任上"均大兴、宛平、昌平诸县徭役，劾奏镇守中官陶弘罪"。明孝宗即位后，召为刑部右侍郎兼佥都御史，整理盐法，进左侍郎。"韶以商人苦抑配，为定折价额，蠲宿负。悯灶户煎办、征赔、折阅之困，绘八图以献，条利病六事，悉允行。"弘治三年（1490）改吏部左侍郎，"与尚书王恕甄人才，核功实，仕路为清"，建议裁减宦官、严格授官。在后来的政治生涯中，彭韶先后上书要求严惩安远侯柳景、疏救御史彭程、请治荆王朱见潚之罪，在内官王明、苗通、高永杀人案和昌国公张峦建坟逾制中，皆抗疏极论，可惜皆不果。"韶莅部三年，昌言正色，秉节无私，与王恕及乔新称三大老，而为贵戚、近习所疾。"

彭韶在辑录《朱文公政训》时，必定以自己的为官理念对朱熹言论进行择取。那么，彭韶自身廉洁奉公、勤政爱民、刚正不阿的优秀品质，必然也会在《朱文公政训》一书中有所展现。换而言之，《朱文公政训》不仅是朱熹为官思想的集中体现，也是彭韶为官思想的集中体现。事实确实如此，彭韶的为官经历正与《朱文公政训》所倡导的为官原则相符。

3. 薛瑄《从政录》

薛瑄（1389—1464），字德温，号敬轩，明代河津（今山西运城）人，著名思想家、理学家、文学家。明成祖永乐十九年（1421）进士，明宣宗宣德三年（1428）任广东道监察御

薛文清公從政錄

河東 薛 瑄德溫著

檇李 李日華君實

繡水 沈孚先白生 校

孔子曰不患無位患所以立惟親歷者知其味余忝清要日夜思念於職事萬無一盡況敢恣肆於禮法之外乎

程子書視民如傷四字於座側余每欲責人嘗念此意而不敢忽

從政錄 一

凡國家禮文制度法律條例之類皆能熟觀而深考之則有以酬應世務而不戾乎時宜

作官者於愚夫愚婦皆當敬以臨之不可忽也

學者大病在行不著習不察故事理不能合一處事即求合理則行著習察矣

處事最當熟思緩處熟思則得其情緩處則得其當

《从政录》书影

史；明英宗正统初年，任山东提学佥事、大理寺左少卿；景泰二年（1451）升南京大理寺卿，后改北寺；天顺元年（1457年）升任礼部左侍郎兼翰林院大学士，入内阁参与机务。后致仕还乡，天顺八年（1464）去世，时年七十六岁。赠资善大夫、礼部尚书，谥号“文清”，故后世称其为“薛文清”。著有《读书录》《理学粹言》《策问》《读书续录》等。

薛瑄推崇程朱理学，继承并发展之。《明史·薛瑄传》称：“瑄学一本程、朱，其修己教人，以复性为主，充养邃密，言动咸可法。”薛瑄是明代理学“河东学派”的创始人，因此又被称为“薛河东”，门徒遍及山西、河南、关陇一带，堪称大宗，并开启了明中期以吕大钧兄弟为主的“关中之学”。《读书录》《读书续录》是集薛瑄理学思想的集大成之作，其中《读书录》是以语录的形式，记录下薛瑄日常习读儒家经典、程朱理学的心得体会，前后二十余年乃成一书。《读书续录》与《读书录》体例一致，是薛瑄晚年的学习心得。《明史·薛瑄传》称《读书录》“平易简切，皆自言其所得，学者宗之”。清人视薛瑄之学为朱学传宗。鉴于薛瑄突出的理学成就，明孝宗弘治年间，给事中张九功奏请薛瑄从祀文庙，未允，下诏建祠祭祀于乡，后恩赐“正学”二字作为祠名。明穆宗隆庆五年（1571）下旨从祀孔庙，薛瑄成为明代入祀孔庙第一人。

《从政录》又名《薛文清公从政录》，一卷，内容来自薛瑄所撰《读书录》。《从政录》的成书历程较为复杂：明正德十六年（1521），安庆知府胡缵宗从《读书录》中辑出《读书录要语》并刊行；嘉靖十四年（1535），时任河南右布政使的胡缵宗又从《读书录》中辑录《薛文清公从政名言》（后文省称《从政名言》）；万历四十三年（1615），与《从政名言》体例格式相同的《薛文清公从政录》（后文省称《从政录》）在浙江嘉兴书坊刊印发行，全书共98则，皆来自薛瑄《读书录》。值得注意的是，《从政录》98则箴言中，有92则与《从政名言》相同，部分文字与《从政名言》一致而与《读书录》略异，这表明《从政名言》有可能是《从政录》的直接来源。从《从政录》的成书来看，该书虽非薛瑄亲自编辑，但能整体反映薛瑄的官箴思想，是薛瑄为政实践的结晶。

《从政录》的核心思想是爱民，开篇在援引孔子名言以表明书籍编纂目的后，第二句即引“程子书‘视民如伤’四字于座侧”。这一典故，强调“余每欲责人，尝念此意而不敢忽”，以此来表明自己的亲民态度。薛瑄认为“养民生，复民性，禁民非，治天下之三要”，显然是将所有的为政举措都围绕“民”来展开。在具体的操作上，《从政录》强调官员修身正己、廉洁忠信，具体来说就是书中提到的“居官七要”：“正以处心，廉以律己，忠以事君，恭以事长，信以接物，宽以待下，敬以处事。”意思是为官者要以正直涵养内心，以廉洁约束自己，以忠诚事奉君王，以恭敬事奉尊长，以信义待人接物，以宽厚对待下属，以恭敬处理政事，这是当官的七项要诀。

综合而言，《从政录》中的官箴思想可以归纳为以下几点：

其一，正以处心、廉以律己，旨在提高官员自身素质和为官能力。薛瑄对官员素质有较高的期许，他提出做官要先做一个正大光明的大丈夫，“以正大立心，以光明行事，终不为邪暗小人所惑而易其所守”。薛瑄还从胆量、心思、智慧、行为等方面对官员素质提出要求：“胆欲大，见义勇为；心欲小，文理密察；智欲圆，应物无滞；行欲方，截然有执。”个人修养是与具体的治理手段相呼应的，如薛瑄在强调“治狱有四要”时，就要求官员“公慈明刚”：“公则不偏，慈则不刻，明则能照，刚则能断。”再如，薛瑄强调在施政过程中，“事事不放过，而皆欲合理，则积久而业广矣”，这显然与程朱理学强调的“格物致知”相一致，反映出薛瑄官箴思想的底色是理学。薛瑄还要求为官者严于律己、洁身自好，“名节至大，不可妄交非类，以坏名节”。

其二，勤政爱民、以人为本，这是当官为政的基本原则。薛瑄认为“圣人子民之心，无时而忘”“所谓王道者，真实爱民如子”，官员皆学孔孟圣贤之道，故亦当以爱民为本。以民为本就要重视民众：“使民如承大祭。然则为政临民，岂可视民为愚且贱，而加慢易之心哉?”薛瑄还明确指出：“不欺君，不卖法，不害民，此作官持己之三要也。”与此同时，为官者还要时刻反省自己是否做到了爱民、惠民：“爱民而民不亲者，皆爱之未至也”“惠虽不能周于人，而心当常存于厚”。以上内容，充分体现出薛瑄勤政爱民、以人为本的为官思想。

其三，信以接物、敬以处事，这是为人处世的重要原则。薛瑄要求“于人之微贱，皆当以诚敬待之，不可忽慢”，强调“敬”要发自内心的，而非趋炎附势。这种“敬”是无论贤愚的，“作官者于愚夫愚妇，皆当敬以临之，不可忽也”。薛瑄还举成王问史佚的例子来论述信与敬的重要性。成王问：“何德而民亲上?”史佚曰：“使之以时而敬顺之，忠而爱之，布令信而不食言，如临深渊，如履薄冰。”薛瑄认为“此名言也”。从《从政录》整体内容来看，薛瑄强调的信以接物、敬以处事，与勤政爱民、以人为本是相一致的，皆是亲民、爱民的表现。

其四，谨小慎微、防微杜渐。《从政录》中有许多关于为官要谨小慎微的叙述，如薛瑄认为“圣贤成大事业者，从战战兢兢之小心来”“机事不密则害成”。为此，他强调做事要深思熟虑，“处事最当熟思缓处。熟思则得其情，缓处则得其当”“事最不可轻忽，虽至微至易者，皆当以慎重处之”“作一事不可苟”。谨慎行事，一是为防微杜渐，“大臣行事，当远虑后来之患，虽小事不可启其端”，“勿以小事而忽之，大小必求合义”。二是为了避免被别人蒙蔽，薛瑄指出为官者不可轻信他

薛文清公從政錄
河東薛　瑄德溫著
檇李　李日華君實
繡水　沈孚先白生　校
孔子曰不患無位患所以立惟觀歷者知其味余忝清要日夜思念於職事萬無一盡況敢恣
肆於禮法之外乎
程子書視民如傷四字於座側余每欲責人嘗念此意而不敢忽
凡國家禮文制度法律條例之類皆能熟觀而深考之則有以酬應世務而不戾乎時宜
作官者於愚夫愚婦皆當敬以臨之不可忽也
學者大病在行不著習不察故事理不能合一處事即求合理則行著習察矣
處事最當熟思緩處熟思則得其情緩處則得其當
一字不可輕與人一言不可輕許人一笑不可輕假人
至誠以感人猶有不服況設詐以行之乎
防小人密於自修
事最不可輕忽雖至微至易者皆當以慎重處之
丙吉深厚不伐張安世謹慎周密皆可為人臣之法
從政錄　一
論萬事皆當以三綱五常為本學者之所講明踐履仕者之所表倡推明皆當以三綱五常為
本舍此則學非所學仕非所仕也
接物宜含宏如行曠野而有展布之地不然太狹而無以自容矣
左右之言不可輕信必審是實
為政通下情為急
愛民而民不親者皆愛之未至也書曰如保赤子誠能以保赤子之心愛民則民豈有不親者
哉
正以處心廉以律己忠以事君恭以事長信以接物寬以待下敬以處事此居官之七要也
士之氣節全在上之人獎激則氣節盛苟樂軟熟之士而惡剛正之人則人務容身而氣節消矣
為官者切不可厭煩惡事坐視民之冤抑一切不理曰我務省事則民不得其死者多矣可不
戒哉
作一事不可苟
必能忍人不能忍之觸忤斯能為人不能為之事功
與人言宜和氣從容氣忿則不平色厲則取怨
處人之難處者正不必厲聲色與之辯是非校長短惟謹於自修愈謙愈約彼將自服不服者
妄人也又何校焉

《从政录》书影

人，“左右之言不可轻信，必审是实”；尤其是要加强对小人的防范，“防小人密于自修”。三是谨慎还有利于树立权威，“为官最宜安重。下所瞻仰，一发言不当，殊愧之”。薛瑄认为谨慎是分层次的：“慎动当先慎其几于心，次当慎言慎行慎作事，皆慎动也。”落实到具体事务上，则是“一字不可轻与人，一言不可轻许人，一笑不可轻假人”。之所以如此谨慎，是因为“一毫省察之不至，即处事失宜，而悔吝随之，不可不慎”。

其五，低调内敛、不事张扬，这是官员应该具备的行事风格。在谨小慎微的同时，薛瑄还要求官员“处事，不形之于言尤妙”，这反映出薛瑄务实的为官态度和谦逊的思想品德。薛瑄主张“守官最宜简外事，少接人，谨言语”。低调行事的另一层面是不贪慕荣誉，“凡事皆当推功让能于人，不可有一毫自德自能之意”。之所以要低调，是因为“古人功满天地，德冠人群，视之若无者，分定故也”。过分强调为官要谨小慎微、低调从事，往往会使人过分拘谨而不敢作为，薛瑄为此明确指出，“亦有小廉曲谨，而不能有为，于事终无益”，即指明谨慎虽是必然要求但并非最终目的，为官谨慎是为做事有为服务的。为官者要勇于担当，“凡事分所当为，不可有一毫矜伐之意”。

其六，宽以待人、和气从容，旨在避免因情绪化而处事失允。薛瑄行事内敛，十分强调为官者对自己情绪的调控。薛瑄认为：“与人言宜和气从容，气忿则不平，色厉则取怨”，“闻人毁己而怒，则誉己者至矣”。也就是说，负面情绪会影响自己的心态，应该控制情绪，不能因自己的负面情绪而产生不好影响。薛瑄还比较了宽和处事与遽怒急暴的利弊：“疾恶之心固不可无，然当宽心缓思可去与否。审度时宜而处之，斯无悔。切不可闻恶遽怒，先自焚挠。纵使即能去恶，己亦病矣。况伤于急暴，而有过中失宜之弊乎?”为了做到宽以待人、和气从容，薛瑄要求为官者应努力提升自身素质：“处人之难处者，正不必厉声色与之辩是非，较长短，惟谨于自修，愈谦愈约，彼将自服。不服者妄人也，又何校焉?”这里提到的谦逊自守的素质，与前文提到的官员要“正以处心、廉以律己”相统一。薛瑄还强调“忍”的功夫，“必能忍人不能忍之触忤，斯能为人不能为之事功”。宽和与前文提到的低调行事是互为表里的，他指出：“如治小人，宽平自在，从容以处之，事已，则绝口不言，则小人无所闻以发其怒矣。”

薛瑄主张的宽和，并非毫无底线的容忍，而是要张弛有度，宽和而不失威严。他认为“待下固当谦和”，但若“谦和而无节，及纳其侮，所谓重巽吝也。惟和而庄，则人自爱而畏”。薛瑄还明确要求“恭而不近于谀，和而不至于流”，如此才是“事上处众之道”。

其七，廉洁奉公、机警果断，这是官员的施政准则。薛瑄明确指出：“世之廉者有三：有见理明而不妄取者，有尚名节而不苟取者，有畏法律保禄位而不敢取者。见理明而不妄取，无所为而然，上也；尚名节而不苟取，狷介之士，其次也；畏法律保禄位而不敢取，则勉强而然，斯又为次也。”薛瑄将廉洁分为三个层次，其上是出自内心的廉洁，其中是因爱惜名节而表现出来的廉洁，其下是受法律震慑而被迫选择廉洁。三种廉洁虽有高下之分，但薛瑄并未固执一端，这一点尤为可贵。薛瑄还强调：“处大事贵乎明而能断，不明固无以知事之当断。然明而不断，亦不免于后艰矣。”薛瑄曾言：“为善勿怠，去恶勿疑。”上述言论，皆是在强调为官者要明辨是非、当机立断。

相对于《读书录》《读书续录》，《从政录》所收内容仅仅是薛瑄官箴言论的冰山一角，但却也反映出薛瑄官箴思想内涵之深刻、体系之完善。从官员自修到身体力行，从基本原则到具体操作，从申明要义到触类旁通，《从政录》的内容不可谓不丰富。薛瑄之所以会有如此完善且具有实际操作性的官箴思想体系，除因深厚的理学修养为内核外，还与其丰富的为官经历密不可分。据《明史·薛瑄传》记载，景泰二年（1451），薛瑄升任南京大理寺卿，在任期间，有富豪杀人，此案长期积压，得不到断决，薛瑄不畏强权，依法缉拿凶手，将之绳之以法。后来，薛瑄改任北京大理寺卿。景泰五年（1454），长江、淮河涨洪水，苏州闹大饥荒，有贫苦民众抢夺了富豪粮食并焚烧屋宇，蹈海避罪。翰林院学士、值班文渊阁王文前来巡视，逮捕长洲盗贼许道师等。王文想扩大自己的功劳，于是判许道师等人谋反叛逆罪，应当判处死刑者有二百余人。薛瑄力辨其诬，在薛瑄的努力下，最终核查出盗贼十六人并依法处置，其余的得到释放。王文在许师道案中愤怒地评价薛瑄"此老倔强犹昔"，可见刚正不阿、是非分明是薛瑄为官的一贯原则。明英宗复辟后，薛瑄拜礼部右侍郎兼翰林院学士，入阁参预机务。英宗多次召见，薛瑄对英宗所说的皆是君主为政之德一类的话题。当时石亨、曹吉祥乱政，薛瑄不愿同流合污而多次辞官。从薛瑄的为官经历来看，他有着丰富的管理经验，并且秉公执法、正气凛然，这与《从政录》所展现的为官思想、行事风格是相吻合的。《从政录》是薛瑄为官思想的结晶，也是后世汲取历史经验的宝库。

4. 吕坤《实政录》

吕坤（1536—1618），字叔简，一字心吾、新吾，自号抱独居士，明归德府宁陵（今河南商丘宁陵县）人。万历二年（1574）进士，任山西襄垣知县，后改任大同知县，征授户部主事，历郎中。迁山东参政、山西按察使、陕西右布政使，擢右佥都御史、山西巡抚。后召为左佥都御史。历刑部左、右侍郎。万历二十五年（1597）因病致仕，万历四十六年（1618）病逝于家，天启元年（1621）追封为刑部尚书。

新吾呂先生實政錄序
大學傳釋治平曰如保赤子
心誠求之至論潔矩大道曰
忠信以得之蓋王道本於誠
意保蒼赤安
社稷非可以聲音笑貌為也士
君子遭時遘主孰不亟自表
建以為國為民居然自命顧
忠信未豫心寔不誠一膜之
外已成胡越烏能以實心行
實政噢咻生民而登之上理
乎惟我

《实政录》书影

吕坤是明朝著名文学家、思想家。他刚正不阿，为政清廉，时任吏部尚书孙丕扬荐举天下三大贤，除沈鲤、郭正域外，即是吕坤。与此同时，吕坤还留意理学。根据《明史·吕坤传》记载，吕坤“居家之日，与后进讲习。所著述，多出新意”。主要作品有《实政录》《呻吟语》《交泰韵》《小儿语》《阴符经注》《去伪斋集》等，内容涉及政治、经济、刑法、军事、水利、教育、音韵、医学等各个方面。

《实政录》又名《新吾先生实政录》《吕公实政录》，《四库全书总目提要》记载：“《吕公实政录》七卷，山西巡抚采进本，明吕坤撰。坤有《四礼疑》，已著录。是书皆其历官条约之类。第一卷为《明职》，第二至第四卷曰《民务》，第五卷曰《乡甲约》，皆巡抚山西时所作。第六卷曰《狱政》，第七卷曰

《宪约》，则为山西按察使时所作。其门生赵文炳巡按湖广时校刊之，总题此名。”由此可知，《实政录》的编写，完成于万历二十年（1592）。书中诸卷本来都是单独刊行，到了万历二十六年（1598）致仕后，方由其门生，时任湖广监察御史赵文炳汇集成册，以《吕公实政录》为名刊刻发行。单行本与《实政录》所收内容整体一致，部分言辞不尽相同。其实，《实政录》除了七卷本外，还有九卷本、十卷本两种版本流传。九卷本《实政录》的前七卷与七卷本完全相同，只是在后面加了《督抚约》两卷，且这两卷文字、版式与七卷本相同，应是赵文炳在七卷本的基础上补刻的。十卷本《实政录》是在万历四十六年（1618）五月新刻，前七卷名目与七卷本、九卷本相同，后三卷为《督抚约》，是在九卷本《督抚约》两卷后又加了一卷《爱生》。此外，十卷本《实政录》还对七卷本、九卷本的内容进行了删减，目的是为精炼文字、突出政务本身重点。

《实政录》第一卷《明职》，主要是叙述各种地方官员的职责，督促官员尽职尽责：“乃发明职掌，申饬大小职官，终日思其所行，经岁验其成效，称职乎？不称职乎？子夜点检，自慊自愧，必有独得者。”此外，《明职》还论述了弟子员之职，内容是读书缘由和做人道理；讲说官恩例贡出身、贡士出身、科甲出身。第二至四卷为《民务》，依次为“养民之道”“教民之道”“治民之道”，是对民政的系统梳理，并指明办事原则、处理方法。第五卷为《乡甲约》，主要叙述乡约保甲制度，“申明乡约保甲，以善风俗，以防奸盗事”。内有乡甲会规、圣谕格叶、处事情以息争讼、纪恶以示惩戒等十一篇。第六卷为

《风宪约》，主要叙述刑政："《风宪约》者，中执法。宁城吕公观察三晋时，所与郡国大夫约也。编中提刑之条五十二、按察之条二十，总之饬吏治以奠民生，要旨如斯焉。"具体包括提刑事宜、按察事宜、宪纲、报政实单、优恤、关防、仓犯、驿犯、辨盗附、审失单式等。第七卷为《狱政》，内有监犯、仓犯、驿犯三篇，附辨盗一篇。九卷本第八卷、第九卷为《督抚约》，包括边防、城守两部分，主要叙述军政事宜。十卷本的《督抚约》是在九卷本基础上增加了《爱生》，主要包括四部分内容：选地设堡，加强防卫；因地制宜，种树御敌；鼓舞军民，勇于出击；列举了十种既有迷惑性又能致敌人死地的毒草，令百姓收藏、利用。上述内容中，《明职》具有提纲挈领的作用，该部分叙述官职责任，此后数卷皆是根据这些职责进行的具体化论述。整体观之，《实政录》对明代地方行政事宜的记述既系统又详尽，内容丰富，事涉广泛，对当时的地方官员来说极具实用价值，亦是我们研究明代地方政务的重要材料。

《实政录》所体现的为官思想也十分丰富。其一，内圣外王、修齐治平。这是吕坤为官思想的理学底色。在《实政录》中，吕坤坚持修身与事功、内圣与外王相统一的理学精神。修身是事功的根本与前提，外王是内圣追求的目的。他在《明职》中明确提出："《大学》格、致、诚、正、修、齐、治、平这八件，合下是一齐做底。其实格、致、诚、正功夫，磨练成这个身子，全到天下国家处作用。"批判当时的士大夫们空谈性理、不知世务，"把圣贤垂世立教之意，辜负尽了"。吕坤认为："圣人以天地为心，为生民立命，心思既竭，仁爱无穷，必使乾坤清泰，海宇安康，无一事不极其妥贴，无一物不得其分愿，而后其心始遂。”吕坤以圣人心为己心，以天下为己任：“人生七尺之躯，皆有安天下万物的性分，皆有使天下万物各得其所的责任，皆有能使天下万物各得其所的本事。”“宇宙之内，一民一物痛痒，皆与吾身相干。故其相养相安料理，皆是吾人本分。”内圣外王、修齐治平的思想理念，引导了吕坤的为政态度和施政方针。因此，《实政录》即是吕坤政治经验的总结，也是他理学思想的集中体现。

其二，修养外化、讲求实政。在内圣、修齐的基础之上，若想真正做到外王、治平，就必须将自身的修养外化为具体的为治举措。因此，在内圣外王思想的影响下，吕坤坚持脚踏实地、讲求实政，这是《实政录》官箴思想的重要内容。前文所列《明职》《民务》《乡甲约》《狱政》《风宪约》《督抚约》中的内容，皆属于基层政务。虽然繁琐复杂，吕坤皆一一讲明，这正是《实政录》讲求实政的直接体现。于此之外，吕坤还在《明职》中批判当时的官员“为守令则泰然肆于民上，而安养教化全不举行”；“为监司则安然浑似闲身，而民生吏治略不关情，惟奔走俗尘，仅了簿书，以塞目前之责”；“为抚按则侈然惟知尊崇，而官常民隐漫不精察，但交结津要，收恩避事，以保富贵之身”。对官员不知教化民众、忽视民生吏治的批判，正是吕坤为官脚踏实地、讲求实政的反映。

其三，以民为本、关心民瘼。何以外王？实政落实到何处？从《实政录》的整体思想来看，答案就在关注民生、亲民惠民。《实政录》全书各个条目，其核心目的无不在改善民生。

赵文炳在《实政录序》中论述道：

(吕坤)镇抚山以西，朝夕焦劳，惟恐一民一物不得其所。故诸所措注，靡匪加意苍赤者，惧民啼饥号寒也。教之垦荒田、兴水利、树桑枣、养五孳，其所以殷殷恳恳，导众利而布之下者，必欲家给人足而心始慰。惧茕民无告也，为之岁给粟布，时加存问。即瞽目残肢，俾各专一艺，以资其身。乞丐之流，亦冬有生房，房有布被，期穷民举无失所。惧荒歉为民灾也，纸赎无碍，尽数籴谷，贮预备仓，而又募民出粟，益以官廪，俾在在皆立社仓，遇有水旱不能为灾。惧盗贼戕吾民也，而申饬保甲之法。惧淫邪荡吾民也，而讲明乡约之法。惧冤枉害吾民也，而设为平反之法。惧奢靡损吾民也，而崇尚节俭之法。又惧有司之弗愆或至殃吾民也，指陈在公之事，正色而告之。于是乎著为《明职》《民务》《乡甲约》《风宪约》《狱政》诸书，颁布诸司，共期惠养黎元，以臻上理。盖先生爱民真如保赤，一猷念、一政事，设诚而力行之。

赵文炳将吕坤诸书编辑成《实政录》，目的也是希望地方官员为官一任、造福一方，形成关爱民生的政治风气。“宇宙之广，必多笃学好修留心当世者，缘先生之迹，而神明之太平可致也。岂曰小补之哉！”(《实政录序》)

吕坤在《民务》中还着重提出：“宇内之重，无重于民生矣”“夫民命之轻，于何不轻”“养道民生先务，有司首政也”。为官者要把民政放到第一位，《民务》三卷，无不是围绕民生

民務卷之二
小民生計
養道民生先務有司首政也故孔子荅子貢之問政曰
足食荅冉有之在衛曰富之王道有次第舍養而求治
治胡以成求教教胡以行無恒產有恒心士且不敢人
人望況小民乎成周養道不可及矣今畧做古人養民
之政之易行者試於今日失養之民或者其可行乎或
曰今民難率徒勞勸相曰古民易率則無夫里之布遊
惰之繇矣所患勸相無人耳吾何患於百姓
一古稱深耕易耨齊魯梁宋惰農之民待命於天而
負天之時如蟈以待雨而將雨猶不肯鋤責成於地而餘地之力
淺耕急耘豐年恐饑凶年餓死未必皆歲之罪也往見
張大叅臨碧談其沁水農政令人起舞大端多糞
少苗熟耕多鋤壅本有法去冗無差而已其粟穗
長可尺半四五穗便可盈升昔人傳方有一畝木
棉可摘七八百斤一畝薥秫可收十數石者總之
無佃甫田一句蓋周家百畝僅當今之四十二畝
半耳糞多力勤八口饒養田少則易為糞自鋤則
易為力雇人則易為直剔掐則易為功收穫則易
為畢看守則易為目往來則易為足齊田一畝勝

《实政录》书影

问题进行论述。在《狱政》中，吕坤也强调：“居官所慎，民命为先。民命所关，狱情为重。”在《风宪约》中，吕坤举出大量反面典型，以申明自己以民为本的政治思想。如批判“木痒之吏”“见百姓困穷，盲尔全不动色”“耗蠹之吏”“或为身家之奉，百事求精，不遂则恣行捶楚，民有因坐褥围裙而卖儿女者。或徇耳目之欲，动辄修造，不足则横肆科罚，民有因建馆修亭而丧性命者”。他强调，州县之官要悯民生之艰，各级官长皆要以为表率，并严加督查。吕坤还继承了孔子“不患寡而患不均”的思想，主张平均土地、平均赋役、平均衣食，以此作为改善民生的重要手段。可以说，吕坤政治思想的核心就是以民为本。

其四，从以民为本、关心民瘼出发，吕坤还形成了体恤民情、备荒救灾、防患未然的为官思想。如在《民务》中提到："多少随时积攒，不消十年，永无忍饥受冻之理""王政之急，无急于积贮"。为此，吕坤设计出会仓制度，会仓粮食来自于里甲储存，"直至大歉之年，各照原积之数分领救生"，"积多者奖赏，不积者督责。如此则家家有救命之资，人人有备荒之策"。对于"鳏寡孤独废疾者"，吕坤认为乡约里老应给以抚恤，筹建社会保障机构。《民务》中详细记载了这一制度："瞽目残肢之人，但系本县及自幼失迷乡贯者，一面行各约，一面行里老。十排尽数查出，六十以上无妻子兄弟，十二以下无父母兄弟者，径收养济院"，"照例给与衣粮，一体存恤"。又设冬生院，修盖环房十五间或二十间，内起火炕，配给被褥，"每年十月初一日起至三月初一日止，凡本处或迷乡六十以下、五十以上无目残疾之人，必给谷，皆令止宿其中"。从历史角度来看，上述救济措施具有一定的先进性和历史进步意义，同时也是吕坤民本思想的具体体现。

其五，注重教育、化民成俗。吕坤认为教育是为政之本，学校既可以培养人才，又可以改善风俗。吕坤在《明职》中指出："天下之治乱系人才，人才之邪正关学校。譬之器物，学校其造作处，庙堂其发用处。譬之菽粟布帛，学校其耕织处，海宇其衣食处也。"与此同时，吕坤认为学校还有监督的职能："公论出于学校。古人称学校云有发头陀寺、无官御史台，言清苦正直也。"吕坤还主张兴复社学，重视民间教育。其在《民务》中指出："王道莫急于教民，而养正莫先于童子"，为此，要"兴复社学，以端蒙养"。除学校系统外，吕坤在《民务》中提出了利用民间曲艺改造风俗的方法："如有老师宿儒、词人诗客，能将近日时兴腔调，翻成劝世良言"，或"一切有关风化者，作为鼓板平话，弹唱说书，半说半唱，极浅极俗，不用一字文言，妇人童子都省，又亲切痛快，感动民心，使人点头赞叹，流泪悲伤者"。

吕坤的《实政录》一问世，便受到仁人志士、良官循吏的欢迎和推崇，此后多次重刊、重编。颜元在《习斋纪余》中评价吕坤曰："先生大学术、大经济，益添叹服。"清初名臣汤斌在陕西潼关任上便据该书施政，颁布的《谨仓廪以重军储事》即来自《实政录》卷一《明职·仓官之职》。陈宏谋《从政遗规》中也辑录有《明职》。李颙认为《实政录》是接续真德秀《大学衍义》和丘濬《大学衍义补》的实用经济之书，建议以《实政录》通饬天下各衙门，"俾各仿此修职业，勤政务，以图实效"。《实政录》的实用价值与历史影响力由此可见一斑。

5. 刘时俊《居官水镜》

刘时俊（？—1629），字恒甫，号勿所，明末四川隆昌（一说重庆荣昌）人。万历二十六年（1598）进士，历任桐城、庐江、吴江知县。吴江任满后，调南京刑科给事中、福建佥事，后贬为湖广按察司知事，又迁南京尚宝司丞。天启元年（1621）因病辞官归乡。该年九月，四川永宁宣慰使奢崇明起兵反叛，刘时俊受命赞画督兵，成功镇压叛军。事后升任兵部右侍郎、太仆寺卿。崇祯二年（1629）卒，追赠兵部尚书。著有《存奇》《居官水镜》《大易统要》《三邑人文》等。

勿所劉先生居官水鏡卷之一

西蜀勿所劉時俊 著

年弟六陽何慶元 批點

門人秦華孔貞時 編輯

鏡水錢志立 發明

庭實李遇芳 校閱

江源吳長齡 梓行

雜說 共四條

續情說

天地間合成一個情字乾坤不毀情相續也凡在有知情自聯屬其於父子兄弟族屬親隣爲尤切偶因忿爭意氣乖隔倘猶有真情一點不絕如綫爲上者委曲處分善言勸解使復全恩義以去是我與彼接續一番無父子而有父子無兄弟而有兄弟無族屬親隣而有族屬親隣此之恩與天地生成等若直操一切決斷之全無調停意縱處斷果當然彼此恩情終身異世不復接續矣故每事須以解紛爲主對兄勸友對弟勸恭對親隣勸和睦不惟息一時之訟且陰消數世禍云 志立云如此然後可以爲民父母

用刑說

《居官水镜》书影

刘时俊三任知县，政绩突出，对县政治理有丰富的经验。在桐城，破除迷信，改司疫庙为大观书院；在庐江，抑制豪强，强化治安。万历二十九年（1601）任吴江知县，造户口册，整顿赋税，约束漕卒，严明诉讼，表彰节义，接济贫困。兴修吴江至嘉兴长桥塘路，民称“刘公堤”。吴江民众建刘公祠、甘棠亭、香像庵等以纪念他的政绩。《居官水镜》所涉内容，大多与刘时俊在吴江任上的政治举措有关。

《居官水镜》全称《勿所刘先生居官水镜》，正文三卷，并《附居官水镜》一卷，孔贞时、钱立志整理。第一卷包括《杂说》四条和《理县事宜（关牒各衙）》两部分。《杂说》包括“续情说”“用刑说”“用明说”“省讼说”，是刘时俊基于自身为官经验总结的司法诉讼方面的原则理念，用以劝诫、教育官员。《理县事宜（关牒各衙）》包括“驭役之法”“督盗之法”“征收之法”“兑运之法”“均役之法”“考试之法”“修塘事宜”，内容涉及吏役管理、治盗防盗、赋税征收、整顿兑运、均赋役、考试安排、修建塘路等具体政务。

第二卷包括《谳语类》《批词类》两大类，为司法判决、批示文件选编。《谳语类》包括“庐江县谳语”“桐城县谳语”“吴江县谳语”三部分，是官府对相关案件所作出的正式裁决。这些谳语都形成于刘时俊在当地担任知县时，所涉案件类型较多，且多为重刑案件。《批词类》所录内容为官府接到诉状后做的处理意见批示，共九篇，涉及父子、兄弟、婚姻等各类民事纠纷。如“批王思惠讼子卷”“批张鹏兄弟争讼卷”“批某兄弟争讼息词”“批寡妇金氏状词”“批朱栻定嗣状”等。

第三卷包括《公移类》《告示类》《崇祀类》《请举类》《旌善类》五部分，是各类行政文件的选编，涉及到居官为政诸多方面之日用公文。“公移”即诸司之间往来公文之统称。《公移类》共收录文献六篇，内容为建书院、修圩岸、灾伤、胥吏之弊、贴役、风教化等诸多事宜。“告示”即布告、通告文。《告示类》共收录文献十一篇，内容涉及改风俗、禁越诉、行乡约、征粮税、禁奢靡、劝借贷、息盗贼等。《崇祀类》共收录五条子目，皆是用来标举、推崇“可祭社者”，包括“立德”“立功”“立言”的士大夫，以及贞节烈女。他们被认为是当时社会的事业、道德楷模，崇祀他们是希望以此激励民众、改善社会风俗。《请举类》包含五条子目，内容是作者任上所推举的“乡饮正宾”。《旌善类》包含二十条子目，是作者在任内“旌表贤德”时所发布的文告。

《附居官水镜》内容包括《禁谕类》《批参类》《覆解批语》三部分。《禁谕类》内容有“牌行五城禁饬骚扰”“票行府县五城禁申纸赎”两部分，是作者在南京刑科任上留下的公文；《批参类》仅有“上元县申解吴鹤等人命一起批语”一条，内容为防备件作验尸欺弊的方法；《覆解批语》所录内容为刘时俊在南京刑科任上参与司法事务所记录下的文件，有“参语”，一般包括案件的原委、经过及判决结果；也有“批语”，一般是在诉状上所批示的指示，表明是否纳入审理。在上述各条内容之后，有钱志立的发明，或补充、或解释、或评议，对于理解《居官水镜》颇有助益。

总体而言，《居官水镜》包括三部分内容：为官经验与原则的总结、具体事宜的解决办法和公文辑录。刘时俊的为官思想主要体现在第一卷《杂说》四条中。其中，“续情说”强调事须以解纷为主。何为“续情”？刘时俊认为“天地间，合成一个情字。乾坤不毁，情相续也”，“续情”就是保留天地之间的情，这个“情”主要包括父子、兄弟、族属亲邻之间的情谊。倘犹有一丝真情，为官者在处理相关案件时就要努力接续彼此之间的情谊，“我与彼接续一番，无父子而有父子，无兄弟而有兄弟，无族属亲邻而有族属亲邻，此之恩，与天地生成等”，“对兄劝友，对弟劝恭，对亲邻劝和睦，不惟息一时之讼”。“用刑说”主张谨慎用刑，直击要害：“理邑如理病，用刑如用针”，用针要直达病灶，“然针亦难下，未可轻易谭也”。

"用明说"强调为官诚明一体："有司临民，非明何断，然惟诚与明合，乃称真明"。"省讼说"主张息讼少事，不扰民众。但息讼并不意味着逃避刑讼："熄讼有道，若以厌事之心求熄讼，讼更不可熄矣！"

《居官水镜》是明清时期官箴书的代表作之一，对如何为官既有提纲挈领式的指导，又有具体的案例模板以供参考，颇具实用价值。刘时俊的为官理念在当下也有很高的借鉴意义。

6. 陈宏谋《从政遗规》

陈宏谋（1696—1771），字汝咨，号榕门，清代临桂（今广西桂林）人。原名"陈弘谋"，后避乾隆讳，改名"陈宏谋"。雍正元年（1723）进士，选为庶吉士，授检讨。后历任吏部郎中、浙江道御史、扬州知府、云南布政使。乾隆年间升任江苏按察使、江宁布政使，调江西巡抚，迁甘肃巡抚，后又在江西、湖北、陕西、河南、福建、湖南等地为官多年，或署总督，或任巡抚，皆是地方大吏。乾隆二十二年（1757），任江苏巡抚，筹划黄河治理事宜，主持办理赈济，迁两广总督。乾隆二十八年（1763），授兵部尚书，兼署湖广总督、湖北巡抚，后调任吏部尚书，加封太子太保，升汉协办大学士，补授东阁大学士兼工部尚书等。乾隆三十六年（1771），加太子太傅；同年六月病逝于山东兖州，赐祭葬，谥"文恭"。

陈宏谋是清代的理学名臣，宗二程、朱熹之学，强调明体达用、知行合一。《清史稿·陈宏谋传》称："宏谋早岁刻苦自励，治宋五子之学，宗薛瑄、高攀龙，内行修饬。"理学修养大大提升了陈宏谋的施政理论水平。更为难能可贵的是，陈宏谋还能将其所学作为施政方针，“及入仕，本所学以为设施”，切实做到了学以致用、知行合一。《清史稿》评价说：“乾隆间，论疆吏之贤者，尹继善与陈宏谋其最也……宏谋学尤醇，所至惓惓民生风俗，古所谓大儒之效也。”陈宏谋著述颇丰，主要有《纲鉴正史约》《司马文公年谱》《三通序目》《培远堂偶存稿》《大学衍义辑要》《手札节要》《课士直解》《培远堂文录》《在官法戒录》《五种遗规》等。其中，《五种遗规》是辑录前代嘉言懿行而成：“或嘉言，或懿行，悉皆古人成书，故曰遗规也。”具体包括《学仕遗规》《养正遗规》《教女遗规》《训俗遗规》《从政遗规》五种，是历代为官经验的总结，也是陈宏谋官箴思想的集中体现。

《从政遗规》两卷，辑成于乾隆七年（1742），是陈宏谋《五种遗规》中较为重要的一种，辑录了从宋代到清代的几十位政治家和学者关于从政的言论与事迹，另附有陈宏谋本人的按语。根据陈宏谋序文记述：“平时偶有得于圣贤之绪论，合之今时，情事多所切中……因于簿书余闲时，一展卷藉，兹陈编以祛固陋，凡切于近时之利弊，可为居官箴规者，心慕手追，不忍舍置。”也就是说，《从政遗规》是在陈宏谋日常读书积累的基础上编纂而成的。辑录的书目有《官箴》《西畴老人常言》《困学纪闻》《五瘴说》《许鲁斋语录》《薛文清公要语》《王文成公告谕》《耐烦说》《吕新吾明职》《宋贤事汇》《却金堂四箴》《责成州县约》《巡方三则》《当官功过格》《官鉴》《日知录》《汤子遗书》《寒松堂集》《亲民官自省六戒》《蔡文勤公

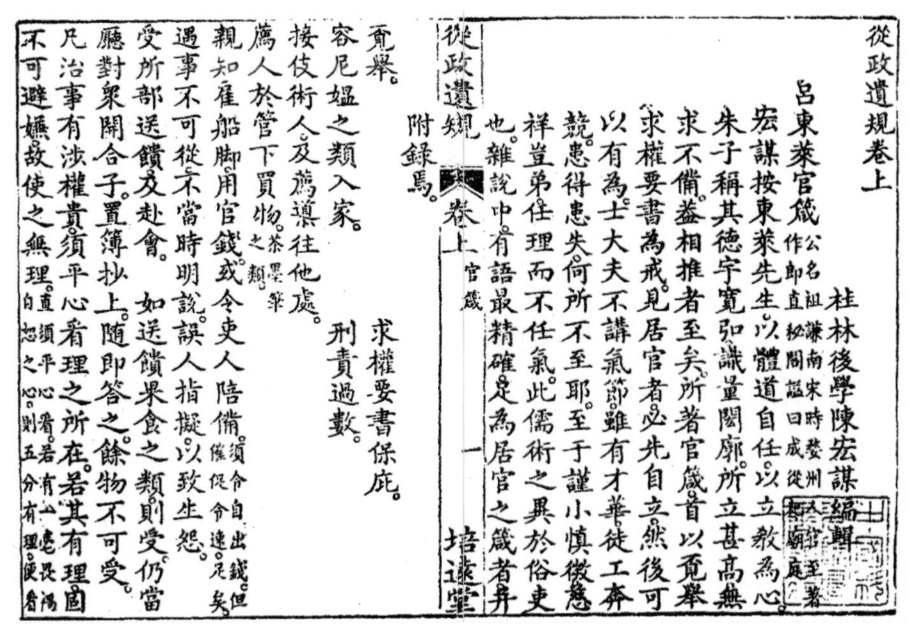

《从政遗规》书影

书牍》《宝善堂居官格言》《王朗川言行汇纂》等多部官箴典籍。《从政遗规》的编纂目的十分明确，那就是以史为鉴，帮助当下官员提升治理能力。陈宏谋在为《从政遗规》撰写的序言中殷切希望：“愿诸君推心理之相同，以尽治人之责，而又参之前言往行，以善其措施，则宜民善俗或有取焉。”

《从政遗规》收录内容非常丰富，涉及如何为官、如何处理公务、如何处理人际关系等诸多方面。虽然《从政遗规》中辑录的内容并非陈宏谋本人创见，但从辑录倾向方面可以反观陈宏谋的为官态度。尤其是《从政遗规》内大量陈宏谋按语，既是归纳前人嘉言善行的点睛之笔，更是陈宏谋官箴思想的集中反映。首先，陈宏谋认为为官要有气节，这是官员的基本素质。陈宏谋在为吕本中《官箴》撰写的按语中提到：“见居官者，必先自立，然后可以有为。士大夫不讲气节，虽有才华，徒工奔竞，患得患失，何所不至耶。”也就是说，陈宏谋认为为官不讲气节，纵有才华也很难取得成绩。这一价值观念与其理学名臣的身份是相符的。气节包含很多方面，讲原则就是其中重要一条。陈宏谋在为张鼐《却金堂四箴》撰写的按语中提到：“无论在己在人，义所当用，乃谓之用；义不当用，则谓之伤，有财者可以鉴矣。”所谓“义所当用”“义不当用”所体现的正是行事要有原则，这也是官员气节的重要体现。

如果说气节是为官者的内在素质要求，那么外在施政领域，陈宏谋则是将亲民、爱民、惠民作为基本原则，民本思想在陈宏谋官箴思想中占据重要地位。如其在为于成龙《亲民官自省六戒》写按语时提到：“后世科条日繁，吏道益杂，终日簿书劳攘，而扰民则有余，惠民则不足，皆由名与实不相应也。于公六戒，本爱民之实心，行惠民之实政。……官无良心、无天理，民有不受其殃者哉？官如存良心、循天理，民有不蒙其泽者哉？”陈宏谋认为，政务烦苛实为扰民，以簿书期会为务则官不称位，惠民不足。从前后文来看，陈宏谋所理解的“天理良心”就是爱民、惠民，这既是于成龙《亲民官自省六戒》的核心思想，也是陈宏谋推崇的施政原则。陈宏谋在为李廷机《宋贤事汇》撰写的按语中提到：“官司行政，有惟恐不能及民之心，乃可谓亲民之官。教兴养成，莫不由此。”为高攀龙《责成州县约》撰写按语时也说：“惟能事事从民生起见，则有一番措注，即流一番福泽。”显然，陈宏谋已经将亲民爱民、关注民生作为官员为官之根本，是取得政绩的基础。在梅挚

《五瘴说》的按语中，陈宏谋就对为官不知造福一方进行了批判：“大凡居官，每每计较地方苦乐，以为忧喜。若惟恐地方之有累于己，而不虑己之有负于地方，以此五者自省，亦可知所置力。”充分体现出陈宏谋为官一任、造福一方的亲民、爱民、惠民思想。

若要为政亲民、爱民、惠民，就必须体察民情、深入民众中去，二者相辅相成。陈宏谋在为何坦《西畴老人常言》撰写的按语中云：“视俗以施教，察失而立防，当今政教之极则也。”在为颜茂猷《官鉴》撰写的按语中亦云：“以精明体察民情，故不伤于苛刻，适足广其化理。”“时时体察下情，事事不失恩信，可为居官要术。”体察民情、关心民瘼，才能知道在何处施政，才能真正为老百姓办实事，做到施政有方，无负为官之责。实际上，陈宏谋在地方为官时亦是如此践行。《清史稿·陈宏谋传》记载：“宏谋外任三十余年，历行省十有二，历任二十有。莅官无久暂，必究人心风俗之得失，及民间利病当兴革者，分条钩考，次第举行。诸州县村庄河道，绘图悬于壁，环复审视，兴作皆就理。”

在以民为本、体察民情的基础之上，陈宏谋要求在具体的施政中，官员要清廉为官。如在为《宋贤事汇》撰写的按语中，陈宏谋提到：“俭者或不皆廉，若奢则虽欲不贪，不可得也。”告诫为官者要力禁奢侈，不然就会心生贪念。从做官动机上讲，陈宏谋继承孟子的思想，要求“仕非为贫”，也就是倡导做官不是为了摆脱贫困。但正如要求官员体察民情、深入民众一样，陈宏谋所说的清廉，并不是官员将自己与俗务隔离

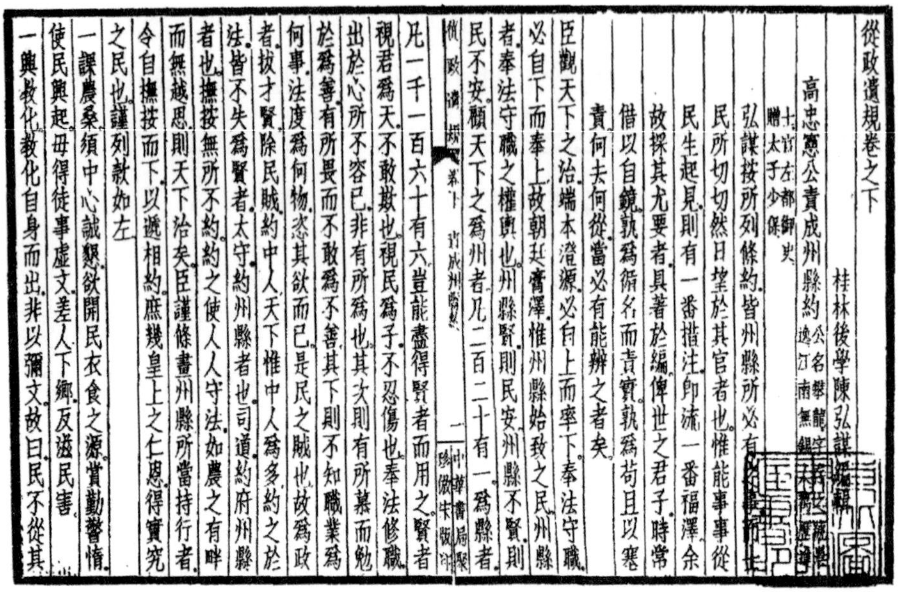

《从政遗规》书影

开来，而是建立在惠民的基础上，切实为民众考量。其在为《王朗川言行汇纂》撰写的按语中强调：“清而不理民事，清而不合人情，清而不防流弊，皆粃政也。”为了“清”而不理民事、不合人情、不防流弊，就是“粃政”而非惠政，是沽名钓誉而非真正的清廉。陈宏谋还告诫为官者云：“士大夫得失之念重，故偶闻宠辱便生忧喜，不暇计其事之果否矣。”“造福、享福二念，居官者人鬼关头。”此按语，意在要求为官者不能私心太重、贪慕名利，要尽职尽责、为民造福。

除清廉外，为官者还要勇于担当、公心尽职。陈宏谋在为《西畴老人常言》撰写的按语中云：“居官不可存徼福望报之心，又当知有出尔反尔之事。”“法不可玩，心主于慈。”“趋利而利未必得，避害而害未必免，往往如此。”在为魏象枢《寒松堂集》撰写的按语中提到："地位高一层，则责任更重一层，非虚拥其名而已也。"在为《困学纪闻》撰写的按语中提到："总是为天下，不为一身；计久远，不计目前，可为居官者法。"在《许鲁斋语录》中也有按语："以公心谓仁，仁字才有分晓；以尽职守分谓义，义字乃见着实。"以上种种言论，无不是在表达以天下为己任的胸怀、尽职尽责的态度。为官者不能过分计较个人利害得失，要勇于担当，奉公执法，为天下计、为长远计。陈宏谋为官期间，确实也做到了这一点。《清史稿·陈宏谋传》记载，陈宏谋"莅政必计久远，规模宏大，措置审详"。

为了避免因公务繁杂而使官员有所怠慢，陈宏谋在《从政遗规》中收录了耿定向的《耐烦说》，并撰按语指明其中要旨："居官莅事，牒诉纷错，日出事生，欲每事躬亲料理，未有不以为苦者。一有厌苦之心，便有不耐之意。或草率了事，或假手他人，或阘茸稽延，或急遽无序。民亦多蒙其累，事便不得其平。不耐烦之流弊，良不浅矣。天台先生所著《耐烦说》，入情入理，切中锢病。并谓耐烦更在廉之上，尤自来官箴所未及也。"政务纷繁复杂，为官者必须要耐得住烦扰苦闷，身体力行，循序渐进，不然就会让民众深受其累，事务也不能够被妥善处理。

除此之外，陈宏谋还强调要以刑辅德。如其在为《王文成公告谕》撰写的按语中说："为治虽有德礼，不废政刑。告谕者，所以章德礼之化。与民相告语，唯恐民之不知而有犯。乃以政防刑，而非以刑为政也。"对于袁了凡的"功过格"，陈宏谋也十分推崇。其在为《袁了凡当官功过格》撰写的按语中说："居官者，论法则为赏罚，论理则有是非功过者，即所行之是非也。了凡先生功过格，举官司应兴应革之事，条分缕析，即其得失之轻重，以定功过之多寡。于此见居官者，每日之内一举一动，非功即过。见过易，见功亦易。返观内考，盖无刻不在功过之中，可不惧而知所勉乎！"

总体来看，《从政遗规》涉及从自身修养、为官思想，到施政方针、为官技巧等多个方面，且彼此之间并非独立存在，而是相互交织、相互影响，构建成一个庞大又完善的官箴思想体系。可以说，《从政遗规》是历代为官经验的总结，也是陈宏谋官箴思想的集中体现。

《从政遗规》之所以具备如此大的价值，与陈宏谋丰富的为官经验是分不开的。编成《从政遗规》时，陈宏谋已经在知府、布政使、按察使、巡抚等任上为官近二十年，辗转云南、直隶、江苏、江西、甘肃多地。他任职履历丰富、熟稔地方事情，深知居官为政之要。加之陈宏谋自身深厚的理学修养，这就使得《从政遗规》所辑内容多切中要害，且颇具实用价值。实际上，陈宏谋的为官履历正是《从政遗规》所录箴言的真实写照。根据《清史稿·陈宏谋传》记载，陈宏谋在云南为官时，建立义学七百多所，令苗民能够上学，"其后边人及苗民多能读书取科第，宏谋之教也"。在天津为官时，陈宏谋专管河务，期间多次乘坐小舟咨访水利建设，"得放淤法，水涨挟沙行，导之从堤左入、堤右出。如是者数四，沙沉土高，沧、景诸州悉成沃壤"。陈宏谋在陕西、江西、河南、福建等地为官时亦多善政。《清史稿》评价说："宏谋劳心焦思，不遑夙夜，而民感之则同。宏谋学尤醇，所至惓惓民生风俗，古所谓大儒之效也。于义督军储、策水利，皆秩秩有条理。"袁枚在《随园文集·陈宏谋传》中也评价陈宏谋："三十年中，开府九省。所到处，必将各府州境内村庄、河道绘图悬壁，环覆审视；又将兴革事宜，分条钩考，纤屑必周，久远必计，刻苦经画，寝食以之。久之，编次成书，瞭如指掌。"

7. 汪辉祖《学治臆说》

汪辉祖（1731—1807），字焕曾，号龙庄，清代萧山（今杭州市萧山区）人。早年为幕僚，是著名的"绍兴师爷"。乾隆四十年（1775）进士，后任湖南宁远知县、新田知县，署道州知州，以廉洁见称。乾隆五十七年（1792）致仕归乡，专事著述，富于藏书，是清代著名学者、藏书家。著有《元史本证》《读史掌录》《二十史同姓名录》《学治佐证》《佐治药言》《学治臆说》《晚庐归稿》等二十余种。阮元《揅经室集》二集中有《循吏汪辉祖传》。

《学治臆说》上、下两卷，编成于乾隆五十八年（1793），是汪辉祖多年从政经验、为官原则的总结。根据汪辉祖《学治臆说序》记述，自道州知州致仕后，汪辉祖经常与人论述为吏之要，其子汪继坊、汪继培、汪继壕将汪辉祖的相关言论记录下来，整理成册。汪辉祖以之前编著的《佐治药言》为参照对象，"手为别择，汰其复于《药言》者，存其可与《药言》互参者，区分条目，得一百二十四则，析为二卷”，是为《学治臆说》。

《学治臆说》的内容止于州县官吏为官之法，根据汪辉祖《学治臆说序》的叙述，这一方面是因为州县作为地方行政单位是国家治理的基石：“夫天下者，州县之所积也。……自州县，而上至督抚大吏，为国家布治者，职孔庶矣。然亲民之治，实惟州县。州县而上，皆以整饬州县之治为治而已。”另一方面是因为汪辉祖个人经历使其对州县吏治较为熟知，与人讨论的内容亦止于州县吏治：“余曩佐州县吏，而自为亦止州县，先后商治者，大率吏州县之人，余之所知，州县治耳。”至于自己不熟悉的领域，或者已有详细规定的政务，汪辉祖则避而不谈：“他如水利荒政，治之未亲历者，不妄言；邮驲工程，治之有专条者，不赘言。”基于以上两个原因，汪辉祖《学治臆说》的讨论“止于州县之治，且止于州县常行之治”。在讨论原则上，汪辉祖“言其常，不敢及其变；言其经，不敢通其权”“神明于治者，非余所能知，非余所能言也”，充分体现了该书的务实态度。

《学治臆说》条理清晰，内容全面。上、下卷各六十二则，各则皆是州县官吏的治理原则、技巧，主要包括为官原则、新官到任、僚属相处、对待上级、结交朋友、对待民众、启用贤才、司法知识、判案技巧、体察风俗、素质修养、约束亲属、对待钱财、去官还乡等为官之各个方面。具体如“勿滥收长随”“勿令幕友长随为债主”“受代须从忠厚 ”“勿受书吏陋规”“职不可恋”“初任须体问风俗”“为治当念子孙”“堂事簿不可不设 ”“除盗之法”“催科之法”等等，皆是地方官吏

學治臆說卷上

蕭山汪輝祖煥曾纂

盡心

余言佐治以盡心爲本況身親爲治乎心之不盡治於何有第其難視佐治尤甚蓋佐治者就事論事盡心於應辦之事卽可無負所司爲治者名爲知縣知州須周一縣一州而知之有一未知雖欲盡心而不能受其治者稱曰父母官其於百姓之事非如父母之計兒女曲折周到終爲負官終爲負心

官幕異勢

學治臆說卷上 一

官以利民省事爲心非有異於幕也然幕據理法心可徑行官兼情勢心難直遂民之情可以恕官而官往往不易轉達於上官訥於口者不能盡吾所言怵於威者又恐逢彼之怒畧涉瞻徇便多遷就此處能於心無負方見平日立身功效

志趣宜正

服官一也而所以服官之心不必盡同有急於干進者有安於守分者干進者易躁未嘗不進而或以才情挂累守分者近庸果能盡分亦終以資格遷除此其中有命焉非人之所爲也一念之差百身莫贖故志趣不可

《学治臆说》书影

尤其是初为官者所要切实解决的问题、掌握的技能。汪辉祖对这些问题、技能解说详尽，且言语平实、左右兼顾，对于初入官场者来说具有很强的实操性，因此该书备受追捧。杨绍祖在重刊序中认为：“龙庄先生《学治》一书，居官与幕者皆宜日览。”

《学治臆说》各则单独罗列，整卷亦无固定编排原则。虽然如此，但几条较为鲜明的为官理念贯穿全书。其中最为突出的就是亲民爱民、以民为本。如汪辉祖在“尽心”中提出：地方官被称为父母官，“其于百姓之事，非如父母之计儿女，曲折周到，终为负官，终为负心”。也就是说，地方官吏要像对待自己子女一样对待治下民众，否则就有负为官一任、有负为官之心。汪辉祖还明确提出“治以亲民为要”：“长民者不患民之不尊，而患民之不亲。……亲民之道，全在体恤民隐，惜民之力，节民之财。遇之以诚，示之以信，不觉官之可畏，而觉官之可感，斯有官民一体之象矣。”亲民的关键在于体恤民生疾苦、珍惜民力、言而有信。如果为官者做到了亲民、爱民，民众就会信赖官长，如此一来，官民和谐，治绩方成：“民有求于官，官无不应；官有劳于民，民自乐承。不然，事急而使之，必有不应者。”

再如清廉为官、正直为公。汪辉祖在“勿受书吏陋规”一条中告诫为官者：“财赋繁重之地，印官初到，书吏之有仓库职事者，间有馈献陋规。若辈类非素封其所馈献，大率挪用钱粮，一经交纳，玩官于股掌之上矣。无论不能觉其弊也，觉之亦必为所挟持，不敢据实究办。”这实际是要官员清廉，不能收受书吏礼物，以免被其胁迫。在对待上级方面，汪辉祖强调要出于公心。他在“私人尤不可为”条指出：“上官以公事见委，艰苦皆不可辞；使我以私，必当自远。不特私事也，名为公事而行私意于其间，一有迎合，便失本心。”汪辉祖还要求官员“职不可恋”“恩不可希”“勿躁进”“勿喜功”，如此等等，皆是要官员保持正直为公的精神，不为功名利禄所累。汪辉祖还提醒官员“至亲不可用事”“子弟不宜轻令随任”，目的是预防亲属干预政事。约束亲属，亦是为官之重。“官一而已，非阖家皆官也，一人官而家之人无不官样，禄其足济乎？”如果亲属得不到约束，就容易滋生腐败。对于官员自身，“为官宜节”“不节必贪”。汪辉祖还要求官员“嗜好宜戒”，这是为了防止投机钻营者有机可乘，以保持自身廉洁奉公的行事作风。

再如勤政尽责、身体力行。汪辉祖明确指出“称职在勤”，他评论吕本中的“清”“慎”“勤”，认为“勤”应该排在首位。这是因为“示期常改、审案不结、判稿迟留、批词濡滞，前后左右之人，皆足招摇滋事，势必不清，何慎之有?”在“称职在勤”的原则下，汪辉祖要求官员身体力行，尽职尽责。如在“宜习练公事”条中说：“幕宾固不可不重，一切公事，究宜身亲习练，不可专倚于人。”也就是说，对于公事，官员自己要熟练应对，不可过分倚重幕僚。这是因为“盖己不解事，则宾之贤否，无由识别，付托断难尽效”。汪辉祖还以勘察土地为例，论述官员亲力亲为的重要性：“遇有勘案，总宜亲到。转委佐杂，徒费民财，不惟不公，即公亦不足服人。至于人不能服，仍归亲勘，重劳吾民，不可也。”汪辉祖告诫官吏应当体察民情，了解风俗，这些皆是勤政的表现。

除此之外，汪辉祖还十分强调官吏要不断提升自身素养。如他指出为官“勿沽名邀誉”，“一有沽名邀誉之私，其奉我以虚名虚誉者，即导我以偏好偏恶，而便民之事亦且病民。惟出之以诚，求尽吾心焉。”他还认为，官吏“暇宜读史”，这是因为“经言其理，史记其事。儒生之学，先在穷经，既入官，则以制事为重。……公事稍暇，当涉猎诸史，以广识议。慎勿谓一官一邑，不足见真实学问也”。

总体观之，《学治臆说》官箴思想丰富，但又非泛泛说教、纸上谈兵，而是由具体事宜出发，详加解说，由事及理。更为难得的是，这些为官的方法原则，皆是汪辉祖多年官场生涯的经验总结，体现出汪辉祖的务实态度，同时也提升了《学治臆说》的实用价值。基于此，杨绍祖在为重刊《学治臆说》作序时评价该书："其为言也平易而可行，亲切而有味。"

8. 刚毅《居官镜》

他塔拉·刚毅（1837—1900），字子良，满州镶蓝旗人，世居扎库木。刑部笔帖式出身，后升至刑部郎中。光绪三年（1877）因平反浙江余杭县民妇葛毕氏案（按：即"杨乃武与小白菜案"）受奖励，升江西按察使，后为广东、云南布政使以及山西巡抚、江苏巡抚。光绪二十年（1894），中日甲午战争爆发，刚毅积极主战，受到慈禧的赏识，任军机大臣兼礼部侍郎。光绪二十四年（1898），反对戊戌变法，主张废帝，升任兵部尚书、协办大学士。光绪二十六年（1900），主张利用义和团抗击外来侵略者，并率领义和团同八国联军开战。该年8月，八国联军占领北京，刚毅随同慈禧出逃，途中病死于山西侯马。战后被八国联军列为主要战犯之一，要求严惩，清政府追夺其原有全部官职。

刚毅著述多与居官为政有关，主要著作有《居官镜》《牧令须知》《洗冤录歌诀》《见闻辑要》《秋谳辑要》《审看拟式》《洗冤录义证》《将兵十法》等。其中，《居官镜》是其官箴著作的代表。该书编成于光绪十八年（1892），全书分为《臣道》和《治道》两部分，前者讲述为官宗旨，后者讲述为官之法，分吏政、户政、礼政、兵政、刑政、工政六部分。该书篇幅较小，但结构完善、内容丰富、逻辑清晰，以道理论说为主，真实案例较少，提纲挈领地论述了各级官员的为政原则，是当时

居官鏡

扎庫木他塔拉氏剛　毅纂輯

臣道

學古入官宜矢之以至誠將之以篤敬秉虛公以揆大中之則務正直以遵王道之平存忠君爲國之心務立身行道之本正其誼不謀其利明其道不計其功和而屏其偏黨之私公而去其邀譽之念以公以和能謙能虛於已則樂受規勸之言於人則能盡直

居官鏡　一

諒之道未有不臻明良一德之盛者也

居官以忠敬誠直勤愼廉明八字爲主事君之念肫懇篤摯謂之忠小心兢業毫無怠忽謂之敬精白乃心無欺無僞謂之誠陳言無隱表裏如一謂之直黽勉從公夙夜匪懈謂之勤行不放逸語不宣洩謂之愼清潔之操一塵不染謂之廉見理透徹是非立辨謂之明則人必畏而愛之則而象之矣

居官辦事以誠敬忠愛爲質以文字章句爲華存誠

《居官镜》书影

从政必备工具书之一。

《臣道》讲述为官宗旨，主要内容包括为官素养和为官原则等方面。这一部分的思想体系较为复杂。首先，刚毅认为为官当以“忠、敬、诚、直、勤、慎、廉、明”八字为宗旨：“事君之念，肫恳笃挚，谓之忠；小心兢业，毫无怠忽，谓之敬；精白乃心，无欺无伪，谓之诚；陈言无隐，表里如一，谓之直；黾勉从公，夙夜匪懈，谓之勤；行不放逸，语不宣泄，谓之慎；清洁之操，一尘不染，谓之廉；见理透彻，是非立辨，谓之明。”这是为官的基本原则与必要素质。此外，刚毅还强调居官办事，以“诚、敬、忠、爱”为质，全凭公心，以忠爱为本，这显然是在“八字宗旨”的基础之上发展而来的。“八字宗旨”还体现出要求官员素质全面的追求。刚毅反复强调：

“居官立身，固以操守为本，但《洪范》所称有猷、有为、有守，三者并重。”为官者不能只看重其操守，还要考察其“猷”即谋略、“为”即实干，杜绝任用沽名钓誉、庸碌无为之人。礼、义、廉、耻，国之四维，刚毅认为此“四维”“所指者远，所包者宏，当求其大者以为务，而不可局于仪文末节”。这也是为官者应认识到的，要以天下为己任，不可只知小节而忽略大节。刚毅要求官员要努力做未雨绸缪的圣臣、尽心辅弼的良臣、鞠躬尽瘁的忠臣、明察秋毫的智臣、廉洁奉公的贞臣、直言谏上的直臣，此乃“六正”之道；避免成为庸碌无为的具臣、曲意逢迎的谀臣、嫉贤妒能的奸臣、祸乱朝廷的谗臣、结党营私的贼臣、是非不分的亡国之臣，此乃“六邪”之术。

为官之法，实际上是在讨论官员为治之策，是为官宗旨的具体表现。《居官镜》这一部分内容，分吏政、户政、礼政、兵政、刑政、工政六部分。总的来说，在吏政方面，《居官镜》要求居官者应才德兼备，且德大于才。在户政方面，《居官镜》要求官员治民以养民为本，遵循天时，利用地利，关注民生。在礼政方面，刚毅提出居官者应正人心、端风俗，革除社会恶习，百姓才能安居乐业，朝廷才会清明，国运才会长久。在兵政方面，刚毅提出将领应有勇有谋、智勇双全，详细论述了用人、练兵、行军、安营、交战等策略。在刑政方面，刚毅主张礼法兼施，明刑弼教，导德齐礼，扬清激浊。在工政方面，刚毅要求官员修葺官署，方便施政。这些论述，皆是针对地方官僚体系的种种弊病展开的，各部分之间又有共通性。在具体的施政过程中，刚毅要求官员勤于职守、各尽其职，清廉简朴、爱民厚生，公正仁爱、讲求实政，选贤举能、约束僚属，肃清吏治、改善民风。

刚毅其人思想守旧、极端排外，对于刚毅的历史评价也争议较多，但不可否认的是，其在地方为官期间，清廉干练，颇有政声，还是有一系列实政、惠政的。《清史稿·刚毅传》记载，刚毅“谙悉例案”，并非不学无术。光绪十一年（1885），刚毅任山西巡抚，任上“请设课吏馆，手辑《牧令须知》诸书，分讲习，诏饬行各省”。在此期间，刚毅在套外地区屯田，并建分段、开渠、设官三策。光绪十二年（1886），调任江苏巡抚。当地频受水患侵扰，刚毅先后主持疏浚蕴藻河、吴淞江，以工代赈，民众颇怀其德。光绪二十四年（1898），刚毅任工部尚书、协办大学士，上书建议实仓廪，严保甲，罢不急官。次年按事江南及广东诸省，“迭疏请筹长江防务，筹饷练兵，清理财政，及整顿地方一切事宜，诏皆饬行”。从刚毅的政绩来看，他在一定程度上履行了自己在《居官镜》中陈述的为官宗旨、原则，《居官镜》亦是刚毅多年为官经验的总结。今观《居官镜》，其中虽然充斥着忠君思想等封建伦理道德，具有明显的时代局限性，但书中提出的一系列为官准则还是有着较高的历史价值和借鉴价值。书中提到大量清末弊政，对于我们研究当时的社会、吏治皆有重要意义。

（二）经典箴言

通过对典籍的梳理、筛选，围绕“亲民”“勤政”“廉洁”“自律”“公正”“任贤”六类选取一些经典箴言供读者研习品味并把握运用，以期发挥其时代价值。

1. 亲民类

当官处事，常思有以及人。（宋·吕本中《官箴》）

为守令第一是民事为重，其次则便是军政。（宋·朱熹《朱文公政训》）

平易近民，为政之本。（宋·朱熹《朱文公政训》）

为政者当体天地生万物之心，与父母保赤子之心，有一毫之惨刻，非仁也，有一毫之忿疾，亦非仁也。（宋·真德秀《西山政训》）

惟其诚，故爱无不周；惟其爱，故智无不及。吏之于民，与是奚异哉？诚有子民之心，则不患其才智之不及矣。（元·张养浩《三事忠告·牧民忠告》）

在上者诚有重民之心，而天下不治者，古今无有也。（元·张养浩《三事忠告·庙堂忠告》）

爱民而民不亲者，皆爱之未至也。（明·薛瑄《从政录》）

养民生，复民性，禁民非，治天下之三要。（明·薛瑄《从政录》）

所谓王道者，真实爱民如子。（明·薛瑄《从政录》）

宇宙之内，一民一物痛痒，皆与吾身相干。故其相养相安料理，皆是吾人本分。（明·吕坤《实政录·明职》）

宇内之重，无重于民生矣。（明·吕坤《实政录·民务》）

养道，民生先务，有司首政也。（明·吕坤《实政录·民务》）

足民，王政之大本。百姓足，万政举；百姓不足，万政废。（明·吕坤《呻吟语·治道》）

得民心者，可名为官；失民心者，何足道哉！（明·汪天锡《官箴集要》）

官司行政，有惟恐不能及民之心，乃可谓亲民之官。教兴养成，莫不由此。（清·陈宏谋《从政遗规》）

平易便民，为政之本。（清·熊弘备《宝善堂居官格言》）

救荒不患无奇策，只患无真心，真心即奇策也。（清·熊弘备《宝善堂居官格言》）

夫长吏近民，虽自己足食，尤当思民之无食者；自己披衣，亦当思民之无衣者。（清·于成龙《亲民官自省六戒》）

亲民之道，全在体恤民隐，惜民之力，节民之财。遇之以诚，示之以信，不觉官之可畏，而觉官之可感，斯有官民一体之象矣。（清·汪辉祖《学治臆说》）

父母官，其于百姓之事，非如父母之计儿女，曲折周到，终为负官，终为负心。（清·汪辉祖《学治臆说》）

为政之道，在乎休养民生。而民生之所以休养者，在乎去其累民者，使其宽然自得，各谋其生，各安其业，而后富足可期。（清·刚毅《居官镜》）

为政者必以安民为本，安民之道必以养民为先。（清·刚毅《居官镜》）

若夫偏执己见，博务虚名，不以民事为事，不以民心为心，恐严刻与纵弛罪相等，好事较误事害更甚。（清·刚毅《居官镜》）

2. **勤政类**

无大无小，必躬必亲，责躬劝农，其惟在勤。（唐·李隆基《令长新戒》）

处事者，不以聪明为先，而以尽心为急；不以集事为急，而以方便为上。（宋·吕本中《官箴》）

当官者，不可徇其私意，忽而不治。（宋·吕本中《官箴》）

当官者，一日不勤，下必有受其弊者。古之圣贤，犹且日昃不食，坐以待旦，况其余乎？（宋·真德秀《西山全集·政经》）

古之为政者，身任其劳，而贻百姓以安。今之为政者，身享其安，而贻百姓以劳。己劳则民逸，己逸则民劳，此必然之理也。（元·张养浩《三事忠告·牧民忠告》）

法立贵乎必行，立而不行，徒为虚文，适足以启下人之玩而已，故论事当永终知弊。（明·薛瑄《从政录》）

事事不放过，而皆欲合理，则积久而业广矣。（明·薛瑄《从政录》）

一毫省察之不至，即处事失宜，而悔吝随之，不可不慎。（明·薛瑄《从政录》）

勿以小事而忽之，大小必求合义。（明·薛瑄《从政录》）

人生七尺之躯，皆有安天下万物的性分，皆有使天下万物各得其所的责任，皆有能使天下万物各得其所的本事。（明·吕坤《实政录·明职》）

为官原是苦人，官职高一步，责任便大一步，忧勤便增一步。圣人胼手胝足，劳心焦思，惟天下之安而后乐。（明·吕坤《呻吟语·治道》）

居官非如无责任时，凡事须要勉强奋发为之，如担荷重物然，尽力为之，日久自然惯熟。（明·蒋廷壁《璞山蒋公政训》）

一邑之事，无非己事，早夜孜孜，毋苟安以图一时之幸也。百里之民，无非吾人，念念在兹，惟恐一夫之或病也。（明·海瑞《令箴》）

地位高一层则责任更重一层，非虚拥其名而已也。（清·陈宏谋《从政遗规》）

当官者以理事为职，无论事之巨细冗杂，皆宜一一为之处分。若处得恰好，便是进德修业功夫。（清·陈宏谋《从政遗规》）

清而不理民事，清而不合人情，清而不防流弊，皆粃政也。（清·陈宏谋《从政遗规》）

造福、享福二念，居官者人鬼关头。（清·陈宏谋《从政遗规》）

当官者，以理事为职，无论事之巨细冗杂，皆宜一一为之处分。（清·熊弘备《宝善堂居官格言》）

为官者一日不勤，下必有受其弊者。（清·熊弘备《宝善堂居官格言》）

一切公事，究宜身亲习练，不可专倚于人。（清·汪辉祖《学治臆说》）

力求称职之故，固无一不恃乎勤也。（清·汪辉祖《学治臆说》）

无事时不可多事，有事时不可因循。大事执礼，小事通权，要在审观时势，相度机宜而为之。并置毁誉得失于度外，方能处非常之事。（清·刚毅《居官镜》）

3. 廉洁类

治官莫若平，临财莫如廉。（《孔子家语·辩政》）

尔俸尔禄，民膏民脂，下民易虐，上天难欺。（宋·赵光义《戒石铭》）

当官之法，惟有三事：曰清、曰慎、曰勤。（宋·吕本中《官箴》）

不与人争者，常得利多；退一步者，常进百步；取之廉者，得之常过其初；约于今者，必有垂报于后，不可不思也。（宋·吕本中《官箴》）

士能寡欲，安于清澹，不为富贵所淫，则其视外物也轻，自然进退不失其正。（宋·何坦《西畴老人常言》）

惟俭足以养廉，盖费广则用窘。（宋·何坦《西畴老人常言》）

凡名士大夫者，万分廉洁止是小善一点，贪污便为大恶不廉之吏。如蒙不洁，虽有它美，莫能自赎。（宋·真德秀《西山政训》）

既受命以牧斯民矣，而不能守公廉之心，是自不爱也，宁不为世所诮耶！（元·张养浩《三事忠告·牧民忠告》）

为政者不难于始，而难于克终也。初焉则锐，中焉则缓，末焉则废者，人之情也。慎终如始，故君子称焉。（元·张养浩《三事忠告·牧民忠告》）

廉以律身，忠以事上，正以处事，恭慎以率百僚，如是则令名随焉，舆论归焉，鬼神福焉，虽欲辞其荣，不可得也。（元·张养浩《三事忠告·庙堂忠告》）

吏不畏吾严而畏吾廉，民不服吾能而服吾公，公则民不敢慢，廉则吏不敢欺。公生明，廉生威。（明·年富《三十六字官箴》）

大臣不廉，无以率下，则小臣必污。小臣不廉，无以治民，则风俗必坏。（清·爱新觉罗·福临《御制人臣儆心录》）

俭者或不皆廉，若奢则虽欲不贪，不可得也。（清·陈宏谋《从政遗规》）

无论在己在人，义所当用，乃谓之用；义不当用，则谓之伤，有财者可以鉴矣。（清·陈宏谋《从政遗规》）

去一分奢侈，便少一分罪过；省一分经营，便多一分道义，慎之哉！（清·魏象枢《寒松堂集》）

恭谨忍让，是居乡之良法；清正俭约，是居官之良法。（清·魏象枢《寒松堂集》）

刑罚当宽处即宽，草木亦上天生命；财用可省时便省，丝毫皆下民脂膏。（清·熊弘备《宝善堂居官格言》）

居官以清，士君子分内事。清非难，不见其清为难，不恃其清而操切凌轹人为尤难。（清·熊弘备《宝善堂居官格言》）

利在一身勿谋也，利在天下者谋之。利在一时勿谋也，利

在万世者谋之。(清·熊弘备《宝善堂居官格言》)

君子多欲，则贪慕富贵，枉道速祸；小人多欲，则多求妄用，败家丧身。是以居官必贿，居乡必盗。故曰：“侈，恶之大也。”(清·觉罗乌尔通阿《居官日省录》)

欲为清白吏，必自节用始。(清·汪辉祖《学治臆说》)

治以实心为要，尤以清心为本。(清·汪辉祖《学治续说》)

理财制用，崇俭务实，使天下家给人足，盗贼不起，争端不作，贪官污吏无以自容，此廉之大者也。箪食豆羹，一介不取，此廉之小者也。(清·刚毅《居官镜》)

水之清者物可鉴，心之清者理自明。古来清白良吏，未有不明决过人。(清·刚毅《牧令须知》)

一丝一粒，我之名节；一厘一毫，民之脂膏。宽一分，民受赐不止一分；取一文，我为人不值一文。(清·张伯行《禁止馈赠檄》)

4. 自律类

当官者，先以暴怒为戒。事有不可当，详处之，必无不中。(宋·吕本中《官箴》)

律己以廉，抚民以仁，存心以公，莅事以勤。(宋·真德秀《西山政训》)

一毫善行皆可为，毋徼福望报；一毫恶念不可萌，当知出乎尔者反乎尔。(宋·何坦《西畴老人常言》)

教民不至，则犯禁者多；养民无术，则病饥者众。为守与牧，而使其至此，独归咎于民，难矣哉！(元·张养浩《三事

忠告·牧民忠告》）

宁人负我，无我负人，此待己之道也。天下之善，不必己出，此待人之道也。能行斯二者，于道其庶几乎！（元·张养浩《三事忠告·牧民忠告》）

士当求进于己，而不可求进于人也。所谓求进于己者，道业学术之精是已；所谓求进于人者，富贵利达之荣是已。（元·张养浩《三事忠告·牧民忠告》）

士而律身，固不可以不严也。然有官守者，则当严于士焉；有言责者，又当严于有官守者焉。（元·张养浩《三事忠告·风宪忠告》）

不荡于富贵，不蹙于贫贱，不摇于威武，道之所在，死生以之。（元·张养浩《三事忠告·风宪忠告》）

胆欲大，见义勇为；心欲小，文理密察；智欲圆，应物无滞；行欲方，截然有执。（明·薛瑄《从政录》）

大丈夫以正大立心，以光明行事，终不为邪暗小人所惑而易其所守。（明·薛瑄《从政录》）

恭而不近于谀，和而不至于流，事上处众之道。（明·薛瑄《从政录》）

名节至大，不可妄交非类，以坏名节。（明·薛瑄《从政录》）

防欲如挽逆水之舟，才歇力便下流；力善如缘无枝之树，才住脚便下坠。是以君子之心无时而不敬畏也。（明·吕坤《呻吟语·存心》）

居官有五要：休错问一件事，休屈打一个人，休妄费一分

财，休轻劳一夫力，休苟取一文钱。（明·吕坤《呻吟语·治道》）

廉洁以守自己，谦和以待士夫，忠厚以待寮友，慈祥以抚百姓，勤慎以事上司，清谨以临仓库，明慎以审狱囚，严限以销未完，慎密以防奸诈，节用以备不虞。（明·蒋廷璧《璞山蒋公政训》）

凡日中所行过事，夜则思之，如善可行，否则下次改过，决不可因循积成大恶。（明·蒋廷璧《璞山蒋公政训》）

见居官者，必先自立，然后可以有为。（清·陈宏谋《从政遗规》）

士大夫得失之念重，故偶闻宠辱，便生忧喜，不暇计其事之果否矣。（清·陈宏谋《从政遗规》）

亲民之官，以廉为基，以仁为本。引而近之欲其亲，格而禁之欲其严，理之欲其明，措之欲其简。（清·蔡世远《循吏传序》）

人当贫贱时，为善善有限，为恶恶亦有限，无其力也。一当富贵中，为善善无量，为恶恶亦无量，有其具也。故富贵者，乃成败祸福之大关，不可不惧。（清·熊弘备《宝善堂居官格言》）

官虽至尊，不可以人之生命佐己之喜怒；官虽至卑，不可以己之名节佐人之喜怒。（清·熊弘备《宝善堂居官格言》）

士大夫济人利物，宜居其实，不宜居其名。居其名，则德损。士大夫忧国为民，当有其心，不当有其语。有其语，则毁来。（清·熊弘备《宝善堂居官格言》）

士君子居家，各以明理见性为修身保世之本。士君子出仕，各以扶纲整俗为获上信友之本。（清·熊弘备《宝善堂居官格言》）

人非圣贤，谁无嗜好，须力自禁持，能寓意于物，而不凝滞于物，斯为得之。（清·汪辉祖《学治臆说》）

正心之学，先在洁守，守之不慎，心乃以偏。（清·汪辉祖《佐治药言》）

洁己方能不失己，爱民所重在亲民。（清·金缨《格言联璧·从政》）

居官立身，固以操守为本，但《洪范》所称有猷、有为、有守，三者并重。（清·刚毅《居官镜》）

才与德相为表里，德蕴于中，才应于外，德为才之体，才为德之用。（清·刚毅《居官镜》）

5. 公正类

当官大要，直不犯祸，和不害义，在人消详斟酌之尔，然求合于道理，本非私心专为己也。（宋·吕本中《官箴》）

所谓钦恤者，欲其详审曲直，令有罪者不得免，而无罪者不得滥刑也。（宋·朱熹《朱文公政训》）

公事在官，是非有理，轻重有法，不可以己私而拂公理，亦不可骫公法以徇人情。（宋·真德秀《西山政训》）

小而为一邑，大而为天下，赏罚明，则不烦声色而威令自行。（元·张养浩《三事忠告·牧民忠告》）

刑罚不患于用直，患乎用之而不公。（元·张养浩《三事

忠告·庙堂忠告》)

治狱有四要：公、慈、明、刚。公则不偏，慈则不刻，明则能照，刚则能断。(明·薛瑄《从政录》)

人心公则如烛，四方上下无所不照。(明·薛瑄《读书录》)

夫居官守职，以公正为先，公则不为私所惑，正则不为邪所媚。凡行事涉邪私者，皆由不公正故也。至公至正，虽有邪私，亦不为媚惑矣。(明·汪天锡《官箴集要》)

听信偏则枉直而惠奸，喜怒偏则赏僭而刑滥，惟公生明，偏则生暗。(明·徐榜《宦游日记》)

在己畏为其难，偏欲以难责人，不恕故也。不恕由于不公。(清·陈宏谋《从政遗规》)

法不可玩，心主于慈。(清·陈宏谋《从政遗规》)

趋利而利未必得，避害而害未必免，往往如此。(清·陈宏谋《从政遗规》)

以公心谓仁，仁字才有分晓；以尽职守分谓义，义字乃见着实。(清·陈宏谋《从政遗规》)

凡不可与士民道者，皆居官所不可为也。(清·陈宏谋《从政遗规》)

功令森严，身名为重；内外情面，概宜谢绝。(清·魏象枢《寒松堂集》)

陷一无辜，与操刀杀人者同罪；释一大憝，与纵虎伤人者均恶。(清·熊弘备《宝善堂居官格言》)

法立贵乎必行。立而不行，适以启下人之翫。(清·熊弘

备《宝善堂居官格言》）

居官之法，尽心则无愧，平心则无偏。（清·熊弘备《宝善堂居官格言》）

居官时，不患无谀词，而患无规语。（清·汪辉祖《学治臆说》）

盖操守者，出仕之根柢。必于此处立稳，则事功经济，由此而起。（清·田文镜《州县事宜》）

正其谊不谋其利，明其道不计其功，和而屏其偏党之私，公而去其邀誉之念。（清·刚毅《居官镜》）

居官办事，全凭公心。一人所见以为是，未必即是；一人所见以为非，未必即非，当求公。（清·刚毅《居官镜》）

公尔忘私，则无瞻顾游移之心、党援朋比之习。（清·刚毅《居官镜》）

6. 任贤类

尚贤者，政之本也。（春秋·墨子《墨子·尚贤》）

千羊之皮，不如一狐之腋；千人之诺诺，不如一士之谔谔。（汉·司马迁《史记·商君列传》）

故良匠无弃材，明主无弃士。不以一恶忘其善，勿以小瑕掩其功。割政分机，尽其所有。（唐·李世民《帝范·审官》）

夫士有公天下之心，然后能举天下之贤。盖天下之事，非一人所能周知，亦非一人所能独成，必兼收博采，治理可望焉。（元·张养浩《三事忠告·庙堂忠告》）

于此有人焉，廉而且干，虽有不共戴天之仇，公论之下亦

不得而私焉。（元·张养浩《三事忠告·风宪忠告》）

夫为室而不众工之资，梓人虽巧，室不能成矣。为国家而不众贤之集，相臣虽才，国不治矣。（元·张养浩《三事忠告·庙堂忠告》）

以其能治不能，以其贤治不贤，设官之本意不过如此。（明·薛瑄《从政录》）

贤才亦有许多难耐处，容贤亦有许多难处。惟真心好贤者，止知有贤，他所不计耳。（清·陈宏谋《从政遗规》）

为国家用人，不当为官择地，当为地择官。若徒以地苦其人，而曾不顾其人之苦其地也。（清·熊弘备《宝善堂居官格言》）

国家政治，在乎得人，自大吏以至于一命，皆有其责。（清·刚毅《居官镜》）

惟政有缓急难易，人有刚柔短长，用当其可，虽中人亦可有为。（清·刚毅《居官镜》）

据舆论以定贤不肖，往往致有错误。凡众之所好者，非明体达用之全才，即是同流合污之乡愿。（清·刚毅《居官镜》）

盖人各有短长，弃短取长，始能尽人之材。若必求全责备，稍有欠缺即行指摘，此非忠恕之道也。（清·刚毅《居官镜》）

用人不过信，听言必考实。侈言无验不必用，质言当理不必违。（清·刚毅《居官镜》）

有言事之得者，必原其所得之理；有言事之失者，必究其所失之由；有言人之善者，当征其行善之迹；有言人之恶者，当辨其为恶之端。不蔽于所信而偏听，不阻于所疑而遗弃，不

忽于所轻而遗其可重之事，不溺于所爱而存其可弃之人。（清·刚毅《居官镜》）

不以人废举，不以己绳人，不以先觉为能，不以臆度为智。（清·刚毅《居官镜》）

为国求才，总揽英雄，不为利挠，不为势趋，宠之不喜，辱之不惊，罚不贷贵，赏不遗贱，纪律严明，秉心如秤。（清·刚毅《居官镜》）

四、托物言志：官箴文化的积淀与物化

中国官箴文化源远流长，内涵丰富，造就了官箴文化形式的多样性。在其长期发展过程中，官箴文化不断积淀物化，以托物言志的方式教育和警示后世为官者。2022 年 6 月至 10 月，济南市纪委监委、济南市市直机关工作委员会、济南市文化和旅游局举办了济南市博物馆馆藏文化主题文物展，从展陈文物中可以管窥官箴文化的深厚积淀。

（一）铜镜

"以铜为镜，可正衣冠；以古为镜，可知兴替；以人为镜，可明得失"。古代日常用来梳妆、照容的镜子，被赋予了反省自观、以知得失的寓意。许多带有铭文的铜镜，表达了人们洁身自好、遵守规矩的志向。

1.［西汉］方字昭明铜镜

昭明镜，流行于汉宣帝至王莽前后。昭明镜铭文标准内容为四句六言二十四字，但一般铜镜上铭文不全，有的字与字之间填上一个"而"的符号，字体多方折。"西汉

方字昭明镜”的铭文为“内清质以昭明，光辉向夫日月，心忽扬而愿忠，然雍塞而不泄”。铭文内容借镜之洁净光明为喻，表白坚贞之志，表达了人们洁身自好的生活追求。

2. ［东汉］**清白连弧纹镜**

东汉清白连弧纹镜的铭文为“洁清白而事君，志行弇之明，幺锡之泽，疏远而目忘，美人外承可兑（说），毋绝”。以镜为喻，清清白白，洁身自好。

3. ［东汉］**尚方规矩纹铜镜**

规矩镜也称“博局镜”，始见于西汉，武帝、王莽时期最为流行。规矩之名，起源甚早，《史记·龟策列传》有“规矩为铺，副以权衡”的记载；《淮南子》曰：“东方，木也，其帝太皞，其佐句芒，执规而合春……西方金也，其帝少昊，其佐蓐收，执矩而治秋。”以规矩命名铜镜，是对“无规矩不成方圆”的追求。东汉尚方规矩纹铜镜铭文为：“尚方作

镜真大好，上有仙人不知老。渴饮玉泉饥食枣。”

4. ［西晋］简化规矩纹镜

西晋简化规矩纹镜在装饰花纹中间，有规则地分布着“T”“L”“V”形的三个符号，因这些符号形似木工用具中的规和矩，所以称之为“规矩镜”。铜镜正面用于照容正心，寓意人们在日常生活中要敬天道、守规矩。

5. ［明］正其衣冠铭文铜镜

铭文为“正其衣冠，尊其瞻视，明明德止，惟我与尔”。勉励大家在照镜子的同时，要让自己的心灵被美好的道德充盈，和明镜一样干净、光明。

（二）印章

在一方小小的印章中，古人以印赋诗，以诗入印，用最能寄托与抒发自己情感的诗词与章句，来鞭策自己、警醒与激励自我，不忘初心，方得始终。

1.［明］兽钮田黄石长方章

“慎言语，节饮食”，出自《周易》：“君子以慎言语，节饮食。”意思就是有德行的君子言语谨慎，饮食节制。人贵有节，节制自己的欲望，不随心所欲。

2.［清］螭虎钮寿山方印

正大光明

3. ［清］雕夔龙青田石方印

但求无愧我心

4. ［清］兽钮寿山长方印

“俭可助廉勤可补拙”。节俭可以培养廉洁的作风，勤奋能够弥补不足。只有崇俭，才能戒贪。

5.［清］雕竹节寿山石随形章

“俯仰无愧怍”，语出《孟子·尽心上》：“仰不愧于天，俯不怍于人。”又出自宋代袁燮《送姜子谦丞於潜》中“俯仰无愧怍，正直神所凭”一句。立身端正，上对天、下对人，都问心无愧。

（三）碑拓

在印刷术产生以前，古代存传下来的文字有不少以石头为载体，碑拓就是将宣纸敷在有文字或图像的碑版上，用墨打拓，然后揭下拓有文字和图像的宣纸，成为碑拓。

历代先贤都十分重视清廉操守，许多碑拓上带有具官箴意蕴的文字或图像，表达了先贤对清正廉洁、大公无私的追求。

1. ［宋］**文天祥书“忠孝”拓片**

该碑拓内容为“忠孝”两个大字，大字下有四行小字，内容为：“上事于君，下交于友，内外一诚，终能长久。敬父如天，敬母如地，汝之子孙，亦复如是。”文字为文天祥所书。文天祥（1236—1283），南宋末年政治家、文学家，抗元名臣，爱国将领。抗元失败后，屡经威逼利诱，仍誓死不屈，慷慨就义。该碑拓拓于民国时期，藏于济南市博物馆。

2. ［明］**贞庵主人书为官箴言拓片**

该碑拓文字为明代顾景祥（贞庵主人）书。据考证，“三十六字官箴”的首刻者是明代户部侍郎兼山东巡抚年富（1395—1464），继而由明代泰安知州顾景祥（贞庵主人）于明弘治十四年（1501）八月刻立于泰安府衙，用以自儆。这则官箴，字字警策，句句药石，言简意赅。该碑拓拓于民国时期，藏于济南市博物馆。

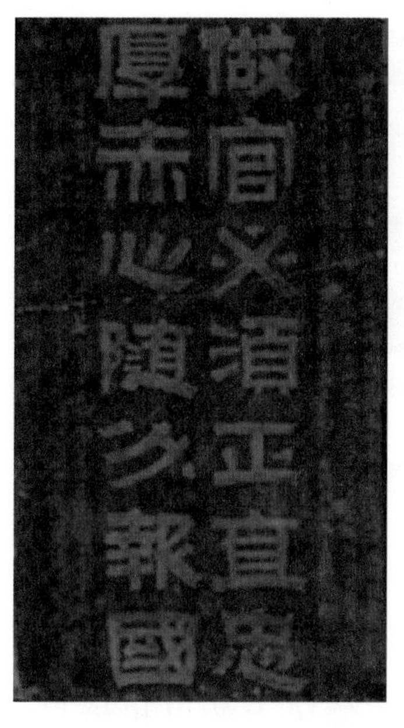

3. ［明］**杨椒山书“做官必须正直忠厚赤心随分报国”碑拓**

杨继盛（1516—1555），号椒山。明朝中期著名谏臣，曾上疏力劾严嵩“五奸十大罪”。该碑拓拓于民国时期，藏于济南市博物馆。

4.［清］**鄂海书“愧无忠孝报朝廷”拓片**

康熙壬午即康熙四十一年（1702），时任湖广总督鄂海（？—1725）书，表明了以忠孝报效朝廷之志。该碑拓拓于民国时期，藏于济南市博物馆。

5.［清］**铁保书“清风来故人”拓片**

该碑拓内容出自杜牧《早秋》诗句“大暑去酷吏，清风来故人”。意为夏天的酷热就像滥用刑罚残害百姓的官吏一去不复返，清风徐来犹如老友相逢。该碑拓拓于民国时期，藏于济南市博物馆。

6. ［清］朱昌颐楷书对联碑拓

该碑拓由清代朱昌颐书，内容为：“天恩报于何处惟有实心，民力惜得几分便是造福。”体现了封建时代勤勉官吏上报皇恩、下恤民力的思想境界。朱昌颐（1784—1855），浙江海盐人。道光六年（1826）丙戌科状元。授编修，历官吏科给事中。著有《鹤天鲸海焚余稿》。工于书法，有欧阳询之风，道光帝曾命其书扇面。咸丰时被起用为主事，但他谢病归里，辞官不做。在乡热心公益，曾督劝绅民修筑海塘。主讲敷文书院，学者奉为楷模。该碑拓拓于民国时期，藏于济南市博物馆。

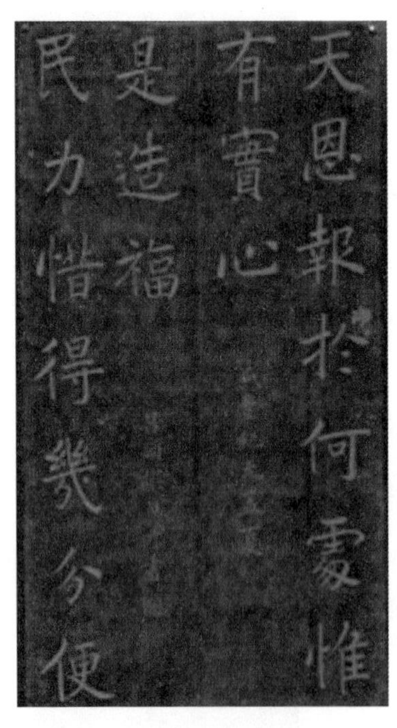

7.［清］左宗棠书“天地正气”碑拓

该碑拓内容“天地正气”四字为左宗棠（1812—1885）所书，赵吉安刻字。“天地正气”四字笔力雄劲、风格豪迈，其后附刻有贺瑞麟（1824—1893）正书跋文，体现贺瑞麟向左宗棠所秉持的不容小人欺辱君子、不容外夷凌辱中国的正气致以的崇高敬意。该碑拓拓于民国时期，藏于济南市博物馆。

8.［清］左宗棠书“负郭无田”碑拓

该碑拓内容：“负郭无田，几亩荒园都种竹；传家有宝，数间茅屋半藏书。”张曜撰，左宗棠书。书体为小篆，龙门对。此联重在言志，表现了武将的儒雅气质和恬淡情操，同时也体现出左宗棠为官之清廉。

（四）青莲

宋代周敦颐《爱莲说》曰：“予独爱莲之出淤泥而不染，濯清涟而不妖，中通外直，不蔓不枝，香远益清，亭亭净植，可远观而不可亵玩焉。”莲花以“出淤泥而不染，濯清涟而不妖”的品性被喻为“花中君子”。莲花是佛教中具特殊意义之“圣花”，宋以后，佛教与中国传统文化相互融合、渗透，莲花摆脱了单一的宗教含义，脱俗为纯洁、美好的象征；至元代青花瓷出现，“一束莲纹”作为有特殊劝诫警示意味的纹饰被大量用于陶瓷制品中。“青莲”与“清廉”同音，人们将莲花圣洁的气质引申为对人格清正廉洁的比喻。上至官宦，下至黎民，都以莲为“一品清廉”之意。这种上下结合的政治诉求，具有强大的生命力，经久不衰，延绵不绝。

1. ［明］宣德青花束莲纹盘

宣德青花瓷器被认为是中国青花瓷器中的集大成者，宣德青花束莲纹盘便是其中的代表作品。此盘直口，浅壁弧形，矮圈足。瓷盘所绘青花纹样主要分为三层：器口沿面饰一圈卷草纹、回纹及弦纹；盘壁绘一周缠枝荷花、牡丹和波涛纹饰；盘心绘当时盛行的束莲纹，寓意“一品清廉”。

2.［清］乾隆青花缠枝莲纹盘

3. 压胜钱

压胜钱是民间一种用作吉利品或避邪物的古钱币，并非流通币。压胜钱起源于西汉，至明清两代，铸造和流传达到鼎盛。压胜钱多为莲花纹，为研究中国传统民俗的重要实物资料，对考察各朝代的政治、民俗、文化都具有极高的参考价值。

（1）［元］镂空莲花纹压胜铜钱

（2）［明］生肖鹭莲纹压胜铜钱

4.［明］鎏金铜镶玉荷鹭纹带饰

5. ［清］**司马钟《荷花鹭鸶图轴》**

司马钟，字子英，号秀谷，一号绣谷，又号绣鹄，别号紫金山樵，上元（今南京）人。官直隶河工州判。长写意花卉及鸟兽。落笔豪放，气势犹逸，脱尽描头画尾之习。此图上画青莲盛放，下有鹭鸶一只，正是“一路清廉”之意。

6. ［清］**高凤翰《素袜凌波图轴》**

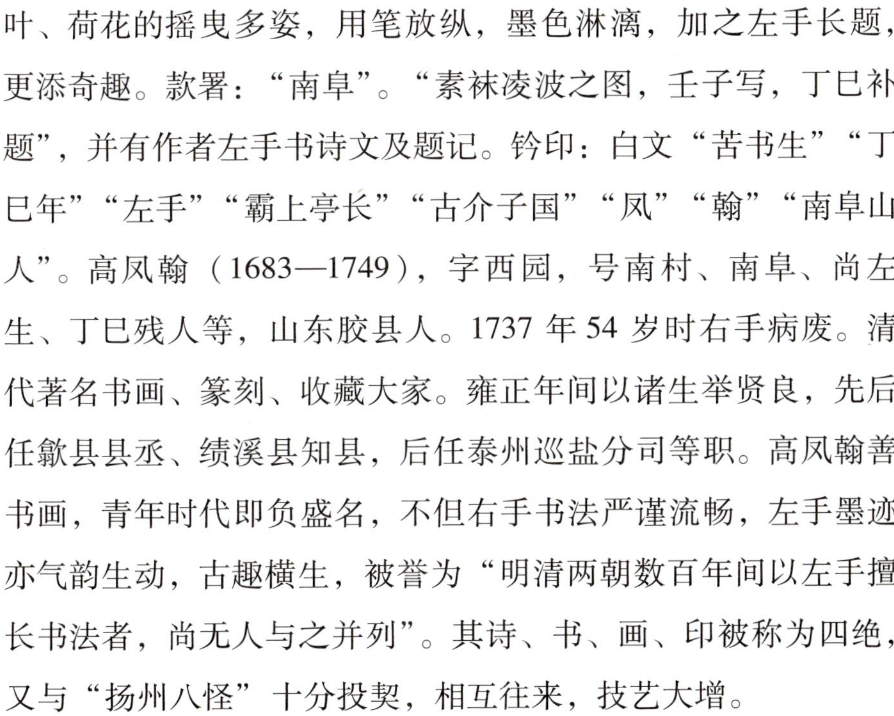

此图以大写意泼墨手法写风中荷叶、荷花的摇曳多姿，用笔放纵，墨色淋漓，加之左手长题，更添奇趣。款署：“南阜”。“素袜凌波之图，壬子写，丁巳补题”，并有作者左手书诗文及题记。钤印：白文“苦书生”“丁巳年”“左手”“霸上亭长”“古介子国”“凤”“翰”“南阜山人”。高凤翰（1683—1749），字西园，号南村、南阜、尚左生、丁巳残人等，山东胶县人。1737 年 54 岁时右手病废。清代著名书画、篆刻、收藏大家。雍正年间以诸生举贤良，先后任歙县县丞、绩溪县知县，后任泰州巡盐分司等职。高凤翰善书画，青年时代即负盛名，不但右手书法严谨流畅，左手墨迹亦气韵生动，古趣横生，被誉为“明清两朝数百年间以左手擅长书法者，尚无人与之并列”。其诗、书、画、印被称为四绝，又与“扬州八怪”十分投契，相互往来，技艺大增。

高凤翰在歙县、绩溪，办理泰州盐务期间，处理积压的冤假疑案，修桥铺路，监修文庙学宫，政声斐然，得到两江总督尹继善等上司的赏识。还亲自撰写《修城条议》十条，提醒地方官不要因“面子工程”盘剥百姓。高氏虽做过盐官，却两袖清风，女儿出嫁时买不起嫁妆，只以书画相送。高凤翰在泰州期间，写下著名的《泰州捕蝗谣》，辛辣地讽刺了封建官吏比蝗虫危害更甚的社会现实。清乾隆十二年（1747），胶州知州宋永升为粉饰政绩隐瞒不报连年大灾，高凤翰愤慨之余，又写下文学诗歌《荒界》，进一步抨击黑暗腐败现象。高凤翰做县丞和代理知县期间，凡遇荒灾之年，便日夜勘察民情，为保全百姓性命，及时果断地打开粮仓赈济灾民。

7.［明］鎏金铜镶玉莲花纹带扣

该带扣为鎏金镶玉，莲花与鹭鸶组合纹。在古代工艺作品中，常见莲花与鹭鸶的组合形式。鹭鸶是中国画和文学作品的重要主题之一，常常代表着仕途，而作为圣洁清白象征的莲花，与鹭鸶组合在一起，便有了为官清正、洁身自好的寓意，“鹭”与“路”同音，象征着“一路清廉”或“路路清廉”。

8. **笔洗**

笔洗是古代文房用具中使用较多、用以洗刷毛笔或掭笔所用器物。历代笔洗的质地丰富多彩，包括瓷、玉、玛瑙、珐琅、象牙和犀角等，其中最常见的是瓷质笔洗，玉质次之。以下几件莲蓬玉洗整器以莲叶为形，巧雕莲花、莲蓬为装饰，清淡素雅，造型精巧生动，彰显文人雅士之高洁追求。

（1）［明］莲蓬玉洗

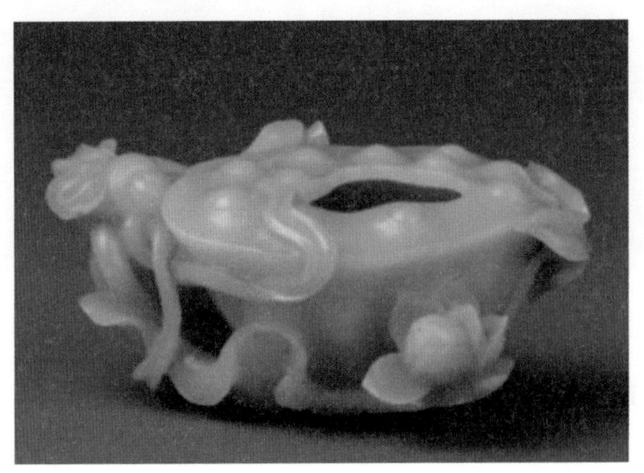

（2）［明］荷叶玉洗

9.［明］子昂款荷形玉砚

砚外沿雕反卷莲叶，砚面近似椭圆，反面减地刻荷叶茎，呈卷曲状，篆书“润而坚，能永研。子昂”八字。

（五）白菜

白菜，古称菘、白菘，在我国有着悠久的栽培历史，是我国常见的蔬菜之一。明代唐寅《爱菜歌》曰：“菜之味兮不可轻，世间万事皆可成。士知此味学业就，农知此味稼穑盈。工知此味术艺精，商知此味财货赢。但愿人人知此味，天下何愁不太平。”白菜清白高雅，四时常翠，在民众眼中属于“百姓之菜”。白菜颜色素白，食之淡味，还具有药用价值。因白菜与百姓日常生活关系密切，加之清白朴素的外形内质，文人墨客多借以抒怀。作为平凡、朴素、寡欲的象征，寓意洁身自立、纯洁无瑕、清清白白，即所谓“清白之菜”。因此，在元到明初的画作中常常能看到白菜与草虫的题材，将白菜与莲花组合在一起，更蕴含清白传家、清廉立身的追求。

1.［明］徐九思《青菜图》

徐九思（1495—1580），一名九经，字子慎，明代江西贵溪人。《明史》有传。乾隆《句容县志》载：“徐九思，一名九经。江西贵溪人，由举人为句容令，清介爱民。”徐九思于嘉靖四年（1525）中举人，嘉靖十五年（1536）出任句容知县。任职之初，句容水灾、旱灾、蝗灾、震灾不断，百姓缺吃少穿，苛捐杂税却层出不穷，差吏们依然搜刮百姓，百姓不堪重负。为了告诫自己和下属要关心百姓疾苦，徐九思在县衙前石屏屏面上画了一棵大白菜，画上方题词：“为民父母，不可不知此味；为吾赤子，不可令有此色。”后来，这棵画在墙壁上的白菜被后任官员请石匠刻成石碑移至县署的西边，称作“白菜碑”。徐九思被人称为“青菜知县”。万历四十四年（1616），句容的笪继良去江西任知县，他效仿青菜知县徐九思，也在石板上画了一棵大白菜，刻成白菜碑，立在县衙大堂，当作座右铭，以警示告诫自己和僚属，务必清白做人、做官。徐九思留下的白菜碑早已颓圮，而精神却永久传承。笪继良白菜碑现安存于江西省铅山县，供世人凭吊深思。

2. 王天池《世世清白图轴》

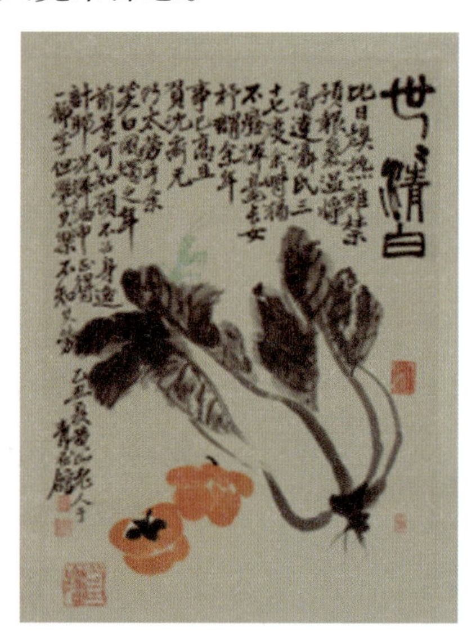

王天池（1914—1986），山东黄县人，国画大师齐白石弟子。一生致力于花卉鱼虫的创作，既承师风，又取赵之谦、虚谷、吴昌硕、李复堂诸家之长，造诣较深，亦擅长书法。是轴纵202厘米，横58厘米，为王天池晚年所作。白菜叶青柄白，寓意“清白”，“柿”与“世”同音，是意“世世清白”。

（六）蝉

在中国传统文化中，蝉的意象被赋予了丰富的文化内涵，其中也折射出中国文人的价值取向。从魏晋时期开始，诗人们咏蝉的作品，不仅有了人格化转变，更多是在称赞蝉的高洁、清高孤介、不假攀援。三国魏曹植《蝉赋》曰：“实澹泊而寡欲兮，独怡乐而长吟。声嗷嗷而弥厉兮，似贞士之介心。内含和而弗食兮，与众物而无求。栖高枝而仰首兮，漱朝露之清流。”晋代陆云《寒蝉赋》中有：“夫头上有緌，则其文也；含气饮露，则其清也；黍稷不享，则其廉也；处不巢居，则其俭也；应候守常，则其信也；加以冠冕，取其容也。君子则其操，可以事君，可以立身，岂非至德之虫哉?”从蝉的习性对照儒家文、清、廉、俭、信之五德，体现对人的道德要求。“出尘不染，饮露餐风”的品性，清高廉洁、孤高自傲的形象，使蝉成为中国古代文人士子吟赋讴歌的对象、高尚人格的化身。

1.［明］**蝉形玉砚**

砚身雕琢成蝉形，双眼圆睁凸起，头部雕有三连环砚池，以蝉身作砚堂，蝉双翼自然伸展，尾部呈三叉形。

2. [清] 雕四面蝉玉饰

3. [清] 玉蝉

(1)

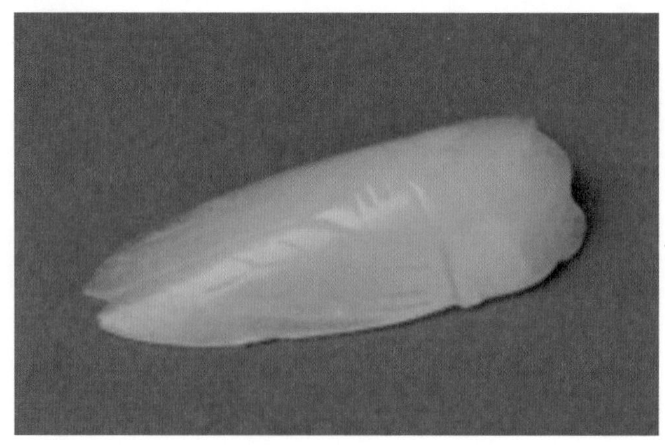

（2）

4.［民国］黄杨木雕枝叶蝉

（七）兰

兰原生于山野，洁身自爱，与世无争。自古为忠贞、廉洁、坚韧之象征，素有“花中君子”之美称。历史上常用高洁优雅的兰花比喻清风志洁的风骨，宋代则成为文人几案之上的常客，至明清文人画兰之风更盛。文人高士笔下的兰花象征贤德高洁的君子，寄托了他们不随波逐流、不趋炎附势、廉洁自爱的心境与追求。时至今日，“兰”已经成为一种精神、一种境界。董必武先生所称兰有“四清”：气清、色清、姿清、韵清。清则正气凛然、清白分明、清正廉洁、清雅坦荡，这才是真正的君子之风。

1.［清］桂馥《雪兰图轴》

桂馥（1736—1805），字冬卉、未谷，号雩门、渎井、肃然山外史等，山东曲阜人。清代书法家、训诂学家、篆刻家。

乾隆五十四年（1789）中举人，次年中进士。嘉庆元年（1796）被任命为云南永平县知县，调署顺宁县知县。在任期间，桂馥勤理政务，注重地方经济，修缮官署，条理民宅，疏通河道，在城西菜园河道主建“普济桥”，被后人敬称为“桂公桥”。嘉庆十年（1805）逝于任上。是轴纵133厘米，横43厘米。图中雪兰倚石而开，幽谷自香。款署：“菊后梅前冒雪开，花光如雪大如杯。天寒共为世人到，一点赤心总未灰。”

2.［清］“兰癖”雕像寿山方印

兰癖

3.［清］柳文洙兰石图扇面

柳文洙，字鱼筌，济南人。进士，官四川什邡县知县。善画，工书法，书风近黄庭坚、米芾。在龙洞峭壁上镌“壁立千仞”四字，字大径丈。画兰尤佳。

4. ［清］郑燮兰草图扇面

郑燮（1693—1765），字克柔，号板桥，江苏兴化人。康熙年间秀才、雍正年间举人、乾隆年间进士。曾任山东范县、潍县知县，颇有政声。去官后寓居扬州，以卖画为生。其诗、书、画世称“三绝”。擅画兰竹，为“扬州八怪”之一。此图款署：“山中觅觅复寻寻，觅得红心与素心。欲寄一枝嗟远（道），露寒香冷到如今。乾坤壬申卯月也。为布老长兄。郑燮。”钤印：白文“郑燮之印”。

（八）竹

魏晋以来，文人自比于竹之风盛行，因它“中空而自谦，摇曳而不折”，颇有不屈不挠、坚守气节、虚怀若谷、谦谦君子之德。其精神内涵是中国君子文化孕育出的特殊情结，也形成了独有的“廉竹”文化，因此我们常能在古代绘画作品中窥见竹子的身影。水墨苍莽之间，文人高士的风骨与气节跃然纸上。“虚心抱节山之阿，清风白月聊婆娑”。虚心抱节不只是竹之风骨，也是自古以来出仕之人必须遵循的行为准则。唯有坚守翠竹般高风亮节、坐端行正、刚正廉洁、两袖清风，才能永葆清正廉明之心。白居易爱竹，“水能性淡为吾友，竹解心虚即我师”。苏轼爱竹，“宁可食无肉，不可居无竹”。元代吴镇《野竹》诗云：“野竹野竹绝可爱，枝叶扶疏有真态。生平素守远荆榛，走壁悬崖穿石埭。虚心抱节山之阿，清风白月聊婆娑。寒梢千尺将如何，渭川淇澳风烟多。”

1. ［明］王季重竹石图扇面

王思任（1575—1646），字季重，号遂东，晚年号谑庵，浙江山阴（今绍兴）人。明末文学家、殉节官员。万历二十三年（1595）进士，官至礼部右侍郎，进尚书。清兵进逼杭州，马士英欲渡江入绍兴，王思任以《让马瑶草》致书马士英力拒道：“吾越乃报仇雪耻之国，非藏垢纳污之区也。”顺治三年（1646），绍兴为清兵所破，他绝食而死。此图款署：“王季重画。”

2.［明］高名衡《兰竹图轴》

高名衡（1583—1642），字平仲、仲平，号鹭矶，山东沂州人。崇祯四年（1631）进士。历如皋、兴化知县。他督民治水，赈济难民，政绩突出，被推为云南道监察御史。当时政治腐败，灾荒连年，清兵内犯，农民起义此起彼伏，严重威胁着明王朝的统治。他在给崇祯皇帝的奏疏中提出：选贤任能，“不必循资论俸”；整顿吏治，“亟严逗怯之诛”，受到崇祯帝赞赏。崇祯十二年（1639），出任河南巡按，弹劾贪官，严肃政纪，忠于职守。后升河南巡抚。崇祯十五年（1642）冬，清兵攻破沂水城，高名衡与妻张氏自杀殉节。清乾隆四十一年（1776），赐谥“忠节”。是轴纵 187 厘米，横 60 厘米。此图绘坡石间秀竹一竿，枝叶俯仰交错，幽兰两丛，花朵盛开，袅娜多姿。石用淡墨晕染，浓墨点苔，笔法工细，淡雅有致。竹之气节，兰之清蕙，喻作者淡泊名利、洁身自好之操守与气节。款署：“丁丑春日，为郗林先生作，高名衡。”钤印：白文“高名衡印”“平仲父”。

3.［明］冯起震《墨竹图轴》

冯起震（1553—1638），字青方、省予，号稷下门生，山

东青州人。善画墨竹。冯起震虽为布衣，不追求功名利禄，以传道授业为乐，但家学渊源使他砥节砺行，以承继门风为己任。他的四个儿子可依、可立、可宾和可宗在他的教诲下均学有所成，尤以三子可宾成就最大。是轴纵246厘米，横57厘米。画中墨竹依石而立，苍莽有力，依依似君子，无地不相宜。款署：“……冯起震。”钤印：朱文“青芳”、白文“起震”。右侧有黄宾虹题 。下钤印：白文“黄山予向”。

4.［清］袁枚竹石图扇面

袁枚（1716—1798），字子才，号简斋，晚年自号仓山居士、随园主人、随园老人。钱塘（今浙江省杭州市）人，祖籍浙江慈溪。清朝诗人、散文家、文学批评家和美食家。乾隆四年（1739）进士，授翰林院庶吉士。历任溧水、江宁等县知县。为官正直，颇有声望。此图款署：“竹君石友两相期，介介何如潇洒姿。问尔点头原有会，可知灵仗化龙时。丁亥初夏写于淮南客舍白门，袁枚题。”钤印：白文“刘颠”。右上题：“袁枚字子才，号简斋，钱塘人，其画不见称于世者，为文名所掩耳。芷里先生妄评。”

5.［清］郑燮《兰竹菊图轴》

该图左下方绘古拙陶罐丛生秋菊，竞艳开放；右侧则有细长陶罐蕙兰盛开，翠竹一枝独秀。作品在构图上采用“Ͻ”形式，左边落长款，使作品整幅造势、破势统一协调，是郑板桥作品中的精品之作。款署：“兰梅竹菊四名家，但少春风第一花。寄与东君诸子弟，好将文事夺天葩。乾隆壬申板桥郑燮。”钤印：白文“郑燮”、朱文“板桥”。

（九）书法

古时的官吏自撰廉政联语，或题在府衙、楹柱，或写在厅堂、家门，作为自勉警策。时至今日，仍然有很强的现实意义和借鉴价值。

1.［清］刘墉“岩水澄华”行书横疋

“岩水澄华”出自清杜岕《古意》诗：“岩水结澄华，浮云无定姿。”澄华意为明净的冰花。刘墉（1719—1804），字崇如，号石庵，另有青原等字号，山东省高密县逄戈庄人（原属诸城），清代书画家、政治家。官至内阁大学士，为官清廉，有乃父刘统勋之风。乾隆二十一年（1756），外放做地方官，先后任学政、知府等职。为官期间，正直干练，雷厉风行，对科

场积弊、官场恶习进行整顿。查禁书、捉会党，得到皇帝赞许。任江宁知府期间，为政公正清廉，声名远播，百姓叹服其品行，比之为包拯。嘉庆初年的弹词《刘公案》，便是以刘墉在江宁知府任上决断疑案、为民作主的故事为蓝本改编而成。乾隆四十六年（1781），迁都察院左都御史。次年三月，仍任职南书房，不久，又充任三通馆总裁。此时，御史钱沣弹劾山东巡抚国泰结党营私等。刘墉奉旨偕同和珅审理山东巡抚舞弊案。刘墉假扮道人，步行私访，查明山东连续三年受灾，而国泰邀功请赏，以荒报丰，征税时又对无力缴纳者一律拿办，并残杀进

省为民请命的进士、举人 9 人。及至济南，经审问，查清国泰已知贪赃案发，遂凑集银两妄图掩饰罪行。刘墉如实报奏朝廷，奉旨开仓赈济百姓，捉拿国泰回京。此时皇妃已为国泰说情，且有御史从旁附和，和珅亦有意袒护国泰。刘墉遂以民间查访所获证据，历数国泰罪行，据理力争，终使国泰伏法。嘉庆九年（1804）十二月病逝，赠太子太保，谥号“文清”，入祀贤良祠，谕祭葬。

2. ［清］刘墉“读圣贤书立修齐志”楷书横疋

内容：读圣贤书，立修齐志，存忠孝心，行仁义事。

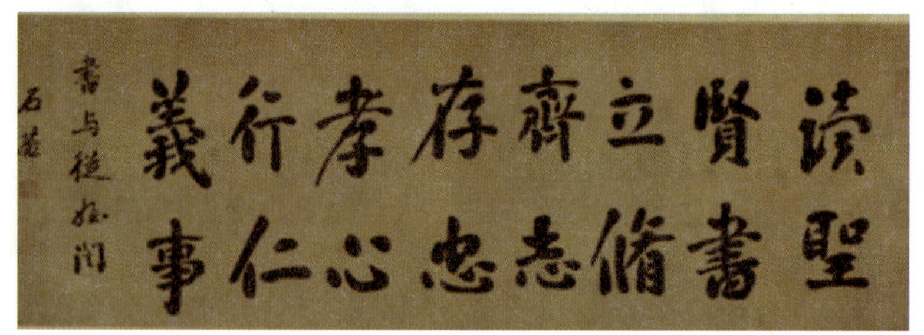

3. ［清］毕道远行书联

该联内容为：“人品无瑕玉界尺，文章有骨绣屏风。”作者毕道远（1810—1889），字仲任，号东河，山东淄博人。道光二十一年（1841）进士，光绪八年（1882）授都御史，官至礼部尚书。

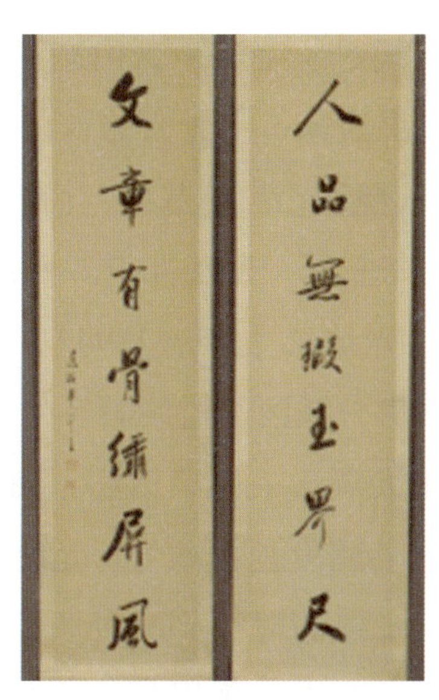

4. ［清］王懿荣行楷书联

该联内容为：“砥砺清节耽学好古，倜傥博物触类多能。”“砥砺清节耽学好古”出自汉代陈琳《檄吴将校部曲文》，“倜傥博物触类多能”出自晋代夏侯湛《东方朔画像赞》。王懿荣

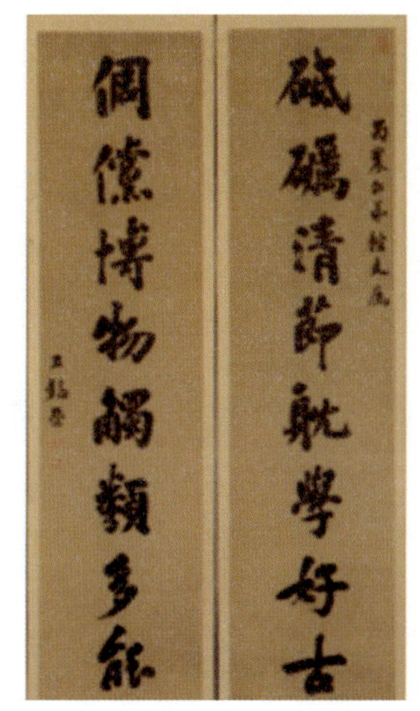

（1845—1900），字正儒，一字廉生，山东福山县人。中国近代金石学家、收藏家、书法家，甲骨文的首位发现者和爱国人士。生性耿直，号称“东怪”，泛涉书史，尚经世之务，嗜金石。光绪六年（1880）中进士，选庶吉士。光绪十九年（1893），任河南乡试正考官。光绪二十年（1894），大考一等，升迁侍读。次年，入值南书房，任国子监祭酒。中日甲午战争爆发后，日军占据威海，登州大震。王懿荣请归，回乡办团练御敌，又请调记名提督、堂弟王鸿发驰援威海。光绪二十五年（1899），因通晓医术，在鹤年堂抓药时买到一种叫龙骨的药材，对上面的图形文字进行研究，首次发现甲骨文，并成为甲骨文研究的奠基人。光绪二十六年（1900），义和团攻掠京津，侍郎李端遇与王懿荣被任命为京师团练大臣，参与京城防守事宜。八国联军攻入北京，皇帝与慈禧出逃。王懿荣遂书绝命词，东直门被攻破失守后自缢殉国，年五十五。

（十）建筑物

济南文庙棂星门内，东、西两侧分列中规亭、中矩亭。中矩亭为方形，中规亭为圆形，黄琉璃瓦攒尖顶。中规、中矩语出《周礼·考工记》：“方者中矩，圆者中规。”规矩亭的设立是为了让官员为政、学子治学谨守规矩，这样才可以光明磊落、德业并修。这也是中国规矩意识的一种具体体现。

济南府学文庙内中规亭

济南府学文庙内中矩亭（任飞翔摄）

五、美德懿行：官箴文化的实践

历史上有许多清官廉吏，堪称是中华优秀官箴文化的践行者，他们尊奉“为政以德”（《论语·为政》）的圣人教训，恪尽职守，勤政爱民，在百姓中有口碑，在青史上留佳名，其所作所为给后世的当政为官者提供了学习借鉴的楷模与榜样。历史是一面镜子，“以铜为镜，可以正衣冠；以古为镜，可以知兴替；以人为镜，可以明得失”（《贞观政要·任贤》）。历代清官廉吏以其美德懿行践行中华优秀官箴文化蕴含的为政理念，对今天的廉洁文化建设具有十分重要的借鉴意义。

（一）亲民篇

1. 兒宽恤民

兒宽，西汉千乘（今山东高青）人。早年跟随儒士欧阳生学习《尚书》，后又受业于名儒孔安国。他家境贫困，曾受子弟供养，还时常受雇为人做活，但不曾荒废学业。他学习刻苦，长进很快，以射策中第被补为廷尉文学卒史。

汉武帝元狩三年（前120），廷尉张汤让他代写一篇难写的奏章，得到汉武帝的赏识，因而被推荐担任侍御史一职。汉武帝召见兒宽，让他讲论经学。兒宽引经据典，把《尚书》中的《尧典》《舜典》讲得精辟透彻。汉武帝非常高兴，提升他为中大夫，专管朝廷议论之事。

汉武帝元鼎四年（前113），兒宽迁升为左内史，负责治理京城长安所在关中地区的民政事务。以往，关中地区的官员对百姓大多十分严酷，形成苛剥百姓的恶劣习气。兒宽任职后，用儒家道德教化民众，重视农业生产，亲自审理案件，缓和刑罚，清理狱讼案件，选用仁厚之士，体察民生疾苦，深得关中地区百姓的信赖和拥戴。

为了灌溉关中地区的农田，兒宽向汉武帝上奏章，提议开凿六辅渠。征得朝廷同意后，兒宽征发民工，在郑国渠上修筑了六条辅助渠道，即便是周围的高地也都得到灌溉。兒宽兼顾上下游的利益，制定颁布了“水令”，从法律制度上解决了各地使用渠水的先后次序问题，避免了纠纷，节约了用水，关中地区很快出现了农业丰收、经济繁荣的局面。兒宽还体察民间疾苦，每年征收租税时，根据收成的丰歉和农民的负担能力适当调整租税，富者多征，贫者少征，甚至允许暂欠不缴。他还将府库收入借贷给贫困人家。如此一来，他征收的租税总是比其他地区要少。后来，战争爆发，朝廷紧急征集军粮，兒宽上缴粮食欠缺，依例要被罢官。百姓听说后，唯恐兒宽这样的清官被革职，于是纷纷主动缴纳军粮。最终，兒宽征收军粮的任务不但没有落后，竟然还有超余。汉武帝闻听后，对他更为信任和看重。

元封元年（前110），兒宽升任御史大夫。汉武帝命兒宽编写新历法。他接受任务后，与太史令司马迁等合作，共同编写《太初历》。《太初历》以正月为岁首，首次把有利于农时的24节气编入历法，促进了农业的发展。这期间，汉武帝还采取了一系列惠民政策，如取消农民所欠田租赋税、治理黄河决口、消除地方割据势力等等。这些重大决策的创制和施行，都凝结了兒宽的智慧和心血。

2. 苍生借寇恂

寇恂，字子翼，东汉上谷昌平（今属北京市）人。东汉开国功臣，“云台二十八将”之一，有“东汉萧何”之誉。历任河内太守、颍川太守、汝南太守、执金吾等职，封雍奴侯。

建武二年（26），寇恂任颍川太守。当时，颍川人严终、赵敦等聚众万余人，与密县人贾期一起发动叛乱，颍川百姓深受其害。寇恂到任后，与破奸将军侯进一起率军平定叛乱。经过数月的讨伐，斩杀了贾期，平定了叛乱，颍川百姓得以安居乐业。寇恂因功被封雍奴侯，食邑万户。

在此期间，执金吾贾复驻扎在汝南，其部将在颍川杀了人。当时东汉政权初创，法纪尚不健全，将士在地方上常有抢劫杀人等不法之举，一些地方官为防止得罪其背后的势力，对此常常睁一只眼闭一只眼。执法如山的寇恂，经过细致调查之后，将杀人者逮捕，并在集市上将其正法。此举可谓深得民心，对地方吏治的恢复也大有裨益。

建武三年（27），寇恂调任汝南太守。汝南同样叛乱横生。寇恂赴任后，立即扫除叛贼，然后施行新政。寇恂向来重视文教，于是集中郡中人力物力修建乡校，聘请精通《左氏春秋》的名师教授生徒，自己也随同学子一起受学，于是汝南大治。

建武七年（31），寇恂升任执金吾，位列九卿之一。第二年，他跟随刘秀出兵攻打隗嚣集团。不久，颍川贼乱又乘机蜂起。由于颍川接近京师，刘秀认为必须马上平定叛乱。寇恂有平乱的经验，此番派他前去颍川最为合适。刘秀客气地要求寇恂再次出任颍川太守。面对这样的安排，寇恂回答说："据我了解，颍川贼乱剽悍奸猾。估计他们是听说陛下远征，这才认为有机可乘。如果陛下愿意御驾亲征，回军南向，贼人必定会望风投降。我愿意担任前锋，镇守颍川。"刘秀认为寇恂的分析很有道理，即日发兵前往征讨。事实证明，寇恂的分析是准确的，盗贼们在刘秀和寇恂等人还未到达郡府之前便自动前来请罪。百姓听后，无不欢呼雀跃。

贼乱平定之后，刘秀认为寇恂没有继续留任颍川的必要，打算让他继续出任执金吾一职。颍川百姓听闻此消息后，前来拦住刘秀，恳请说："希望能从陛下那儿再借用寇君一年。"刘秀看到颍川百姓对寇恂留任的期待之深，便同意这一请求。寇恂留任颍川，颍川再度大治。

从此，"借寇恂"成为地方百姓挽留良吏的典范和美谈。唐代诗人杜甫在他的作品中称"湘西不得归关羽，河内犹宜借寇恂"，元稹亦有"内史称张敞，苍生借寇恂"的诗句，将寇恂作为理想的官吏代表。

3. 孟尝还珠

孟尝，字伯周，东汉会稽上虞（今浙江上虞）人。其祖先三世任职郡吏，皆为国殉难。孟尝从小注重操行，后仕郡为户曹史。

孟尝还珠（图采自［民国］蔡振坤《八德须知》）

孟尝任户曹史之初，就遇到上虞寡妇的冤案。上虞县有个寡妇，极为孝顺，长年赡养婆婆。婆婆年老寿终后，寡妇的小姑竟到县衙诬告寡妇不孝，用鸩酒毒死婆婆。审理案件的昏官不加调查，仅凭一面之词就把寡妇判了死刑。当时在县衙门任户曹史的孟尝，在几经调查了解后得知寡妇冤情，便将其中的真相报告给太守。然而太守却不理睬，没有重新审理案件。孟尝十分气愤，在郡衙门外哭泣诉说，后不得不告病离职回家，寡妇也最终蒙冤而死。自此以后，郡中大旱两年，对天祷告也没有成效。后来，新太守殷丹到任，探访其中缘由，孟尝又去府衙陈述寡妇被冤枉之事。他以天道神话予以诉说：“往昔东海孝妇，蒙冤而死，致使三年大旱。于公（于定国）一句话，感动上天，使得甘霖应时而降。这里应该杀掉那诬告的人，以此来向冤魂谢罪。冤魂得以申冤，时雨可以按期而降。”殷丹听了孟尝的话，重申寡妇一案，确认寡妇为蒙冤而死，并立刻杀掉了那小姑，为寡妇申了冤，并且祭扫寡妇的坟墓。天上立刻降下雨水，是年五谷丰登。孟尝因此声名大噪。后来被推举为茂才，拜为徐县县令，后升为合浦太守。

东汉时，合浦郡地属沿海，出产的珍珠粒大体圆，色白质纯，被誉为“合浦珠”。合浦与交趾相邻，两地经常有商贩往返互通，合浦百姓多以合浦珠交换交趾的粮食。正因为合浦珠值钱，历代合浦太守都派专人去产珠的海域挖掘珠蚌，据为己有，甚至逼迫百姓将采到的珍珠全部送到太守衙门。长此以往，合浦的生态遭到破坏，珍珠越来越少，珠蚌也因生态原因迁移至交趾边界。合浦没有了珍珠资源，商人不再往来，合浦越来越萧条，百姓无以为生，以致贫穷者或饿死于道。

孟尝到任合浦后，革除前任贪官的弊政，废除苛捐杂税，访求民间疾苦，处处为民求利。在了解到官府强制采珠的情况后，禁止渔民滥捕乱采，规定了捕捞的时间，以便保护珠蚌资源和珠蚌的生长环境。不到一年时间，珠贝的生存环境就变好了，合浦郡的珍珠产量又恢复到原来的样子。老百姓也恢复了他们的本业，商人开始来往，货物开始流通，老百姓的生活也由此安定下来，合浦变得和以前一样繁荣。这件事被老百姓交口称赞。他们把孟尝奉为神明，纷纷到太守衙门前磕头拜谢，认为是孟尝感动了上天，用神力召回了合浦珠。

后来，孟尝告老还乡。合浦吏民诚恳挽留，拽住车请求他不要离任。孟尝因无法脱身，只得在夜间搭载乡民的船悄悄离去。孟尝回去后，隐居在僻野水边，亲自耕田种地。邻县的士民仰慕他的高尚品德，到他附近居住的多达百余家。

4. 韩韶留驹

韩韶，字仲黄，东汉颍川舞阳（今河南漯河）人。桓帝时任颍川郡吏，有政绩，继而被征召为司徒府掾属，后任嬴长。在任期间，尽心民事，多有惠政。

东汉永寿二年（156），兖州泰山郡公孙举率流寇数次骚扰青、兖、徐一带，一直未被平定。嬴县（今山东莱芜西北）地势险峻，流寇时常在此出没，百姓苦不堪言。于是，朝廷命尚书府从三府（司徒、司马、司空）属员中选拔既有治理之才又能抵抗流寇骚扰的能者，韩韶被选拔为嬴长。

青、兖一带的人素闻韩韶贤名，他一上任，流寇、盗匪纷纷向远处迁徙，并相互告诫不要进入嬴境，嬴县百姓因此得以安定。但是，嬴县邻县不免受到流匪侵扰，百姓难以正常从事农桑，所以有很多人进入到相对安定的嬴县，乞衣讨食。韩韶见这些流民饥寒交迫，很是怜悯，于是下令开仓赈济，救济了数万流民。然而，这一举措却引起主管仓廪官吏的反对，他认为韩韶没有得到上级的指令，私自开仓是违法行为，并劝诫韩韶不要因此而丢官受罚。韩韶坦然地说："如果因为救济即将饿死的百姓而获罪致死，那我心甘情愿，将含笑入九泉，这正是死得其所。"为了化解误会，韩韶向郡守递交自责呈文。郡守见其言辞恳切，理解韩韶的忠诚和为民请命的情感，尽管私自开仓是违法的行为，但鉴于韩韶大公无私、为民请命，没有追究他的责任。然而，由于长期辛劳，韩韶最终积劳成疾，不得不辞去官职返回家乡。

据嘉靖《莱芜县志》记载，韩韶来嬴县上任时，骑的是一匹母马，而这匹马在嬴县生下了一匹马驹，这匹马驹成为了韩韶离任时带走的唯一爱物。当韩韶离任时，嬴县的百姓们依依不舍，一直送他至边境的河边。韩韶深深感受到嬴县百姓的深情厚意，指着心爱的马驹说："此驹产于嬴，应为嬴所有。今将此驹留嬴，以作纪念。"他将这匹马驹留在了嬴县。母马和马驹被迫分离，相互之间发出阵阵的嘶鸣。为了纪念韩韶留驹于嬴这件事，人们将韩韶留驹处的河称之为嘶马河。

韩韶留驹这个故事反映了韩韶对百姓的深情厚意，以及百姓对他的深切留恋和敬仰之情。嘶马河成了嬴县百姓永久纪念、缅怀韩韶的象征。

5. 救时宰相

姚崇（650—720），字元之，唐代陕州峡石（今河南三门峡）人。姚崇历仕高宗、武则天、中宗、睿宗和玄宗五朝，并任武则天、睿宗、玄宗三朝宰相，皆兼兵部尚书。姚崇辅政二十多年，勤政廉政，深受文武百官和百姓的敬仰，明人李贽称誉其为"救时宰相"。

姚崇曾作《五诫》，表明他的治政原则，主张"为政以公，毫厘不差""其身既正，不令而行"。玄宗时期，姚崇进一步提出"十事要说"，旨在整顿吏治，反对贪财受贿。他的举措和作为为开元盛世的开创奠定了坚实基础。在荆州做地方官时，姚崇深受百姓拥戴与喜爱。在他离任的时候，官吏和百姓都依依不舍，抱着马头哭泣。为了铭记这份深情厚意，姚崇割下马镫，留下马鞭，作为纪念。后来，“截镫留鞭”的故事广为流传，成为了百姓对于离任官员挽留和惜别之情的象征。在宋代，诗人苏轼作诗“纷纷等儿戏，鞭镫遭割截”“岭梅不用催归骑，截镫须防旧所临”，以“截镫”作为表达这种情感的象征，用来描绘人们对于离任官员的留恋和惋惜之情。

姚崇作为宰相，深切关注社稷民生，以民事为己任。开元三年（715），山东（时指崤山以东，包括今山东、河南、河北等地）发生严重的蝗灾。当时，蝗虫的数量众多，给农田和农民的生计带来了巨大威胁。然而，百姓多持观望态度，认为这是天灾所致，无法抗拒，只能依靠迷信的焚香仪式来求神祈福。当灾情报到朝廷时，玄宗召集诸大臣商讨对策。百官也一致认为蝗虫是天意，非人力所能挽回。姚崇则力排众议，主张发动官民大力扑杀。他说：“如今山东等地蝗虫来势凶猛，如果不趁早扑杀，任其吃掉秧苗，势必会造成严重灾荒。老百姓没有粮吃，必然四处流亡，到时候造成的灾难将难以估量。”于是，玄宗当即任命姚崇负责灭蝗之事。姚崇立刻下令，动员官民大规模扑杀蝗虫。他制定了具体的扑杀计划，要求人们在夜间点燃火堆并在火旁挖坑，以吸引蝗虫扑向火焰，然后把它们扑杀并掩埋。为了推进扑杀行动，姚崇还派出“扑蝗使”，分赴各地负责监督和协调扑蝗。最终，得益于姚崇的决断和积极推动，山东地区的蝗灾得到了控制，成功地保护了庄稼免受蝗虫的侵害。由于灭蝗卓有成效，山东地区避免了饥荒的发生，人民生活得到了缓解。姚崇扑灭蝗虫的经验被后来的官员借鉴，并在防治灾害方面发挥了重要的作用。

姚崇还积极遏制寺院经济的扩张，以改善社会经济状况。在唐代，佛教的盛行导致了大量寺院和佛像的建造，这造成劳动力流失，农业生产受到破坏，社会经济陷入困境。姚崇认识到这一问题的严重性，在上疏玄宗时直陈其弊端，建议减少僧尼的数量来恢复劳动力和促进生产。玄宗表示赞同，下令裁减僧尼人数，使数万僧尼还俗回归民间，参与生产劳动。同时，玄宗颁令禁止继续建造佛像和寺庙，以遏制寺院经济的扩张。

姚崇一生倡导廉政，致力于改善民生，在历史上颇负盛名。宋人司马光在《资治通鉴》中评价说："唐世宰相，前称房（玄龄）、杜（如晦），后称姚（崇）、宋（璟），他人莫得比焉。"清人张廷玉也称颂道："姚崇善应变，以成天下之务。"

6. 郑燮济民

郑燮，字克柔，号理庵，又号板桥，人称"板桥先生"，江苏兴化人。郑燮多次应试都名落孙山，直到四十岁才中举人。乾隆元年（1736）中进士。历官山东范县、潍县知县，有惠政。

乾隆六年（1741），郑燮任山东范县知县。郑燮上任后做的第一件事，就是将县衙四周围墙都凿出几个大洞，以通风透气。衙门墙上开了洞，此事迅速在县城传开，百姓纷纷前来看热闹，对这个新来的县官的行为议论纷纷。郑燮解释此举只是为了"出前官恶习俗气耳"。郑燮希望通过此举能够打破官民之间壁垒，让衙门能够通民气，便于了解民情，而不是闭目塞听。当时的官员出行都讲究排场，鸣锣开道是官员出行必备的官仪。郑燮为避免打搅百姓，出行时不用“回避”“肃静”的牌子，夜间出巡也不鸣锣，只是让衙役打着写有“板桥”二字的灯笼为先导。郑燮不常驻县衙内办公，反而是深入民间，经常跑到田间地头和老农谈农事，体察民情。郑燮的亲民之举引起许多官绅士人的反感，连郑燮的好友也认为他的举动实在和知县一职不相宜。郑燮在范县做了五年的父母官，清正廉洁，关心百姓疾苦，范县百姓对他十分敬重。

乾隆十一年（1746），五十四岁的郑燮被调往潍县（今山东潍坊）当知县。郑燮上任之初，适逢潍县连年灾害，百姓缺衣少食，不少人逃荒在外。面对这种情况，郑燮下令马上打开粮仓救济灾民。下属私下提醒他，按照制度必须得到上级的批准才能开仓放粮。郑燮勃然大怒说：“百姓饥饿难耐，等到公文下来，早就死人无数了。有责任我一人承担!”同时他下令县中大户人家开设粥棚救济百姓，县衙也出资雇用百姓修建公共建筑，以工代赈。在郑燮一系列救灾措施下，救活了无数饥民，潍县百姓得以度过危机。

郑燮因赈济灾民一事得罪上级，被迫罢官回家。离开潍县时，百姓纷纷前来挽留，家家画像以祀，并为其建立生祠。郑燮在范县、潍县任职共十二年，始终坚持亲民近民，清廉为政。离官归乡时，囊橐萧然，不得不卖书画以自给。郑燮作《客中画并题》：“宦海归来两袖空，逢人卖竹画清风。还愁口说无凭据，暗里藏私遍鲁东。”以自嘲语气总结了潍县归来卖画为生的生活。

（二）勤政篇

1. 鞠躬尽瘁诸葛亮

诸葛亮，字孔明，三国时期琅琊阳都（今山东沂南）人。东汉末隐居隆中（今湖北襄阳），被称为“卧龙”。建安十二年(207)，刘备“三顾茅庐”，迎至军中，拜为军师。后辅佐刘备建立了蜀汉政权。刘备死后，刘禅继位，诸葛亮被封为武乡侯，领益州牧，主持军政大事。为了匡扶羸弱的蜀汉政权，诸葛亮一生呕心沥血，鞠躬尽瘁，受到百姓的敬仰。

东汉末年，群雄割据，逐鹿中原。在各派政治力量中，刘备是相对最弱小的势力。公元 207 年，在徐庶的举荐下，刘备三顾草庐，请计于诸葛亮。诸葛亮作“隆中对策”，精辟地分析了天下的形势，提出了统一天下应走鼎足三分、联孙抗曹的道路。公元 208 年，曹操率军南下，击败刘备，取得长坂坡之战的胜利。诸葛亮“受任于败军之际，奉命于危难之间”，出使江东，寻求与孙权的联合。诸葛亮在与孙权的谈判中，坚持了隆中对策的原则，不屈服于曹操的压力，也不愿意附庸于江东，而是追求平等的双边同盟关系。孙权意识到鼎足三分的局面对抗拒曹操更为有利，于是同意了联盟的提议。根据达成的协议，孙权决定派兵配合刘备，共同抵御曹操的南下进攻，形成了一个抗击曹操的军事联盟，并取得赤壁之战的胜利。

赤壁之战后，孙权履行诺言，将荆州借给刘备。公元 214 年，刘备又进取益州，与曹操、孙权形成三足鼎立之势。刘备

诸葛亮鞠躬尽瘁（图采自［民国］蔡振坤《八德须知》）

得益州的第二年，孙权向刘备索取荆州，由此双方交恶。之后，荆州归吴，曹、孙暂时联合，刘备的发展受到抑制。公元221年，刘备称帝，诸葛亮被任命为丞相，负责总理国家大事。

刘备称帝后不久，蜀汉与孙吴之间爆发了夷陵之战。夷陵之战后，刘备败归白帝城。公元223年，刘备在永安病危，召诸葛亮嘱托后事说：“您的才智是曹丕的十倍，相信您一定能够保障国家的安定并完成大业。如果我的嗣子有能力，您可以给予支持和辅助；如果嗣子不才，您也可以取而代之。”面对刘备的重托，诸葛亮悲伤地表示：“臣必定鞠躬尽瘁，死而后已！”刘备去世后，刘禅继位，诸葛亮受遗命辅佐刘禅。后主即位，诸葛亮受封为武乡侯，并建立丞相府以处理日常政务。在诸葛亮担任丞相期间，他几乎掌握了全国的军事、政治和财政大权，任何重要的决策都由他做出。

诸葛亮辅政后，一直勤勉务实，兢兢业业，全心全意为蜀汉政权服务。首先，诸葛亮致力于修复与孙吴的关系，以确保后方的安定。他派遣尚书邓芝出使吴国，重新建立蜀吴的联盟关系。通过修好蜀吴关系，成功免除了后顾之忧，确保了边境的稳定和安全。其次，诸葛亮注重农业生产和民生福祉。刘备在世期间，诸葛亮始终坚持“足食足兵”的原则，注重保障军队的粮食供应。刘禅即位后，诸葛亮更加重视农业生产和改善民生：积极推行农田水利改革，督促农民耕种，促进粮食生产；鼓励商业发展，提倡贸易，促进了经济的繁荣；实行了一系列政策以提高民众的生活水平；重视教育和文化的发展，并设立学校培养人才。他也注重法治建设，制定法律法规，加强社会秩序的维护。通过这些措施，提高了民众的福祉，促进了社会的稳定与发展。

在稳定内部后，诸葛亮做了两件大事，即征服南中和出兵伐魏。公元225年春，诸葛亮率大军兵分三路征伐南中。在此次战争中，诸葛亮对叛军首领孟获采用攻心战术，七擒七纵，终于使其心悦诚服。南中平定后，诸葛亮任用当地人和少数部族首领治理地方事务，而不是派遣蜀军驻守，继续执行攻心战术。

公元227年，诸葛亮写下著名的《出师表》，并率二十万大军进驻汉中，准备北进伐魏。不过，此次北伐却因为马谡意外丢失街亭而打乱了全盘计划。最终，诸葛亮被迫放弃已经占领的陇西三郡，撤回汉中。

从公元227年起到公元234年，诸葛亮六出祁山，北伐曹魏，最终都因粮尽师疲，无功而返。公元234年，诸葛亮因长期承受着巨大的工作压力和军事责任，过度劳累，积劳成疾，病逝于五丈原。唐代诗人杜甫在《蜀相》一诗中写道：“丞相祠堂何处寻，锦官城外柏森森。映阶碧草自春色，隔叶黄鹂空好音。三顾频烦天下计，两朝开济老臣心。出师未捷身先死，长使英雄泪满襟。”表达了对诸葛亮的深切敬意和惋惜之情。诸葛亮以其勤勉事国、鞠躬尽瘁的奉献精神，成为“以劳定国，以死勤事”的典范。

2. **曾巩治齐**

曾巩，字子固，号南丰，北宋建昌南丰（今江西南丰）人。嘉祐二年（1057）进士。初任太平州司法参军，奉召编校史馆书籍，迁馆阁校勘、集贤校理，为实录检讨官。历任齐州、襄州、洪州、福州、明州、亳州、沧州等知州。元丰四年（1081），以史学才能被委任史官修撰，管勾编修院，典修五朝国史，官至中书舍人。

宋神宗熙宁四年（1071），曾巩调任齐州（治所在今济南）知州。在齐州期间，曾巩治理地方、兴利除弊，赢得齐州百姓的爱戴。上任之初，曾巩针对齐州的社会治安进行了重点治理。当时在章丘一带，有豪强聚成一伙，人称“霸王社”。这些匪徒气焰嚣张，为所欲为，贼杀平民，无恶不作。“霸王社”的存在致使齐州民心惶惶。曾巩派官兵前去擒拿，擒获了“霸王社”的许多爪牙，一举端掉这个犯罪团伙。他将罪犯判刑，发配至边远地区。在济阳的地界，有周姓恶霸横行乡里，残害良民，且势力之大以至于“州县吏莫敢诘”。曾巩将其“取置于法”，民心大快。曾巩还在齐州推行保甲法，以五户为一保，监督出入，对外来人口实行登记，有盗贼则鸣鼓相援。曾巩的铁腕治理，震慑了地方豪强，促进了齐州社会的安定。

熙宁六年（1073），河北与山东两地集役疏浚黄河，要从齐州征调二万丁，按当时户口册应当三丁抽一。当他听说一些地方的户口有漏登、盲报现象后，马上决定开展深入细致的人口调查，重新调查户籍情况。经过从下至上，层层上报，反复核实，最后发现，九丁抽一就能满足征丁之需。于是，他没有盲目按照上级要求的三丁抽一，而是按照九丁抽一征丁。曾巩这一务实的作风，使许多寻常百姓之家免去了劳役之苦。

曾巩在齐州的政绩远不止于此，他还推行青苗法，刺激农业生产；组织疏浚大明湖，修建北水门，解决了困扰齐州城多年的水患问题；筑堤修桥，美化环境。后人为纪念他，曾于明代在千佛山建曾公祠，清道光年间在大明湖畔修建南丰祠。

3. 先忧后乐范仲淹

范仲淹，字希文，祖籍陕西邠州，后迁居江苏吴县。幼年丧父，随母改嫁山东淄川，后定居长山（今属山东邹平）。北宋大中祥符八年（1015）进士及第。历任广德军司理参军、集庆军节度推官、大理寺丞、秘阁校理、陕西经略安抚副使、枢密副使、参知政事等职。他还先后做过泰州、楚州、陈州、睦州、苏州、饶州、润州、越州、延州、耀州、邠州、邓州、杭州、青州等地的地方官，始终以兴利除弊、报国济民为己任，为官一任，造福一方，践诺自己倡导的“先忧后乐”思想。

宋真宗天禧五年（1021），范仲淹被派往泰州，监西溪镇盐仓。西溪地处边陲，濒临黄海，那里的海堤年久失修，海水倒灌致使土地盐碱化十分严重，百姓无法谋生，纷纷离乡背井。范仲淹上书朝廷，建议修复海堤，得到朝廷许可。他被任命为兴化县令，负责修筑堤坝的工程。范仲淹上任后，立即组织了四万民工投入到修堤工程中，经过近四年的不懈努力，修筑了一条长达一百五十里的海堤，成功地解决了当地的潮患问题。这次修堤工程使得盐场得以恢复正常运作，乡民们也摆脱了生计上的忧患。为了表达对范仲淹的感激之情，当地的百姓将这条海堤称为“范公堤”。

皇祐元年（1049），范仲淹调任杭州知府。在杭州任职期间，他为官清廉，体恤民情，以改善民生为己任，展现了清廉的为官风范和对民众的关怀。到任之初，恰逢天旱引发了两浙地区的饥荒，无数饥民挤满了道路。范仲淹除了按照惯例调发国家粮库的存粮，还积极募集民间财物进行赈济，采取多种措施来救济灾民。然而，饥荒导致米价飞涨，且供不应求。为了解决杭州粮食短缺的问题，范仲淹想出了一个独特的措施。他首先提高了米价，将每斗米定价为一百八十钱，并沿江贴出告示，向外地公告杭州粮荒导致米价上涨。这一消息引起了各地米商的关注，纷纷运送米粮到杭州。随着市场上粮食供应的源源不断，米价又逐渐回落至每斗一百二十钱。范仲淹的这一举措不仅打击了投机的米商，防止了他们以高价囤积米粮，也成功解决了杭州粮食短缺的问题，让百姓从中受益。

皇祐二年（1050），年逾花甲的范仲淹任职青州，他以勤政廉明的作风深受百姓赞誉。上任之初，正值河北水灾，大批流民涌入青州，导致粮食价格急剧上涨。范仲淹迅速向仁宗报告情况，并决定将军仓中的粮食留足一年军需，剩余部分全部用于救济灾民。按照朝廷的规定，实行“支移”制度，青州百姓的税收需要运往博州（今山东聊城）进行缴纳，这无疑给百姓增加了远途运输的负担，既耗费时间又劳顿舟车。范仲淹经过调查后得知，博州的粮价较青州便宜很多。在征得博州知州的同意后，他改变了以往的纳税做法，让青州百姓按照正常年景的粮价向官府交纳银两，以此代替粮食。然后他派人前往博州，在那里就地购买粮食并缴纳田赋，以保证完成预定的税收任务。这一举措顿时解决了青州百姓长途奔波的困苦，减轻了他们的赋税负担，还赢得了他们的拥护和敬仰。

范仲淹一生始终以“先忧后乐”为准则，自律甚严。在他晚年有隐退之意时，坚决地拒绝了子弟购置田产以供自己安享晚年的提议。相反，他用自己多年节省下来的俸禄在家乡苏州吴县创办了义庄等慈善事业，旨在赡济贫苦的族人。他还亲自制定了义庄的规矩，包括管理和分配办法等，以确保族人的生活得到规范和帮助。此外，他利用义庄部分收入建立了义学，并聘请学识渊博的教师为族人提供免费教育，以提高家族后生的学识素养。此外，在义庄规矩中，范仲淹还要求族人中凡有做官的，都要捐献一部分薪水来资助义庄和义学。由于范仲淹的精心组织和持续努力，范氏义庄得以经久不衰，一直延续了近千年的时间。

4. 李秉衡勤政

李秉衡，字鉴堂，祖籍山东福山。捐资县丞后步入宦途，历任直隶、山西等地知县、知府，后擢升为广西按察使、广西布政使、安徽巡抚、山东巡抚、四川总督等职，为官清廉，时称“北直廉吏第一”。

光绪三年（1877），李鸿章委派李秉衡到保定府救治水患。他到任的第一时间便深入了解灾情。当他查知此地水灾多年，导致粮食连年歉收、米价腾贵时，便积极行动，亲验户口，亲填名册。日历风霜冰雪，以致每当回到住所，从膝到脚多处肿痛。但不久因忤逆上级意图，被宣布“停委十年”。光绪四年（1878），宁津县遭受特大旱灾，李鸿章再次起用李秉衡，降职任命其为直隶州宁津县知县。李秉衡以救济、安置灾民为己任，到任后立即宣布停止征税纳捐，免派民夫徭役。稳定民心后，他积极劝说富绅出资，以抗旱救济灾民。李秉衡离任后，宁津县官绅百姓筹资建立了一座“李公德政碑”，以纪念他的勤政之功。光绪五年（1879），冀州旱灾严重，李秉衡调任冀州直隶州知州。到任后，立即访贫问苦，调查灾情与积弊，得知当地连年荒旱、粮食歉收的情况后，立即拿出仓库的存粮赈济灾民，还发动绅商赴远方购粮以平价卖给百姓，并奏请免征杂税。光绪九年（1883），李秉衡升任永平府（今河北滦州市以北）知府。在此期间，他为官廉正，兴利除弊，赈灾救恤，被誉为“北直廉吏第一”。

光绪二十年（1894），甲午战争爆发。该年八月，李秉衡被任命为山东巡抚。九月，李秉衡来到济南。李秉衡发现山东海防空虚，兵力稀薄，粮饷稀缺。为保证海防前线的供给，李秉衡果断采取措施，精简机构，裁撤冗员，将节省下来的开支添办军火、增募营勇。他将厘金局、土药局、军械局并为一局，赈抚局、赈灾局并为一局，由布政使主管；保甲局、机器局并入按察司，由按察使主管；南运局、北运局合为一局，由运署使主管；洋务局、河营局、河防局等由济东泰武临道主管，等等。一共裁并十四局。如此一来，大批冗员被革除了职务，节省了大量政府开支。

李秉衡调查发现，主管官盐行销的南运局内部经营腐败，积弊丛生。除了每年提交一点公费银之外，其余收入都用于应酬京官、托情送礼、挥霍浪费。他们甚至借行业垄断，渔利分肥。李秉衡便以南运局为重点进行整顿，结果当年便节余了四万两黄金。

李秉衡在济南整顿吏治颇有成效，政府机构精悍了，办事效率提高了，地方财政状况更是有了明显好转，给添办军火、招募新兵增加了经费来源，前线的清军得到了有力的支持。

（三）廉洁篇

1. 晏子以俭养廉

晏婴，字仲，世称晏子，因其谥“平”，后世又称晏平仲，春秋末期齐国夷维（今山东高密）人。晏婴历仕灵公、庄公、景公三朝，辅政长达五十余年。晏子虽然身为齐相，但廉洁自律，正直无私，崇尚节俭，为后人称颂。

齐景公即位之初，任命晏子负责治理齐国西南重镇东阿（今山东阳谷阿城）。上任之初，晏子就展现出了他的才干和决心。他通过实地调查了解民情，以此作为治理地方的基础。晏子事事以百姓为先，修桥筑路，开垦荒地，维护社会治安。他还净化民俗民风，对懒人、恶人进行惩治。经过三年的精心治理，东阿社会安定，百姓生活得到改善。然而，他公事公办的态度招致一些人的不满。这些人四处散布关于晏子的负面言论，指责他治理不力，没有政绩，还宣称他的治理存在各种各样问题。齐景公听信了这些诋毁和中伤的言辞，将晏子召回责问，并考虑罢免他的官职。晏子并没有争辩，而是以退为进，请求齐景公再给他一次机会去治理东阿，并且保证如果治理不好，他甘愿为此而死。齐景公被晏子的决心打动，答应了他的请求。在随后的三年里，晏子治理东阿时采取了与之前完全相反的方式行事。他不再修路、不理事务，也不惩治懒惰和恶行，反而纵容豪强操纵司法。然而，令人惊讶的是，他却获得了一片赞誉。齐景公听到了人们对晏子的赞美之声，召见晏子，并准备给予他封赏。然而，晏子坚决地谢绝了齐景公的封赏。齐景公感到十分意外，询问原因。晏子便向齐景公讲述了两次治理东阿的经历。他感慨地对齐景公说："前三年，您认为我应该受罚、被罢官，但实际上我应该受到奖励；而后三年，您认为我应该受奖励、晋升官位，但实际上我应该受到惩罚。因此，现在我不敢接受您的封赏。"听到这番话后，齐景公恍然大悟，意识到自己曾经被谗言蒙蔽，错误地怀疑和指责了晏子。他对自己的错误深感后悔，开始重新重视晏子的建议。最后，晏婴凭借自己的实力和齐景公的信任，从上大夫晋升为齐国的国相。

晏子为相多年，却始终不置家产，保持两袖清风。在衣着方面，穿的是粗布衣服，最贵重的一件是穿了三十多年的狐皮大衣，也只是在出使他国或参加盛典时才穿。在饮食方面，晏婴以“食不重肉”闻名。他每日的正餐只包括简单的糙米饭和一荤一素两个菜。有一天，晏婴正要吃午饭，景公派人来见他，晏婴把自己的饭菜分成两份，请来人共进午餐。景公知道这件事后，感慨地说：“国相家里竟然如此清贫！”说完，立即命人给晏婴送去黄金千两。不料晏婴没有接受。景公命人再送，他还是执意不肯收下。当景公命人第三次送来时，晏婴对来人说：“请禀报国君，我并不贫困。国君给我的俸禄，不仅足够我供养家人、接待客人之用，还可以用来接济穷苦百姓。所以，我不能再接受额外的赏赐了！”晏婴晚年，不仅不接受任何赏赐，还向齐景公提出将原来赐他的封地退回。即便是在临终之际，仍不忘谆谆告诫家人：丧事要从简，不许厚葬。晏婴克勤克俭、廉洁奉公，树立了清官廉吏的楷模。

2. 羊续悬鱼

羊续，字兴祖，东汉时泰山郡平阳（今山东新泰）人。司隶校尉羊侵之孙，太常卿羊儒之子。羊续凭借门荫入仕，以忠臣之后而位列郎中。离任后，被征辟至大将军窦武府中任职，

羊续悬鱼（图采自［民国］蔡振坤《八德须知》）

后因事被免职。第二次“党锢之祸”爆发后，羊续身受牵连，被禁锢十余年。“党锢”解禁之后，羊续历任庐江、南阳两郡太守。

东汉灵帝中平三年（186），羊续被任命为南阳太守。赴任途中，羊续身着便服，仅带侍童一人，边走边了解各县情况，询问风俗民情。到任后，羊续带兵平定叛乱，颁布政令，为百姓兴利除害，受到当地百姓的爱戴和拥护。南阳的豪强权贵崇尚奢侈浮华，多有行贿受贿、请客送礼等不良风气。此种环境之下，前几任太守也大多贪污受贿，充当了一些不法权贵的保护伞。南阳百姓对此深恶痛绝。羊续到任后，不愿与不法权贵同流合污，决心在任期间改变南阳的不良风气。他以身作则，日常穿着朴素，饮食不过是粗茶淡饭，外出公务也很少动用车马，以实际行动感召南阳的官吏和百姓。

有一次，郡府府丞给羊续送来几条活鱼，他推辞不掉，只好收下。等府丞走后，羊续便将这些鱼悬挂于屋外的庭院，不再管它。后来，这位府丞又送来一些鱼，羊续将他带到屋外的庭院里，指了指悬挂于庭院的鱼，意思是你以后不要再来送鱼，送来我也不会吃。南阳的官员和权贵原本都习惯了“礼尚往来”，听说这件事后都很惊讶，再没人敢来送礼了。

羊续奉公职守，从不徇私。在任职南阳太守期间，他并未将家人接过来。一次，羊续的妻子和儿子来南阳看望他，羊续却闭门不见。事后，羊续向他儿子解释说：“我为官多年，所有资藏只有几件布制短衣，数斛盐和麦而已，用什么来资助你们呢?”随后就把妻子、儿子送回去了。

中平六年（189），汉灵帝准备任命羊续为太尉。当时有一个不成文的规矩，官拜三公的人都要往东园缴纳上千万的礼钱，由宦官担任使者负责收取，这些使者名为“左驺”。左驺前来宣布诏令，很多官员都会毕恭毕敬地招待，甚至向其行贿。而左驺至羊续处时，羊续让他坐在一张苇席上，并拿出一件破旧的棉袄给他看，说：“我的资产，仅此两件而已。”左驺空手而归，大为恼火，回到朝廷添油加醋地向汉灵帝汇报。汉灵帝也觉得没有面子，最终将太尉一职改派他人，仅让羊续担任太常一职，只是羊续未及就任便病逝了。羊续临终时留下遗言，要求薄葬，不接受遗赠。按照朝廷规矩，这个级别的官员逝世，朝廷会拨款一百万用于丧葬。府丞焦俭遵照羊续的遗愿，拒绝了这笔费用以及其他人的捐赠。汉灵帝得知，下诏书称赞羊续的品德，并让泰山郡太守从当地政府拨款赏赐羊续的家人。

3. 一钱太守

刘宠，字祖荣，东汉时东莱牟平（今山东烟台牟平）人。他是汉室宗亲，为西汉齐悼惠王刘肥之孙牟平侯刘渫的后代。刘宠的父亲刘丕博览群书，很有学问，号称“通儒”。刘宠年少时跟随父亲学习，因通晓经学被举荐为“孝廉”，出任东平陵（今属济南章丘）县令。

当时，地方上的豪强仗着雄厚的政治和经济势力，欺男霸女，鱼肉乡里，百姓苦不堪言。刘宠上任后，出入乡间，劝课农桑，兴修水利，百姓由此富足。刘宠对豪强大族的不法行为，一经查实便严惩不贷。在他的治理下，豪强敛息，盗贼绝迹，社会风气大为好转，刘宠也因此深受百姓爱戴。后因母亲患病，刘宠弃官回家。百姓们闻讯赶来相送，道路因此阻塞，车马不能前进。刘宠见状，只好换上便服悄悄离开。

因在山东治县有名，政绩突出，刘宠先后升任豫章（今南昌）、会稽（今绍兴）太守。会稽郡山区的百姓朴实敦厚，竟然有头发白了还没有进过城镇的。为使百姓免受官吏烦扰，刘宠删简烦琐苛细的政令，禁止不法行为，扭转了郡中治理的难题。不过三年，郡中风貌大变，民生安定，比室殷足，百姓安居乐业，民心大悦。

因政绩卓著，刘宠被征召入朝。离任时，百姓倾巷垂泪，为这位大清官饯行。最令人动容的是，有五六位古稀老人相互搀扶，由山区乡间而来，每人都携带一百钱欲奉赠刘宠，以表敬仰拥戴之心。刘宠甚为感动，恭谦地说：“各位老人家，

一钱太守（图采自［民国］蔡振坤《八德须知》）

你们何必这样辛苦自己呢?”几位老人说：“我们都是山沟里的乡野之民，没有见过郡守。以前的太守在任时，经常派官吏搜刮民财，白天夜里不断，闹得鸡犬不宁，百姓不安。自从您上任以来，治郡有方，鸡狗也不叫了，再也不见官吏来骚扰百姓。几年来，我们安居乐业，过上了太平的日子。现在听说您要走了，我们舍不得您走，就前来相送。至于想奉送的区区一百钱，也只是略表心意罢了。”刘宠说：“我的政绩哪有你们说得那么好呢？你们辛苦了啊！”刘宠眼见盛情难却，于是在各人的钱中挑了一枚钱币收下，以表领情和谢意。当走出会稽郡境时，刘宠将钱币投入江中，让它永远留在了会稽郡。据传，原来此水浑浊，刘宠抛币后竟清澈如碧。后人将此水改名为“钱清江”，称呼刘宠为“一钱太守”，以此怀念他的清廉品德。

刘宠前后当过两郡太守，始终清廉自持，家里没有多少资产。他曾经自京师外出，想在驿亭客舍休息，亭吏阻止他说："我们正在打扫收拾，专门等待刘大人到来，您不能在这儿休息。"刘宠没有说话就离开了。此事传播开后，人们都称赞刘宠是忠厚长者。

刘宠年老生病，在家中去世，葬于牟平莒岛。清初，他的同乡、监察御史杨维乔拜谒刘宠墓后题诗曰："居官莫道一钱轻，尽是苍生血作成。向使特来抛海底，莒波赢得有清名。"乾隆皇帝南巡至钱清江时，亦赋诗："循吏当年齐国刘，大钱留一话千秋。而今若问亲民者，定道一钱不敢留。"皆盛赞刘宠为官清廉。

4. 包拯抛端砚

包拯，字希仁，北宋庐州合肥（今安徽合肥）人。天圣五年（1027），登进士第，授为大理评事。后历任监察御史、三司户部判官、天章阁待制，以及京东、陕西、河北转运使。曾出知端、瀛、扬、庐、池诸州，历权知开封府、权御史中丞、三司使等职，授龙图阁直学士，官至枢密副使。以断狱英明、刚正无私著称于世，世称"包龙图""包青天"。

宋仁宗时，包拯任端州（今广东肇庆）知州。端州盛产名砚，"端砚"被列为朝廷贡品，和湖笔、徽墨、宣纸一道，并称"文房四宝"。当时的权贵大臣都以家中存有几方端砚为荣。因此，历任端州知州为巴结权贵、讨好上峰，都要额外加征，弄得民不聊生，怨声载道。包拯上任后，严格按照朝廷贡额征

包拯贡砚（图采自［民国］蔡振坤《八德须知》）

收，余者由百姓自由买卖，砚工们因此如释重负。包拯在端州任职三年，未私取一块端砚，离任时不持一砚归，连平时在公堂上用过的端砚也造册上交。他在知州府第的墙壁上题写《书端州郡斋壁》一诗：“清心为治本，直道是身谋。秀干终成栋，精钢不作钩。仓充鼠雀喜，草尽兔狐愁。史册有遗训，毋贻来者羞。”直言自己的立身准则和清正操守。

相传，包拯离任返京时，端州城百姓都来码头送行，当地士绅纷纷携物相赠，都被他一一谢绝。传说包拯乘坐的官船一路沿江而下，行至羚羊峡时，突然波浪翻腾。包拯事感蹊跷，立即查问，得知是手下收了当地官员送的一块端砚。包拯当即将此块端砚抛至江中。砚一落江，江面顿时风平浪静。不久，在端砚下沉的地方拱起一片沙洲，人们称之为“砚洲岛”。明朝末年，端州修建丽樵楼（今肇庆红楼），有人在此刻对联曰：

“星岩朗曜光山海，砚渚清风播古今”，颂扬包拯不持一砚归的清廉之行。

包拯任监察御史期间，对处事不当、行事不法的官员进行弹劾。为惩治贪官，他向仁宗上了一道《乞不用贪吏疏》，曰：“廉者，民之表也；贪者，民之贼也”；“廉吏知所劝，贪夫知所惧”。其中详细陈述了吏治腐败的现状，并提出自己严惩贪官的主张，对于建设健康的官场生态起到一定积极作用。

5.“半鸭知县”于成龙

于成龙，字北溟，号于山，明末清初山西永宁州（今山西吕梁）人。明崇祯十二年（1639），于成龙参加乡试，考取副榜贡生。历任广西罗城县知县、四川合州（今重庆合川区）知州、湖广黄州府同知、武昌知府、黄州知府、福建按察使、福建布政使、直隶巡抚、两江总督等职。十余年的宦海生涯，他为政清廉，勤劳务实，拒贿倡俭，深受百姓爱戴，被康熙帝赞誉为“天下廉吏第一”。

清顺治十八年（1661），四十五岁的于成龙正式走上仕途，出任广西罗城知县。当时的罗城属柳州府，地处边陲，被认为是烟瘴之地，很少有人愿意到此为官。加之受多年战乱的影响，罗城经济萧条，百姓贫困不堪，盗贼横生，环境险恶。于成龙到罗城后，访贫问苦，着力恢复地方秩序，奖励耕织，放宽徭役，发展生产，兴建学宫、创立养济院。数年后，罗城面貌为之大变，民众富足。于成龙一心为民，罗城百姓的温饱问题得以解决，但他自己生活仍然清苦。一些百姓见他生活窘迫，出于对他的关心，便持钱周济，让他买些柴米油盐。于成龙感激之余，婉言谢绝说："我一个人在此地，不需要太多东西，你们拿回去奉养父母，就等于我接受了。"有一次，他家里人来探亲，罗城百姓得知后，相继送来钱财和本地特产让带回山西老家去，他又婉言谢绝说："这里离我家乡六千里地，携带这么多物资，既不方便又易为盗贼所害。大家请将钱物带回去吧。"众人跪倒在地，再三劝说，哭着请他收下，他始终没有接受这些馈赠。

康熙八年（1669），于成龙调任黄州府同知。在黄州任上，遇到饥荒年月，于成龙为了省钱搞赈济，宁可吃糠咽菜，削减自己的日常食用，也不恃权势榨取民脂民膏，甚至有客来访，于成龙也只用糠粥招待。于成龙的儿子千里迢迢从山西赶到黄州探望他，陪他过年。儿子离去时，于成龙想给儿子带点食物让他路上吃，可是寻找半天，家里仅有半只咸鸭子。于是他就把那半只咸鸭子给儿子带上，以备归途之用。当地百姓知道此事之后，就给于成龙起了个"半鸭知县"的绰号。后来有人诗赞曰："半鸭知县古来殊，为政清廉举世无。向使官员皆若是，黎民安泰乐斯夫!"

康熙十九年（1680），于成龙改任直隶巡抚。大名县县官遵循旧习，在中秋节前给他送了一份"中秋礼"。于成龙"立檄拒礼"。他不仅严词拒收，还向属官颁布《严禁馈赠檄》，通报了大名县县官的送礼行为，并明令所属官员，以大名县县官为鉴，凡遇重阳、冬至、元宵等重要节日，如有私相馈献，查出后并行参革，决不宽容。青县知县赵履谦有贪墨行为，并且顽固不化，于成龙便将其依法查办，以儆效尤。

康熙二十年（1681），于成龙进京入觐。召对时，康熙帝褒奖他是“清官第一”。同年，他被提拔为江南、江西总督。赴任后，他微服私访，得知江南一带贪墨纵横，馈赠不禁，便着手整顿积弊，移风易俗，先后颁布《示案民官自省六戒》《兴利除弊条约》《禁送节礼谕》等，整饬官风民风。于成龙虽身为总督，却生活简朴，每日只食粗粮青菜，荒年则以糠为粥，江南人称他为“于青菜”。

康熙二十三年（1684），于成龙在两江总督任上溘然长逝。其幕僚属吏为他清点遗物，仅见丝绸棉袍一身，盐豉若干。百姓为于成龙的清廉俭朴所感动，士民无分男女长幼，为之罢市聚哭，家家都挂上他的画像来祭奠他，还为他建造祠堂，以便四时祭祀。康熙帝为其赐谥“清端”，称赞“于成龙实天下廉吏第一”，并破例亲自为他撰写墓志。雍正时期，于成龙的牌位被纳入贤良祠中。乾隆帝曾数次遣官致祭于成龙祠，并题匾“清风是式”，以旌表他的操守。

6. 第一清官张伯行

张伯行，字孝先，号恕斋，晚号敬庵，清代河南仪封（今河南兰考）人。康熙二十四年（1685）进士，历任内阁中书、山东济宁道台、江苏按察使、福建巡抚、江苏巡抚、户部右侍郎、礼部尚书等职。在官二十余年，张伯行以清廉刚直闻名朝野，被康熙皇帝称赞为“天下清官第一”。

康熙四十二年（1703），张伯行出任山东济宁道台。上任之初，恰逢灾荒，他慷慨地拿出自己的钱财，买粮食、制棉衣、赈灾民。皇上下令救济灾民后，张伯行奉旨救灾，拿出数以万计的粮谷，赈济所属汶上、阳谷二县。在济宁道台任上，张伯行勤政为民，为恢复灾后生产、安定人心极力奔走，从而让老百姓过上了安居乐业的生活。康熙四十五年（1706），康熙皇帝南巡行至济宁，对张伯行主导的灾后重建大为满意，因而赐他“布泽安流”四字匾额，以资表彰。

缘于此，张伯行升任江苏按察使。当时的官场有新任官员向上司送礼的旧例。像张伯行这种级别，大概需要白银四千两“见面礼”。面对腐败风气，张伯行深恶痛绝，拒绝同流合污，他说：“我为官，誓不取民一钱，安能如此！”他不但拒绝送礼，到任后还尽力革除旧弊，整顿吏治，打破了这一存在多年的恶习。

由于张伯行廉洁自恃，不与当地官员同流合污，遭到了一些贪官污吏的排挤。康熙四十六年（1707），康熙皇帝巡视江南，令江南总督及江苏巡抚向朝廷推荐德才兼备的官员，无一人推荐张伯行。康熙皇帝见状，申斥道：“朕听说张伯行居官清廉，是个难得的栋梁之材，你们却不举荐！”接着亲自召见了张伯行，对他说：“朕早知你为官清廉，别人不推举你，朕来推荐你。”康熙当场破格提拔张伯行为福建巡抚，并赐“廉惠宣猷”的匾额，以作褒扬。

在福建巡抚任上，为杜绝送礼的行为及习气，张伯行撰写了一篇《禁止馈送檄》，张贴在巡抚衙门大门上。檄文曰：“一丝一粒，我之名节；一厘一毫，民之脂膏。宽一分，民受赐不止一分；取一文，我为人不值一文。谁云交际之常，廉耻实伤；倘非不义之财，此物何来?”送礼者见此檄文后，感到无地自容，只能仓皇而退。此篇檄文广为传诵，被称为清廉为政的“金绳铁矩”。

康熙四十八年（1709），张伯行调任江苏巡抚，福建百姓洒泪相送。到任江苏后，他立即将《禁止馈送檄》略作修改，并颁布全省，同时发文严禁下属馈送钱物，以整顿当时的腐败习气。檄文写道：“一黍一铢，尽民脂膏。宽一分，民即受一分之赐；要一文，身即受一文之污。虽曰交际之常，于礼不废。试思仪文之具，此物何来？本都院既冰蘖盟心，各司道亦激扬同志。务期苞苴永杜，庶几风化日隆。”在他的影响和带动下，江苏的官场风气为之一变。

康熙五十年（1711）秋，江南乡试考场发生了震惊朝野的舞弊案。由于两江总督噶礼受贿50万两白银，致使真正的才子名落孙山。张伯行不顾身家性命，上奏弹劾噶礼，噶礼则捏造张伯行“七大罪状”上书朝廷。朝廷将张伯行与噶礼一并解职审查。张伯行离去时，士民扶老携幼送行。审讯完毕，张伯行留任，噶礼革职。消息公布后，士民欢声如雷，皆写红幅于门旁曰：“天子圣明，还我天下第一清官。”

（四）自律篇

1. 四知先生杨震

杨震，字伯起，东汉弘农郡华阴（今陕西华阴）人。生于

四知先生杨震（图采自［民国］蔡振坤《八德须知》）

名宦世家，西汉赤泉侯杨喜的八世孙，东汉靖节先生杨宝之子。他自幼丧父，生活贫苦，却勤业好学，世人赞其“明经博览，无不穷究”，人称为“关西孔子”。杨震曾客居于湖城，潜心学术，传道授业二十余年。直到五十岁时，才走上仕途，历任荆州刺史、东莱太守、涿郡太守、司徒、太尉等职。

杨震从政后，清廉不贪，政绩卓著。在任荆州刺史期间，曾以举“茂才”的形式提拔王密，并举荐王密为昌邑（今山东巨野县东南）县令。几年后，杨震赴任东莱太守途中，途经昌邑。王密听说杨震途经本地，执意拜见。为避免引起麻烦，在白天谒见后，又于夜深人静之时，特备黄金十斤送给杨震，以答谢其当年知遇之恩。杨震见状，勃然大怒，不但不接受，还批评王密说：“我深知你的为人，认为你德才兼备，因此举荐你为县令。我很了解你，而你却不了解我，这是为什么呢？”王密解释说，“这些金子是我俸禄所存，并非贪污受贿而来，送给您只是为报答教诲之恩。况且，此时是夜幕时分，不会有人知道。”杨震正言厉色说道：“这件事天知、神知、我知、你知，怎能说没有人知道呢！为官一任，就要清廉为本，造福百姓。如果认为无人知晓就可以收受贿赂，那简直是欺世盗名。”受到谴责后，王密十分惭愧，只好作罢。杨震为官自律廉洁，为世所贵，后来昌邑县为纪念他修建了“四知堂”。

杨震为官正直不屈，对朝廷亲贵贪赃枉法的行为从不姑息。延光二年（123），汉安帝乳母王圣自恃抚育有功，恣意妄为，杨震上疏劝谏。昏聩的安帝不仅不接纳，还下诏为王圣大肆建造房屋。宦官佞臣樊丰、周广等更相鼓动，搜刮民脂，全国上下怨声载道。杨震前后多次上疏，直言时弊，都未被采纳。他接二连三的上疏，遭到一些人的嫉恨。延光三年（124），樊丰、周广等乘安帝外出东巡泰山之际，制造假诏书，大兴土木，各自扩建自己的豪华房屋，被杨震察觉。他稽查此事，拿到假诏书，准备等安帝回京时弹劾。樊丰等人得知后惊慌不安，于是就谋划诬陷杨震，说他对安帝不满，有怨怼之心。昏君安帝不辨别清浊善恶，就派人收回了杨震的太尉印绶，罢免了杨震的官职，遣归原籍。消息传出后，京师为之震动。当杨震走到洛阳城西几阳亭时，不堪其辱，饮鸩而死。同年，安帝驾崩。顺帝即位，诛杀樊丰、周广等奸臣贪官，为杨震平反昭雪，并用三公的礼仪把杨震改葬华阴潼亭，以告慰其在天之灵。

2. 清简守法房彦谦

房彦谦，字孝冲，齐郡历城（今山东济南）人，祖籍清河（今河北清河），唐代名相房玄龄之父。房彦谦生于仕宦之家，父亲早卒，由兄长彦询教导读书。他天性颖悟，聪明好学，七岁能诵万言诗，被称为奇才。

房彦谦十八岁时，被北齐齐州刺史、广宁王高孝珩辟为齐州主簿。此时，北齐政权处于风雨飘摇之中，朝廷纲纪松弛，郡县乱象百出。在此任上，房彦谦清简守法，使齐州境内肃然，吏民莫不畏服。北齐亡后，彦谦一度归隐于家，游于乡间山水之中，悠闲自在。

隋朝开皇七年（587），经刺史韦艺再三推荐，彦谦不得已遵命入朝。吏部尚书卢恺初次见到房彦谦就深为他的器识所惊叹，先是授他为承奉郎，不久又升其为监察御史，再迁秦州总管录事参军。时左仆射高颎正在制定考核官吏的标准，房彦谦大胆建言说："《尚书》里说：'三载考绩，黜陟幽明。'自唐尧、虞舜以来，各代都有成法。黜陟合理，褒贬不谬，其结果必然是提拔贤才，贬退庸人。但是我常见各州的考核官员，因其见识、爱好不同，清介孤直之人未必获得高名，卑鄙谄媚之人反而获取上等，真可谓真伪混淆，是非颠倒。……我知道您洞察秋毫，平心处事，如今考核官员，必无阿枉。希望您远布耳目，悉心察访，明察秋毫，贬斥纤介之恶，非但有利于治，也足以奖励贤能之士。"高颎听到彦谦的见解，很是慨叹，并向他询问河西、陇右吏治的实际情形，房彦谦对答如流。高颎

彦谦官贫（图采自［民国］蔡振坤《八德须知》）

因向在座的各州总管和刺史们说：“看来同你们谈吏治，还不如单独同考察官吏的使者交换意见。”几日后，高颎向隋文帝举荐房彦谦，但隋文帝并未采纳。秩满之后，彦谦迁长葛县令，因他为政清廉，又常施惠于民，赢得了吏民的拥戴，“百姓号为慈父”。仁寿年间，隋文帝派出一批使者巡行州县，考察州县长吏的治政能力，房彦谦被评为“天下第一”，超授为鄀州司马。当他离任时，吏民都失声号哭，相互说：“房明府今日一去，我们活着还有什么意思！”后来百姓思念他的功绩，为之立碑，赞颂他的功德。

朝廷以房彦谦公正亮直，为时望所归，特征授他为司隶刺史。房彦谦素怀“澄清天下之志”，陆续向朝廷举荐了一批堪作表率的廉吏，弹劾作恶多端的贪官污吏。司隶别驾刘炶是彦谦的上司，专横跋扈，经常凌上侮下。刺史们都很忌惮他，见了他都要施以跪拜礼，只有房彦谦执志不挠，只是行长揖之礼，认识的人都非常赞赏他的气节。大业九年（613），彦谦随从隋炀帝杨广渡河到辽东，监扶余道。后来，隋朝朝政渐乱，房彦谦的朋友只因说了一句朝廷办事效率低的话，就招致杀身之祸。房彦谦也因直道守常，介然独立，深为当权者所嫉恨，因而被贬为泾阳（今陕西泾阳）县令。不久，卒于任所。

房彦谦操守正直，以清白传家。居家时，他经常向子侄们讲述为人为官之道，勉励他们谨守清正之心。房彦谦家中有祖上遗留的旧业，资财颇丰，所得俸禄，大都用来周济亲戚朋友，以致家里也没有余财，车马、衣服、器物，只能力求节俭。他曾对儿子房玄龄说："别人都因官禄而富，我却因做官而贫。我留给子孙后代的，唯有清白而已！"

3. 居官谨慎房玄龄

房玄龄，名乔，字玄龄（一说名玄龄，字乔），唐代齐州临淄（今属山东济南）人。隋司隶刺史房彦谦之子。晋阳起兵后，房玄龄投靠秦王李世民，为其积极出谋划策，典管书记，选拔人才，成为秦王府得力谋士。武德九年（626），谋划"玄武门之变"，与杜如晦等五人居于首功。唐太宗即位后，拜中书令，封魏国公，负责综理朝政，监修国史，编纂《晋书》。在太宗执政期间，房玄龄善于谋略，杜如晦处事果断，二人配合默契，互补相辅，并称"房谋杜断"，成为良相典范。后迁尚书左仆射、司空，改封梁国公，名列凌烟阁二十四功臣。

房玄龄为官，从来不以功臣自居。早年追随秦王李世民时，他便广揽人才，每当克敌制胜之际，众官兵都忙着细数自己的军功，而房玄龄却将视线转移到招揽人才上面来，希望能争取更多的人才，更好地补充李世民的官员队伍。他曾引荐杜如晦、李靖，并和秦琼、程知节、尉迟敬德等武将相交甚好。他与秦王妻兄长孙无忌的关系也十分融洽。长孙无忌的地位在他之上，但二人共事多年，无嫌猜之心，彼此尊重，同心协力，共襄大业。

房玄龄虽然深得唐太宗信任，却仍然保持谦恭和谨慎的态度，时时如履薄冰。贞观十九年（645），唐太宗亲征辽东，命房玄龄留守京城，处理朝政。当时有一男子上书朝廷，说要告发一个紧急事变。房玄龄立即召见了他，询问他要告发的对象是谁。那男子坦白说告发的是房玄龄。房玄龄并没有追问下去，而是立即派人将这个人带到唐太宗那里。太宗读了奏章，立即将男子处斩，并责备房玄龄说："朕委你处置朝政，你怎么这么不自信呢?"通过这一事例可以看出房玄龄为官正直谨慎的特点。正是因为他在处理朝政时的正直和坚定立场，始终恪守原则，才赢得了唐太宗的绝对信任，博得了殊荣之位。

房玄龄以谨慎品行和为国尽职的精神而著称于世。贞观十一年（637），唐太宗准备让有功之臣世袭爵位，有意加封房玄龄为宋州刺史，更爵梁国公，目的就是让房玄龄的子孙可以世袭刺史之职。这对于那些既为自己谋权也不遗余力为子孙谋利的人说来，简直是天上掉的馅饼，房玄龄却马上请辞。他为此上表说："我已经身居相位，假若又封宋州刺史，这样其他的大臣可能会效仿，追名逐利，影响朝廷的廉洁和公正。因此，请罢去我的宋州刺史之职。”唐太宗同意了房玄龄的请求。其他大臣见状纷纷效仿辞去世袭爵位。唐太宗感叹不已，赞道：“这都是房玄龄的功劳啊！”贞观十五年（641），房玄龄认为自己担任宰相已十五年，女儿嫁给了太宗异母弟韩王李元嘉为妃，儿子房遗爱成为太宗的女婿，地位显贵至极，于是上表辞让相位，太宗优诏不许。房玄龄这一行为，再次展现了他居官谨慎和无私奉献的态度。唐太宗曾作《赐房玄龄》诗曰：“太液仙舟迥，西园引上才。未晓征车度，鸡鸣关早开。”表达出对房玄龄的信任和赞赏。

4. 两袖清风话于谦

于谦，字廷益，号节庵，明代浙江钱塘县（今浙江杭州）人。永乐十九年（1421）进士，历官监察御史、兵部侍郎、河南巡抚、山西巡抚、兵部尚书等职。于谦早在十七岁时，就写下诗篇《石灰吟》：“千锤万击出深山，烈火焚烧若等闲。粉骨碎身浑不怕，要留清白在人间。”[①] 以表坚守清白节操的决心。于谦一生高风亮节，两袖清风，不与贪官污吏为伍，人称“于青天”。

宣德二年（1427），于谦奉命巡按江西。在任上，于谦兴利除弊，不畏豪强权贵，秉公执法，昭雪冤狱。有乡民因被村霸诬赖欠银三百五十两，到官府告状未果，反被拘禁。于谦得知此事，几经调查核实，确认他是蒙冤之后，为他平反昭雪，并当即释放。对于不法官员豪强，他严肃惩办，即便是皇亲权

① （明）孙高亮：《于少保萃忠传》。

贵也不放过。江西南昌是宁王府之所在，王府属官依仗藩王的势力，肆意横行，搜刮民脂民膏，商贾百姓无不深受其害。于谦对王府属官恃强凌弱的行为给予严厉的惩治，街市为之一清，民众无不称快。多年来，官河上一直有夹带私盐贩卖牟利的情况。于谦得知后，亲自核查，予以禁止。于谦公正执法，百姓有什么冤情，都可直接找他陈诉，因而百姓称之为“于龙图”。在他还朝复命期间，百姓为他制作了“木主”，奉祀在南昌府的名贤祠中，四时奉祀，以求庇护。

宣德五年（1430），于谦被提升为兵部侍郎，巡抚河南、山西。当时，河南、山西灾荒严重，百姓只能以野菜充饥。于谦到任后，走遍了所管辖的地区，访问父老，了解灾情，然后上疏皇帝，请求拨款和开仓放粮。同时，他严惩克扣救灾钱粮的不法官吏，还将粮仓中的余粮低价卖给灾民，并免去百姓的租税。灾荒引发疫病，他又在各地设立药局，免费为百姓医病。在他的指挥下，百万灾民平安度过了灾荒。当时，河南靠近黄河，经常因水涨决堤。于谦组织民众筑堤治水，还设置亭长，专门负责修缮河堤。于谦巡抚河南、山西，十几年如一日，日夜操劳，勤政为民，深受百姓的拥护。

于谦因为廉正不阿，屡屡得罪权贵。他上任巡抚时，简装出行，摒弃了以前那种前呼后拥、鸣锣开道的官场仪式，一般人见状，根本不会想到他就是巡抚大人。正统年间，太监王振把持朝政，英宗对他言听计从，尊称他为“王先生”。一些王公大臣为讨好王振，尊称他为“翁父”。地方官吏进京办事，首先要馈送重金厚礼给王振。而于谦一身正气，每次入京奏事，只带随身行李，不带任何礼物行贿。有朋友劝他说：“即使你不送金银珠宝，也总该带些地方土特产呀。”于谦听后，举起两只袖子，笑道：“谁说我没带东西？我带了这两袖清风。”他当即作《入京》诗一首：“绢帕蘑菇与线香，本资民用反为殃。清风两袖朝天去，免得闾阎话短长。”两袖清风正是于谦清廉品格的真实写照。

5. 清操饮冰陆陇其

陆陇其，原名“龙其”，字稼书，清代浙江平湖人。清康熙九年（1670）进士，历任嘉定县（今属上海）知县、灵寿县（今属河北）知县、四川道监察御史等职。陆陇其为官清廉，爱民如子、刚正不阿，有“清操饮冰”的美誉。

康熙十四年（1675），四十六岁的陆陇其被授为江南嘉定知县。嘉定是鱼米之乡，经济富庶，赋税较重，民间风俗又崇尚铺张奢靡。陆陇其上任后，厉行俭约，兴利除害，以移风易俗为己任，致力于以德化民。他日常生活十分清贫，由夫人在后堂纺纱换取柴米油盐。逢年过节，往常的县官总要向上司馈送珍贵礼物，但陆陇其只是去信问安。有一年，巡抚慕天颜过生日，不少人送去贵重贺礼，但陆陇其只送去夫人织的一匹布和两双鞋作为庆寿礼物。他说：“这不是取之于民的，因此敢以此给您祝寿。”这令慕天颜十分不悦。为报复陆陇其，慕天颜上疏说：“嘉定县政务繁杂、逃税者多，陆陇其虽然操守称绝一尘，但缺乏应对复杂事务的才干，不能胜任其职，应该调到事务简约的县里做官。”康熙帝将奏疏下到吏部讨论，吏部以才力不及为由将陆陇其降调。嘉定百姓不服，在巡抚大门外号泣，罢市三日。后来，吏部又以其他名由，罢免了陆陇其的官职。陆陇其离任时，所带走的财物只有图书若干卷和妻子所用织机一部。嘉定百姓夹道焚香为他送行。陆陇其走后，百姓念念不忘，家家设台祝告。

陆陇其为官清廉，虽然屡遭诬害，数次罢官，但依然泰然处之，不改节操，恢复官职后，仍不肯与贪官污吏同流合污，几次被推荐为清廉官。康熙十八年（1679），左都御史魏象枢应诏推举清廉官员，他在上疏状中以“清操饮冰，爱民如子”为由，极力推荐陆陇其。康熙二十二年（1683），陆陇其得补直隶灵寿知县。灵寿与嘉定不同，地贫民困，劳役繁多，百姓生活极为窘迫。陆陇其上任后，便向上司奏请与邻近之县更换服役，轮流更代，又规范乡约，整顿陋习，多发文告教化百姓。他在任七年，一心为民，政绩卓然。

康熙二十三年（1684），康熙外出巡察，御驾到了五台山后，直隶巡抚格尔古德前往迎驾。康熙要求格尔古德推荐廉洁奉公的贤吏，格尔古德推荐了陆陇其，称赞他“洁己奉公，实心任事”。康熙闻言甚喜，命令随从巡察的吏部官员将格尔古德所述的陆陇其的政绩记录在案，日后若有官位空缺，即予提拔。由于陆陇其得到康熙帝的赞赏，时任武英殿大学士的明珠想结纳陆陇其，引为私党，并请尚书徐乾学从中牵线。这对陆陇其来说，无疑是个升官的机会，但他在了解明珠的为人及其与己结纳的意图后，便说“做人不可有傲态，不可无傲骨”，表示不愿与之同流合污。

康熙二十九年（1690），灵寿县遭受了严重的自然灾害，陆陇其奉命赈济灾民，发银三千两。他深知历年赈灾的弊端，严防贪官污吏从中克扣，便亲自裹粮驰驱，将救济粮发到百姓手中。其间，某位上官要求他只下发两千两灾银，余下的银两作为“勘荒费”截留下来给他。陆陇其当即大怒，义正词严地表示：“这些银两是用来惠及灾民的，您想作虚克扣，对上有负朝廷期望，对下辜负百姓信任！”那位上官无言以对，只好将三千两赈灾的银子悉数拨付。康熙二十九年（1690），康熙帝诏令九卿举荐学问优长、品行端正之人加以任用，陆陇其再次被推荐，谕令调往京城为官。离任时，百姓们依依不舍，遮道号泣。

陆陇其由外官调到京城后，被授为四川道监察御史。作为言官，他竭力维护吏治的清廉。康熙三十年（1691），噶尔丹叛乱，朝廷为筹集军费，决定采取捐纳法，即只要捐款多，又有官员予保举，便可向捐款人授以官位。御史陈菁请求免予保举，实行多捐者优先录用的政策。陆陇其上疏反对，他说：“捐纳之法是出于军费需要，并非圣上本意。如果允许捐款者可以不用保举，则与凭借科举正途做官者毫无区别，况且清廉不是通过捐款能够得到的。至于捐款者优先录用，无异于开启奔走争竞之途，都不可行。”他奏请捐纳者如三年内无人保举，便令其辞官退职，以清仕途。康熙帝下令九卿详议。陆陇其又上疏，言辞更加激切地指出：“捐纳之人贤愚错杂，只有依靠保举才能防其弊端。如果不加保举而只认捐款授官，这些人哪有不捐纳求官的？让这些没有功名之人得到官位，三年如果没人保举就让其辞官退职，并不苛刻，相反十分荣耀。若督抚贤明，他们奔走营求保举也没用，即便督抚不贤明，也不能保举天下所有的人。”陆陇其的激烈言辞，得罪了朝中不少权臣。户部以捐款者观望会迟误军需为由，奏请夺去陆陇其官职，发往奉天安置。康熙帝认为陆陇其作为言官，其言辞虽然激烈，但是可以原谅。不久，便谕令陆陇其巡视北城。任期满后，吏部仍拟将其外调，陆陇其却告假还乡。

陆陇其为官清廉，以致家贫没有生活来源，年过六旬的他不得不离家到外地任塾师，不到一年便因病离世。由于陆陇其已远离官场，他的去世，康熙并不知晓。康熙三十三年（1694），江南学政出现空缺，康熙想起了陆陇其，大学士王熙才上奏说陆陇其已辞世一年。康熙闻之，深感惋惜。陆陇其一生廉洁奉公，尽心为民，尽管没有担任过高官，但他赢得了良好的声誉。雍正即位以后，也对陆陇其生前的廉名深表敬佩，下令将其像从祀孔庙，陆陇其成为清朝第一位入祀孔庙的大儒。乾隆元年（1736），乾隆特赐谥号“清献”，这是对陆陇其作为一名清官的最好肯定。

6. 清廉正直刘统勋

刘统勋，字延清，号尔钝，清代山东诸城（今属山东五莲）人。雍正二年（1724）进士，历官翰林院庶吉士、刑部尚书、左都御史、吏部尚书、军机大臣、内阁大学士、军机大臣等职。刘统勋秉性刚直，从不接受私馈，居官以清廉自律闻名。

刘统勋为官清正刚毅，正直敢言，从不结党营私。乾隆六年（1741），刘统勋升任左都御史，负责监督、纠劾百官。在任上，刘统勋上书乾隆帝，揭发了当时权势极大的大学士张廷玉和吏部尚书讷亲的结党行为。乾隆帝对刘统勋的上书很是重视，下旨教训张廷玉和讷亲，并褒奖刘统勋不畏强权、直言进谏的行为，称“今既有此奏……此国家之祥也”。把刘统勋的两份奏章交给朝廷大臣传阅，以为楷模。刘统勋作为朝廷重臣，常在朝中参与机务，与内廷宦官多有见面机会，但他“从不与内侍交一言”，以此避嫌。当时，官场多以门生故吏形成朋党，他担任会试主考，所录之人都自称是其门生，纷纷要拜他为师，刘统勋却从不与之交结。

刘统勋办案只看案情，不问亲疏，不徇私情。乾隆三十年（1765），前两淮盐运使卢见曾亏空公帑，朝廷正欲查抄卢家，与卢见曾是姻亲的翰林院侍读学士纪晓岚，寄密函给卢家，而函内并无文字，仅封茶叶一包、盐一撮，外用糨糊封固。密函被人以最快的速度送给卢见曾，卢见曾见此，立刻明白其含义是“查（茶）盐”，于是急忙做了准备。乾隆得知此事，大为震怒，交刘统勋等人调查审理。经过严密查证，案情逐渐清楚，竟牵连到一批京中要员，通风报信的有侍读学士纪晓岚、军机处行走中书赵文哲、军机处行走郎中王昶、刑部郎中黄骏昌等。这些人中，纪晓岚是刘统勋的门生，又是他儿子刘墉的好友；王昶也是他的门生，又是他军机处的同事；赵文哲和黄骏昌都是他的下属。这些人平时与刘统勋的关系十分密切，但在量刑时并没有得到他的法外施恩，一个个被削去职务，发配边疆。乾隆三十六年（1771），乾隆要修《四库全书》，向全国征求人才。刘统勋向乾隆帝举荐纪晓岚任《四库全书》总纂官。然而，当时纪晓岚正因两淮盐引案触怒皇帝被发配边疆，朝中无人敢为其说话。刘统勋了解纪晓岚博学文史，堪当重任，并不因他是自己门生而刻意避嫌。

刘统勋为官清廉，一介不取。刘统勋外出巡视，从不铺张，两三个仆从、几匹驿马而已，也不讲究吃喝，更不滋扰地方官员。他从不与地方官员私下来往，遇有请托与馈赠，都严厉拒绝。在他担任东阁大学士兼军机大臣期间，同窗好友的儿子任某地巡抚，托人带来千金重礼，以期得到照顾。刘统勋十分恼怒，对来人说："你家主人以世谊问候，情意感人。但我俸禄足够养活家人，不需要别人资助。你回去后请代为致意，让他将这笔钱分送给贫苦的亲戚朋友。"来人听后，只好捧着礼金回去了。一天夜里，他的一位部下敲门送礼。刘统勋托词避而不见。第二天，他将此人召至政事堂，当众说道："夜晚登门，不是贤者所为。你有什么事禀告，可以当着大家的面说，即使是我的过失，也不妨当面规劝，我决不会怪你。"吓得这位官员只好灰溜溜地离开。

乾隆二十八年（1763），刘统勋为科举主裁官之一。这一科有两个新进士褚筠心和董东亭，二人诗文和书法都极有功力。但二人求名心切，唯恐殿试不得前列。于是，董东亭找到了主裁官刘纶，褚筠心则找到了刘统勋，大送人情。这一来反而弄巧成拙，刘统勋与刘纶均不满褚、董背后的小动作，将这两人排在前十名之外。两人知道后，后悔不已。

刘统勋一生清正廉洁，秉公无私。在其去世后，乾隆帝亲自作诗，称赞他“神敏刚劲，终身不失其正”，并赠太傅，祀贤良祠，特赐谥号“文正”。这是刘统勋为官一生清廉正直的最好证明。

（五）公正篇

1. 秉公执法狄仁杰

狄仁杰（630—700），字怀英，唐代并州晋阳（今山西太原）人。早年以明经及第，历任并州法曹、大理寺丞、侍御史、宁州刺史、豫州刺史、江南巡抚使、幽州都督、同凤阁鸾台平章事等职。为官期间，以不畏权贵、刚直敢言、秉公执法著称。

唐高宗上元二年（675），狄仁杰任长安大理寺丞，掌管国家刑狱。此前的寺丞办事效率极低，大理寺积压了大量案件，而且由于一些办案官员的昏庸贪黩，致使冤枉者甚众。狄仁杰上任后，一心扑在工作上，为了解决旧弊，殚精竭虑，夜以继日。他恪尽职守，不畏权贵，为维护国家法度和纠正讼狱冤滥之风，对不法行为无情弹劾。不到一年的时间，“断滞狱一万七千人”，而且所结案件“无冤诉者”。从此，狄仁杰明察善断的名声广为传颂。

狄仁杰不但是个断案高手，而且敢于犯颜直谏。当时，负责守卫太宗昭陵的左威卫大将军权善才和右监门中郎范怀义因误砍了唐太宗陵内的柏树，惹得唐高宗大怒，下令将他们处死。狄仁杰接到斩杀二人的诏令，据理上奏：“依照国家法度，二人罪不当死。”高宗闻奏大怒，并说狄仁杰断罪不当，催促他将二人处斩。狄仁杰再次犯颜直谏：“汉朝曾有人偷盗皇庙中的玉环，汉文帝盛怒之下，想治盗贼灭族之罪。有大臣谏道：‘如果有人取了皇陵上的一捧土，又该当如何处置？’于是汉文帝取消了将之灭族的打算，并且依照当时的法律对盗贼进行了合理的惩处。国有国法，凡事应当按照国家的法律来量刑。如果陛下只是因为误砍一棵柏树，便要将两位将军置于死地，后世将如何看待陛下？”高宗闻言，顿觉有理，不仅赦免了两位将军的死罪，改为流放，还升任狄仁杰为侍御史。

狄仁杰出任侍御史后，不畏权贵、犯颜直谏的事就更多了。当时，左司郎中王本立是高宗的宠臣，他自恃高宗宠信，在朝中目无王法，滥用职权，文武百官都对他畏惧三分。狄仁杰身为侍御史，利用手中的监察权，查明他的违法事实后，当廷向高宗弹劾其为非作歹的罪行，请求交司法审理。高宗却下旨特赦，免他无罪。狄仁杰不服，再次谏诤道：“国家虽然缺乏英才，却不少王本立这样的人，陛下怎么能因为偏爱而违背王法？如果陛下一定要徇私枉法赦免他，请先降罪于我，以作为群臣的警戒。”高宗见他如此坚决，只好收回成命，将王本立依法治罪。朝廷气象为之一新。

武则天称帝后，狄仁杰一如既往。圣历三年（700），武则天准备花费数百万两银子营造一尊大佛像。由于当时国库经费不足，她就下令让天下僧尼每天每人出一钱作为资助。僧尼们乘机广为化缘，加重了人民的负担。狄仁杰对这种耗资又扰民的工程很是反对，上疏谏诤道："近年来边陲多事，水旱失时，征役繁重，百姓家业已被剥空，国家疮痍尚未平复。此时应当放宽徭役，延迟那些不必要的工程，以节省财力，宽慰百姓。营造一尊大佛像要花费大量的人力物力，倘若此时边陲突发事故，我们将拿什么来解救？恳请陛下三思。"武则天听了觉得很有道理，便放弃了这项工程。

2. 执法不阿鲁铁面

鲁穆，字希文，明代天台县人。明成祖永乐四年（1406）进士。授官御史。仁宗监国，鲁穆屡次上疏。汉王高煦（成祖第二子）的属官多不守法，人们敢怒而不敢言，独鲁穆上章弹劾，以刚直闻名于朝野。

洪熙元年（1425），鲁穆迁任福建按察司佥事。其间，他清理冤案、错案，为民申冤，打击豪强。有泉州人李某，调任广西途中，他的亲戚林某遣人将其毒害，并霸占了李妻。李家族人为此不平，上诉官府。由于官府收受了林某的贿赂，竟判告状的李家族人有罪，将李家族人关进监狱。鲁穆接案后，明察暗访，弄清真相，把杀人夺妻的罪犯林某逮捕归案，判罪正法。

漳州府有一个叫周允文的，没有儿子，便过继侄子为后。没想到，在周允文晚年时，他的小妾为他生了一个儿子。周允文便把家产分了一份给侄子，剩下的财产都给了妾生的儿子。后来周允文去世了，侄子便说妾生的儿子并不是叔叔的亲生子，把他赶出门去，夺取了全部家财。周允文的妾到官府告状。鲁穆召集县中父老及周氏宗族，预先把妾生的小儿和一群儿童混在一起，然后叫大家辨认，大家都指认出这个小儿同周允文相像，于是判侄子把夺取的家产归还给他。百姓都称鲁穆为“鲁铁面”。

鲁穆惩治腐败既不惧权贵，也不徇私情，始终铁面无私。内阁大学士杨荣是鲁穆会试的老师，其家人依仗杨荣的权势在家乡做了违法的事。鲁穆得知后，毫不留情面，秉公办理，惩处了其家人。杨荣得知此事后，并没有怪罪他，反而被他铁面无私、秉公办案的精神所感动，特意推荐他升任右佥都御史，掌管全国的刑法纠察之事。鲁穆“鲁铁面”的称号也越发响亮。

3. 刚正不阿海青天

海瑞，字汝贤，号刚峰，明代琼山（今海南琼山）人。经正德、嘉靖、隆庆、万历四朝。嘉靖二十八年（1549），乡试中举，以举人身份入仕，先后任南平教谕、淳安知县、兴国知县、户部主事、通政司右通政、都察院右佥都御史、应天巡抚等职。他一生清廉正直，刚正不阿，人称“刚峰先生”，世称“海青天”。

嘉靖三十七年（1558），海瑞任浙江淳安知县。海瑞到任后，首先整顿吏治。有一次，浙江总督胡宗宪的儿子路过淳安，因嫌驿站招待不周，命手下随从将驿吏吊起来拷打。海瑞知道后十分恼怒，派人将“胡大公子”的几个随从痛打一顿，然后亲自具文报告胡宗宪，称有人冒充总督公子，败坏总督名声，弄得胡宗宪有苦难言。不久之后，海瑞接到通知，严嵩的干儿子鄢懋卿将以钦差大臣的身份巡视江浙，途经淳安，命其做好接待准备。鄢懋卿由杭州经淳安到齐云，一路上，许多州县的官吏全力招待，唯恐不周，还奉献钱财礼物。但海瑞却并不买账。他给鄢懋卿写了一份禀帖，直接揭露他奢华贪赃的劣迹，并且直言自己素性简朴，淳安县小，不足逢迎，请其改道。鄢懋卿见到禀帖，气愤不已，但深知海瑞名声，只得悻悻绕道而行。

海瑞在淳安任期届满时，朝廷本意升其为嘉兴通判。但由于鄢懋卿手下巡盐御史袁淳的诬陷，被降职任江西兴国县知县。任兴国知县期间，原兵部尚书张鳌的侄子张魁、张豹在此地胡作非为，百姓颇受其害。海瑞知悉后，下令将他们逮捕。然而，由于官员包庇，二人竟然又被无罪释放。海瑞非常愤怒，几经调查，据实上报，最终将二人治罪。

嘉靖四十五年（1566），海瑞任户部云南司主事。在京城，嘉靖帝迷信道教，大肆兴修道观，不理政事。海瑞忍无可忍，抱着必死的决心毅然上《治安疏》，指责嘉靖帝的不当之举，一时朝野轰动，被称为“直言天下第一事疏”。嘉靖帝看后，怒不可遏，将海瑞投入大牢。数月后，嘉靖帝病逝，隆庆帝即位。隆庆帝在丞相徐阶的劝说之下赦免了海瑞，令其官复原职，并累升至应天府巡抚等职。

海瑞任应天巡抚期间，匡正时弊，严禁贪污，主持制定了贪污满八十贯则绞等严刑。对有恩于自己的老丞相徐阶，他也毫不留情，将徐家仗势多占的四十万亩良田退还原主，并将欺压良民的徐阶家人依律问罪。为拒绝别人送礼，海瑞还贴出《禁馈送告示》，明确规定，如自己滥支乱用府库钱粮，各州县可以鸣鼓攻之。海瑞去世后，家无余资，仅薄田数亩。

4. “郭三本”郭琇

郭琇，字瑞甫，号华野，清代山东即墨人。康熙九年（1670）进士，历任吴江知县、江南道监察御史、佥都御史、左都御史等职。任御史期间，不畏强御，刚直不阿，屡与权奸斗争，因其《参河臣疏》《纠大臣疏》《参近臣疏》闻名朝野，有“郭三本”之称。

康熙十八年（1679），郭琇任吴江县知县。当时，社会风气败坏，索贿受贿盛行。时任江苏巡抚余国柱十分贪婪，公然向所属各州县索贿。郭琇虽有不满，却也无力反抗。迫于压力，他甚至为满足余国柱的私欲搜刮民财。一时间，郭琇“以贪黩闻”。几年后，汤斌接任江苏巡抚，他了解到郭琇的情况后，特意把他叫到省城面诫。郭琇一不掩饰二不诿过，当即表示给自己一个月的时间悔过自新，倘不改弦更张，就自己请辞。汤斌给了他机会，郭琇果然没有辜负汤斌的期望，幡然悔过，把自己收受的贿金悉数退回。他还建章立制，杜绝索贿受贿，政绩显著。郭琇的卓然政绩令人刮目相看，也由此得到汤斌的信任和提携。

康熙二十五年（1686），由汤斌举荐，郭琇升任江南道御史。当时，黄河下游淤塞，急需疏浚，否则势必危及运河航运。

而河道总督靳辅却停止疏浚下河河口，改在高家堰另筑新堤，希望以此办法解决水患。郭琇认为靳辅此举劳民伤财，于是上《参河臣疏》，陈述河道总督靳辅治河措施不当，致使江南地区困于水患，又枉费民工。康熙帝在派人调查清楚之后，听从了郭琇的奏请，下令罢免靳辅。郭琇因处理此事有功，升任左佥都御史。

当时，康熙妻舅、武英殿大学士明珠，依侍皇亲国戚的身份，专横跋扈，结党营私，实为朝廷一霸。可是很少有人敢站出来反对他。郭琇见状，义愤填膺，发誓要为国除掉这一奸臣。他经过周密调查，掌握了明珠勾结余国柱等人贪污受贿、盗分国帑的累累罪行后，又冒着丢官丧命的风险，呈上《纠大臣疏》，弹劾明珠及余国柱等人，从而使明珠被罢官，余国柱等人被逐回原籍。

康熙二十八年（1689），郭琇升任吏部右侍郎，旋晋都察院左都御史。上任后，他又上《参近臣疏》，弹劾宠臣少詹事高士奇、原任右都御史王鸿绪和给事中何楷以及翰林院编修陈元龙、王顼龄等人植党营私贪污自肥等罪。康熙览奏，当即将高士奇、王鸿绪、何楷、陈元龙、王顼龄这伙贪黩官僚罢官革职。郭琇的三大疏引起“群党侧目，百端交构”，由此名声远扬，有“郭三本”“铁面御史”之称。但不久，郭琇便遭明珠余党诬陷，被罢官回乡。

康熙三十八年（1699），康熙南巡，六十二岁的郭琇奉命迎驾于德州。康熙复起郭琇为湖广总督。郭琇到任后，全力整顿吏治，清除弊政，湖广百姓大受其益。康熙四十年（1701），郭琇多次以病请求辞官，康熙帝以“思一人代之不可得”为由予以拒绝。不久，郭琇再遭诬告弹劾，又一次被革职回乡。郭琇奋不顾身与贪赃不法的权臣做斗争，除奸去蠹，不为浊世所容，屡遭权臣宵小构陷是可以想见的。

5.“白面包公”李慎修

李慎修（1685—1754），字思永，号雪山，清代章丘人。康熙五十一年（1712）进士，历官内阁中书、主事、杭州知府、刑部郎中、监察御史等职。他身材矮小，而“胆大于身”，以直言敢谏闻名。

雍正四年（1726），李慎修任杭州知府。此间他保持悬鱼之节，从严惩治贪官污吏，使武林九县的大小官员，勤于民政而耻于贪鄙，社会安宁，百姓安居乐业。

雍正五年（1727），入为刑部郎中，历十余年。其间，他秉公执法，多次平反冤狱，深受百姓拥戴，有“白面包公”的美誉，与御史李元直（山东高密人），并称“山东二李”。当时，有一官员监守自盗，侵吞公款。事发后，此人用金钱贿赂上司，几经转手，竟将手脚伸至雍正帝那里。因此，刑部欲从轻发落。李慎修得知后，坚决不同意。有人示意这样处理是圣上的旨意，李慎修说：“哪怕是圣上的旨意也不行，必须依法办事。”最终，依律处理此案。

乾隆元年（1736），李慎修升为河南汝光道台。他整顿吏治，地方大治，绅士富豪、黎民百姓感其恩德，为他修生祠数处。他发现后下令拆其像，在原处换上了范文正公（仲淹）

像。百姓见此，更为感动，直言李慎修乃包公再世。

乾隆五年（1740），李慎修调任湖北武汉黄德道。此地盗贼奸宄听闻李慎修来此做官，慑其威严，纷纷逃走。后李慎修改驿盐道，管理一省盐的生产和运销，力除旧日陋规，惩贪倡廉，兴利除弊。从此，民安物阜，百姓无不称颂。

李慎修刚正清白，蜚声朝野。乾隆二十六年（1761），乾隆帝东巡，李慎修再次到济南接送圣驾，皇上称赞他："李慎修老成直爽，宜言官。"遂被任命为江西道监察御史。上任后，上疏户部变乱钱法，朝廷参照其奏疏进行了改革。监察御史任上，他"指挥时事，尽言无隐"，严禁徇私舞弊之举。

李慎修无论在哪里为官，总把教化百姓当作头等大事。为此，他主持编印了六种书：《吏治卮言》《劝民俗话》《立继说》《恤囚说》《检验说》和《伦理至言》。他将这些书分送给地方达官贵人和平民百姓，以教化民众；另著一册《内讼编》，用以省身克己。

6. 铁面御史钱沣

钱沣，字东注，号南园，清代云南昆明人。乾隆三十六年（1771）进士，选庶吉士，授检讨。历官通政司副使、监察御史、湖南学使等职。钱沣一生刚正不阿，不畏强权，多次勇于弹劾贪官污吏，有"铁面御史"之称。

乾隆四十六年（1781），钱沣被擢为江南道监察御史。他就任伊始，就发生了"甘肃捐监冒赈"案。当时，陕甘总督勒尔谨勾结甘肃布政使王亶望等以甘肃粮食歉收，需储粮备灾为名，允许一些人通过捐纳粮食换取国子监监生的资格。为便于贪污，王亶望将征粮私自改成征银。同时，他向朝廷谎报旱情，编造说把监粮用于赈灾了。甘肃一众官员互相勾结包庇，层层盘剥，将捐纳的银两全部私分。案发后，经过追查，甘肃巡抚勒尔谨、布政使王亶望等甘肃一众官员，或判死刑或发配边疆。然而，身为陕西巡抚、两度代理陕甘总督的毕沅，在如此重大的贪腐案中却仍逍遥法外。毕沅虽居于西安，对于甘肃“捐监冒赈”案的内情，应该是早有耳闻，但他对此事却坐视不问，既不举报，也不揭发。钱沣认为，毕沅对“甘肃捐监冒赈”应负有失察渎职之责，遂向乾隆帝上《劾陕抚疏》，要求追究毕沅监察不力的责任。钱沣的弹劾受到乾隆帝的重视，毕沅被朝廷严重申斥，降职三级。钱沣由此声名鹊起，有“鸣凤朝阳”之誉。

乾隆四十七年（1782），山东发生重大贪腐案。山东巡抚国泰勾结布政使于易简贪纵营私，借纳贡之名横征暴敛，造成山东各州县库银亏空。由于国泰不仅是皇亲国戚，还是和珅的党羽，众多官员对其贪腐一事徇私包庇。钱沣是个不畏强权、刚正不阿之人，早前面对和珅的笼络就曾坚定拒绝，所以在得知国泰等人的恶行之后，毅然弹劾上奏。乾隆皇帝接到奏本后，指派户部尚书和珅、左都御史刘墉与钱沣等人一道前往山东，查办此案。在他们未到济南时，和珅就提前派人向国泰通风报信，国泰向商人借来许多银子，补充库银数量，以掩盖库银亏空的真相。这一切没有瞒过钱沣的眼睛。到达济南后，他立刻开仓清点盘查库银，经过查验，发现库银数量虽与册籍上所载一样，但是库银成色不一，多半是商家的杂色银。钱沣在刘墉的授意下，全城张贴布告，让出借银子的商家前来领取出借的银子，如果没人来认领，银两将封库充公。商人们闻讯，纷纷呈禀被借银子的数量，将银两领回。于是，国泰贪赃枉法、造成国库短缺的罪行彻底败露。钱沣即刻上奏国泰等人的贪腐恶行。乾隆览奏后大怒，将国泰革职。钱沣因弹劾和珅奸党国泰，声震朝野。

（六）任贤篇

1. 祁奚举贤

祁奚本姬姓，名奚，字黄羊，春秋时晋国人，因食邑于祁，遂为祁氏。晋悼公即位，祁奚被任命为中军尉。祁奚在位约六十年，为四朝元老。他公忠体国，耿直无私，誉满朝野，深受人们爱戴。

鲁襄公三年（前 570），祁奚请求告老退休。晋悼公问："谁可以接替中军尉一职？"祁奚举荐了自己的杀父仇人解狐。但解狐未及上任就死了。悼公再次问他："谁还可以接替中军尉一职呢？"他回答说："我的儿子祁午也可以胜任。"不久，祁奚的副将中军佐羊舌职死了，当悼公再次询问："谁可以接替中军佐一职？"祁奚又向悼公推荐了羊舌职的儿子羊舌赤。悼公问："你为什么既举荐你的仇人，又推荐与你关系密切的人呢？"祁奚答道："主公问的是何人能胜任，并未问及其人与我的关系呀！"悼公认为有理，便任命祁午为中军尉，羊舌职的儿子羊舌赤为中军佐。孔子称赞说："外举不避仇，内举不避亲，祁黄羊可谓公矣！"

鲁襄公二十一年（前552），晋国的栾盈逃亡楚国。执掌晋国朝政的大臣范宣子杀死了栾盈的同党羊舌虎，羊舌虎之兄叔向也因此株连入狱。有人对叔向说："您遭受此难，难道不觉得不太明智吗？"叔向说："与死去的和逃亡的相比，如何呢？《诗经》说'自在逍遥，悠闲度过岁月'，那样才是明智呢。"有人劝叔向求宠臣大夫乐王鲋为他说情，叔向却说："唯有祁大夫能救我。"此人疑惑说："乐王鲋对国君的请求没有不被采纳的，他想救您，您却不理睬。祁大夫办不到的，您却说一定要他才行，为什么？"叔向说："乐王鲋是顺从国君的人，怎么能办到？祁大夫内举不避亲，外举不避仇，难道会单独忘记我吗？《诗经》中说：'有正直的德行，普天下都会顺从他。'祁先生就是这样正直的人。"

祁奚听说后，不顾年老路遥，驱车面见范宣子，义正词严地说："《尚书》讲：'对于有智慧、有谋略的人应当信任并给予保护。'叔向是参与谋划国家大事而很少有过失，教诲别人又从不知疲倦的人。对这样有品德的人不给以安慰重用，却反而株连，这是国之大失啊！过去，鲧被处死，其子禹却得到重用；管叔、蔡叔被杀逐，其兄周公却仍在辅佐成王。我们怎么能因为一个羊舌虎，就置整个国家利益于不顾呢？"范宣子听了，很受感动，就和祁奚一起到晋平公那里说情，从而赦免了叔向。事后，祁奚悄然而归，叔向也未登门拜谢。

2. 鲍叔荐贤

鲍叔牙，姒姓，鲍氏，名叔牙，又称鲍叔，春秋时期颍上（今属安徽）人。齐国大臣，封邑鲍城（或称鲍邑，今属济南历城）。鲍叔牙知人善任，推举管仲，甘居下位，史称“管鲍之交”。

鲍叔牙年轻时曾与管仲交往，结为好友。当时，管仲家里很是穷困，又要奉养母亲，鲍叔牙时常接济他，还同他一起做生意。出资的时候，因为管仲没有钱，所以本钱几乎都是鲍叔牙出的。可是，当赚了钱分取盈利时，管仲拿得比鲍叔牙还多。甚至打仗时，鲍叔牙往往也挺身掩护管仲。鲍叔牙一直对管仲以礼相待、爱护有加。

齐襄公当政时，齐国政局混乱，鲍叔牙带着公子小白出奔莒国，管仲则带着公子纠出奔鲁国。不久之后，齐襄公被杀，齐国内乱，公子小白和公子纠都想赶赴齐国继承王位。管仲为阻挡小白继位，设伏射杀小白，由于把箭射在了小白的带钩上，小白才逃过一劫，并先于公子纠回到齐国。小白被立为齐君，是为齐桓公。他任命鲍叔牙为相，鲍叔牙却极力推荐管仲为相。然而，齐桓公却耿耿于怀管仲的“一箭之仇”。鲍叔牙解释说，那不过是彼时“各为其主”的选择，并且这样的人如果赦罪重用，必将效忠尽力。另外，他还从治国、惠民、外交、制礼、军事等五个方面将自己与管仲做了比较，向齐桓公讲述自己的德才只是能够治理好齐国，而管仲的才能却可以使齐国称霸于天下。他真诚地对齐桓公说：“您要想称霸天下，非管仲不可。”于是，齐桓公厚礼以待管仲，并拜管仲为相。

管仲于是从异国逃生的罪犯转而成为齐桓公优礼相加的重臣，并被尊为仲父，成为一人之下万人之上的宰相，鲍叔牙则甘居其下，共修齐政。在许多重大问题上，鲍叔牙都从国家的长远利益出发，坚决支持管仲的决策意见。鲍叔牙的无私成就了管仲，管仲也发自肺腑地说：“生我者父母，知我者鲍子也。”在管仲的大力辅佐下，齐国越来越强大。后来，齐桓公终于成为春秋霸主。齐桓公能够成为春秋霸主，全靠管仲的谋略，天下人不是称赞管仲的贤能，而是称赞鲍叔牙能够举荐贤人！

3. 曹操求贤

曹操，字孟德，沛国谯县（今安徽亳州市）人。他以镇压黄巾起义和讨伐董卓而显名当时。建安元年（196），曹操迎汉献帝于许昌，“挟天子以令诸侯”，逐步统一了北方。后为汉丞相，封魏王，死后被曹丕追尊为武帝。曹操在实现统一大业过程中，求贤如渴，礼贤下士，自建安十五年（210）到建安二十二年（217），下达《求贤令》《敕有司取士勿废偏短令》《举贤勿拘品行令》三道求贤令文，在用人观念上完全摆脱了东汉时期“门第”“世资”对人才的桎梏，明确提出“唯才是举”的方针，获得一批谋臣良将。

曹操用人不拘一格。他手下的第一谋士荀彧，投靠曹操前曾被袁绍重用，曹操通过和荀彧纵论天下大事，认为荀彧有王佐之才，马上任命他为司马。建都许昌后，曹操自己出征时，就把中央大权都交给荀彧。荀彧也不负曹操厚望，为他制定了不少奇策密谋。建安五年（200），曹操与袁绍在官渡决战，两军相持数月，曹军粮草越来越少，难以支撑下去。正在准备撤军之际，曹操写信给留守许昌的荀彧，询问他是否可撤军。荀彧当即回信说："袁绍兵马正全部出动，要跟您一决胜负。您现在是以弱对强，如不击败他，必然被他打倒。现在正处在谁主天下的紧要关头。袁绍兵马虽多，可他不善用人。我们粮草虽缺，但还未到非退不可的绝境。半年都挺过去了，只要再坚持一下，袁军内部必然发生变化。您千万不要错过这个用奇兵的好时机。"曹操听从了荀彧的主张，没有退兵。不久，袁绍的谋士许攸归降曹操，献计奇袭袁绍屯粮处乌巢。曹操亲率五千精兵，连夜出发偷袭乌巢，袁军粮草被烧了个精光，军心大大动摇。曹军乘胜出击，一举歼灭袁绍主力，取得官渡之战的巨大胜利。荀彧深谋远虑，目光敏锐，曹操称赞他是"命世大才"。

曹操胸怀博大，用人不念旧恶。曹操阵营中许多大将原来并不是他的部下，如被称为"时之良将，五子为先"的张辽、乐进、于禁、张郃、徐晃，其中张辽原为吕布部将，张郃原为袁绍部将，徐晃原为杨奉部将。这些人在归附后，曹操对前事都不予以计较，一律重用。陈琳在袁绍麾下时，曾经写过《讨曹操檄》，历数曹操罪行，并辱及曹操的父亲与祖父，极尽丑化之能事。后来袁绍失败，陈琳被曹操俘获。曹操不仅未加惩处，还委以重任。

曹操知人善任，各尽其才。许多人才，曹操都能因才使用，最大限度地发挥他们的才能。任峻擅长农业，有农业生产方面的才干，曹操就让他管理屯田，果然经过几年积粟，仓廪皆满；杜畿治理地方有方，曹操就授以方隅重任，任为河东太守，果然河东大治；枣祗、韩浩建议屯田，实行屯田后，果然军用丰足，得以克定天下。曹操身边谋臣如雨，猛将如云，在当时各割据政权中，得贤士最多。正是在这些谋臣、猛将的辅佐下，曹操才能扫平群雄、统一北方，从而奠定曹魏政权的基础。

4. 山公启事

山涛，字巨源，西晋河内郡怀县（今河南武陟）人。西晋时期名士、政治家，与阮籍、嵇康等人为友，并称“竹林七贤”。三国时期，山涛在曹魏担任过赵国相，后任尚书吏部郎。西晋建立后，历任尚书吏部郎、大鸿胪、侍中、吏部尚书、太子少傅、左仆射、冀州刺史等职。他在吏部尚书职位上一干就是数十年，负责选拔人才，举荐官吏。

魏元帝景元二年（261），山涛举荐嵇康任吏部侍郎，但嵇康为人愤世嫉俗，对司马氏独揽朝政很是反感，不屑于为司马氏服务。所以，他在得知山涛举荐自己之后，写下《与山巨源绝交书》，与山涛断绝来往。山涛素来了解嵇康的为人，所以对此并不介意。然而，嵇康的绝交书公布天下之后，山涛受到诸多鄙夷，他却保持缄默，不做辩解。后来，嵇康为司马昭所杀，在被杀前他却将一双儿女托付给山涛，并说“巨源在，汝不孤矣”。山涛毫不犹豫地接受了嵇康的托孤，将其儿女抚养

山公启事（图采自［民国］蔡振坤《八德须知》）

成人。多年以后，晋武帝司马炎即位，建立西晋。山涛启奏司马炎说：“《康诰》上说，‘父与子有罪不相牵连’。嵇康之子嵇绍德才兼备，适于征召为官，请您任命他为秘书郎。”武帝对山涛说：“如果真像你说的那样，可以任命他为秘书丞，何止当秘书郎?”于是，司马炎下诏征召，委任嵇绍做秘书丞。

山涛选拔官员，以人品为先，其次再考核才能，量才录用，唯贤是举。当时，有个名叫贾充的权臣，向山涛推荐自己的心腹陆亮到吏部任职。山涛知道陆亮是个贪鄙无耻之徒，极力反对，但司马炎听信贾充谗言，同意了陆亮的任职。山涛极力争辩，而司马炎不听，山涛无奈辞官回乡。不久，陆亮因大肆贪污受贿而被罢官。司马炎只好又亲自请山涛回来，对他也更加器重。

山涛威望很高，年过七十时还在负责选拔官吏的重任。每当一个官员职位发生空缺，山涛就选择几个才能适于该职位的人作为后备人选，准备启奏。当他了解司马炎在人选上的意向后，就正式明确启奏。虽然先秉承司马炎之意旨，但山涛对所荐举的人都事先亲作评论，在奏章上设立标题，然后启奏，以供马炎选拔任用，时人称为“山公启事”。有时会出现朝廷所任用的人，并非是山涛首位启奏推荐之人。有的官员不了解详情，以为山涛不分轻重，随意选拔安排。也有人拿此事大作文章，在司马炎面前说山涛的坏话。司马炎便亲笔下诏，告诫山涛说：“用人之道，唯才是举，不要遗漏、疏远出身贫贱的人，这样天下才能大治。”山涛坦然自若，不加解释，行事也是一如既往。直到山涛所推荐的人因品行出众受到社会赞誉，时人的议论才平息。山涛为国搜贤举才，大公无私，知人善任，为后人称赞。

5. 太宗善任

唐太宗李世民，陇西成纪（今甘肃秦安）人。隋末随父李渊起兵反隋，拜右领军大都督，封敦煌郡公。李渊称帝后，拜尚书令，封秦王。玄武门之变后，继帝位，改年号为贞观，开创贞观盛世。他成就丰功伟业的一个重要原因就是广纳人才、知人善任。

早在李世民身为秦王的时候，就非常注重网罗人才。当时，秦叔宝脱离王世充归附唐朝，太宗对他礼遇有加，并任命他为马军总管。秦叔宝感念知遇之恩，在讨伐刘武周的战争中发挥了重要作用。太宗器重人才且不轻信谗言，对于手下的文臣武将，不论是自己的亲信还是昔日仇敌的部属，都一视同仁，放手使用。尉迟敬德降唐后不久，有两个部将叛逃了。有人怀疑敬德也会反叛，于是将他囚禁起来。太宗闻讯后，立即下令释放，并亲自以好言相慰，使敬德深受感动，并发誓效忠。大胆使用降将是太宗在平定天下的过程中取得胜利的因素之一。

战争结束后，太宗与他的兄弟之间不可避免地展开了皇位争夺战。为了培植自己的势力，太宗设立文学馆，以接纳各地名士。房玄龄、杜如晦、孔颖达等著名的"十八学士"聚集在文学馆中，构成太宗的幕僚群体。他们在太宗夺取皇位和开创贞观之治中发挥了重要作用。夺得帝位后，太宗的纳贤之心从未减退，继续重用东宫僚属。太子李建成身边也有一群忠心耿耿的文臣和武将。建成被杀后，太宗并没有降罪于他们，而是大胆地加以信任并提拔。其中最突出的莫过于任用魏征。魏征原本是太子洗马，对建成忠心不二。玄武门之变后，他也没有向太宗表示屈服。太宗看中了魏征这一点，对他格外器重。后来，魏征每每能在关键时刻直言进谏，对太宗的一生产生了重要影响。

唐太宗用人扬长避短，各得其所。房玄龄是唐太宗重要的谋略参谋，善于分析问题，提出有深度的谋略和见解。然而，他在做出最终决断时常常犹豫不决。唐太宗意识到这个问题，并表示除了杜如晦之外，没有人能够做出最终的决定。于是，他召唤了杜如晦。杜如晦以善于决断而闻名，面对房玄龄的分析，杜如晦经过深思熟虑，最终肯定房玄龄的意见，并帮助唐太宗做出最终的决断。房、杜二人，一个善于谋略，一个善于决断，两人共辅国事，成为唐太宗的左膀右臂，史称"房谋杜断”。魏征为人刚正，敢讲真话，太宗任命他为谏议大夫。结果，魏征屡屡直言进谏，纠正太宗的错误，使他没有犯下重大的过失。唐太宗知人善任，充分调动了大臣们的积极性，使他们的才能得到了充分的发挥。贞观一朝，大臣们几乎都尽心竭力地辅佐太宗，房玄龄甚至在病危之际仍然坚持上表谏上。

唐太宗重用魏征，就是看中了他刚直不阿的性格。即位之初，他经常召见魏征，询问他的意见。短短几年里，魏征就提出二百多条意见。在他们相处的十几年间，魏征始终是无话不讲，以直谏而著称，而太宗在大部分时候也是注意倾听并采纳他的建议。有一次，唐太宗得到一只有趣的鹞子，非常喜爱，便在自己胳臂上架着玩耍。然而，就在这时，内侍奏报说魏征前来拜见。太宗害怕被魏征看见鹞子，便匆忙将它藏在自己的怀里。当魏征进来时，他已经瞥见太宗藏鹞的举动，故意装作不知，只专注地奏事。由于太宗将鹞子藏在怀中的时间太久，导致鹞子竟然在他的怀里闷死了。太宗“敬贤怀鹞”，充分体现了他对人才的珍视和尊重。魏征去世时，唐太宗十分悲痛地说：“以铜为镜，可以正衣冠；以古为镜，可以知兴替；以人为镜，可以明得失。朕尝宝此三镜，用防己过。今魏征殂逝，遂亡一镜矣。”足见太宗对魏征的重视。

六、根深叶茂：官箴文化的齐鲁因子

齐鲁大地历史悠久、文化厚重，是中华文明的重要发祥地，儒家文化发源地。一代又一代的先贤志士濡染齐风鲁韵，在为官之德、为政之术上形成了独到的见解，在中华优秀官箴文化史上留下璀璨的齐鲁文化因子。从孔子“为政以德，譬如北辰，居其所而众星共之”（《论语·为政》）的德政思想，孟子“民为贵，社稷次之，君为轻”（《孟子·尽心下》）的民本情怀，到荀子“见善，修然必以自存也；见不善，愀然必以自省也”（《荀子·修身》）的修身思想，以及管仲“礼不逾节，义不自进，廉不蔽恶，耻不从枉”（《管子·牧民》）的廉政主张，很多名句箴言，成为为官从政者的座右铭。张养浩、徐榜、黄六鸿、王士禛、田文镜、颜希深等大批名士廉吏，或占籍于山东，或为官于山东，他们在践行儒家政治文化的同时，还将从政经验浓缩于自己的官箴书中，《三事忠告》《济南纪政》《宦游日记》《福惠全书》《手镜录》《钦颁州县事宜》是其中的典型代表，在中华优秀官箴文化中占有重要地位。

（一）张养浩与《三事忠告》

张养浩（1270—1329），字希孟，号云庄，元代济南人，唐朝名相张九龄的弟弟张九皋的第23代孙。少年知名，19岁经山东按察使司焦遂推荐为东平学正，历任堂邑县尹、监察御史、翰林学士、礼部尚书、参议中书省事等官职。元英宗至治元年（1321），因朝廷权奸当道，张养浩便以父老归养为由，辞官还乡，归隐于济南“云庄”。天历二年（1329），陕西大旱，饥民相食，应召任陕西行台中丞，以赈灾民。到任四月，未尝家居，治旱救灾，昼夜操劳，以至劳瘁而死。张养浩一生为官清廉，颇有政声，追封滨国公，赐谥“文忠”。著有《归田类稿》《三事告忠》（《牧民忠告》《风宪忠告》《庙堂忠告》）等。

张养浩画像

张养浩为官以待人以恕、律己以严、廉洁奉公、勤于政务、竭诚为民解难而闻名。在任县令、御史、参议中书省事期间，根据自己的亲历实践，写成《牧民忠告》《风宪忠告》和《庙堂忠告》三本书，对为政者提出施政建议。起初三本书并没有统一编在一起，而是各自分开，并且流传不广。明太祖洪武二十七年（1394），广西按察司佥事黄士宏将《牧民忠告》《风宪忠告》《庙堂忠告》三篇合称为《为政忠告》。明宣德七年（1432），河南知府李骥将之重刻并改名《三事忠告》。

1.《牧民忠告》：自省戒贪，勤政爱民

牧民即治民。张养浩任堂邑（今属山东聊城）县尹，在官十年，颇有政绩。《牧民忠告》是张养浩根据自己在堂邑的为

《三事忠告》文白对照版书影

政经历，对地方长官的官德思想和为政之道所作的全面总结，包括拜命、上任、听讼、御下、宣化、慎狱、救荒、事长、受代、居闲等十个方面的内容，对州县官提出七十四项忠告，字里行间充溢勤政爱民的思想。在张养浩的三部官箴书中，《牧民忠告》包含的为政思想最为丰富，也最具有当代价值。

第一，爱民与教民。张养浩秉承儒家“民为邦本”的思想，强调培育仁爱之心。爱民如子，则为民之术油然而生。“心诚爱民智无不及”条这样写道：“赤子之生，无有知识，然母之者常先意得其所欲。厥理无他，诚焉而已矣。盖诚生爱，爱生智。惟其诚，故爱无不周；惟其爱，故智无有不及。吏之于民，与是奚异？诚有子民之心，则不患其才智无有矣。”

为任一方，要心中怀有百姓，真正关心、体贴百姓。“民病如己病”条中写道：“民之有讼，如己有讼；民之流亡，如己流亡；民在缧绁，如己在缧绁；民陷水火，如己陷水火。一切疾苦，皆如己身当之。虽欲因仍，不可得矣。”

关心、爱护百姓，要特别重视“恤鳏寡”。“鳏寡孤独，王政所先，圣人所甚悯。其聚居之所，暇则亲莅，或遣人省视，若衣，若粮，若药饵，吏不时给者纠治之。”当遇到灾荒时要设法救助，使他们能够存活下来。灾害发生之前，要提前预备。

“视其轻重，必有术以处之。或私帑之分，或公廪之发，或托之工役，或假以山泽，或已负蠲征，或募籴劝粜，或听民收其遗稚，或命医疗其疹疾，凡可以拯其生者，靡微不至。”做到临危不乱，井然有序。

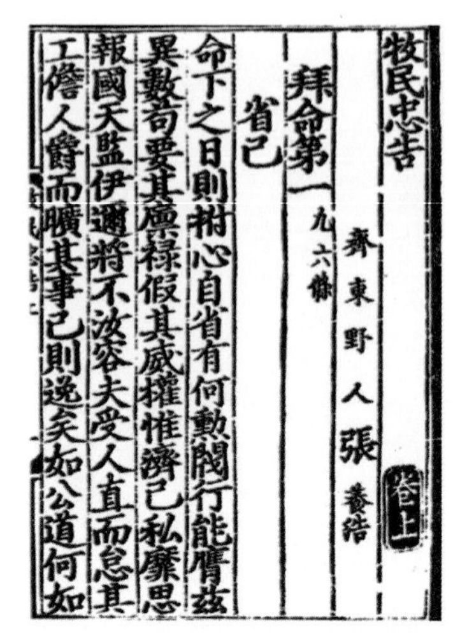
牧民忠告　卷上
齊東野人張養浩
拜命第一　凡六條
省己
命下之日則捫心自省有何勲閥行能膺兹異數苟要其廩禄假其威權惟濟己私靡思報國天監伊邇將不汝容夫受人直而怠其工儈人爵而曠其事已則逸矣如公道何如

《牧民忠告》书影

重视对民众的教化，是儒家爱民思想的重要内容。孔子认为：“不教而杀谓之虐，不戒视成谓之暴。”民既“富之”，就应该“教之”。张养浩认为，人饱暖而无教，则近于禽兽。基于此，他在《牧民忠告》中专设“宣化”条，强调教化百姓，告诫地方官“学校乃风化之本”，要重视学校教育，提高民众的整体素质。

第二，劝农与救灾。《牧民忠告》中的“劝农”，类似于孟子见梁惠王所宣传的“勿夺其时”。其文曰：“农之勤惰，一岁之苦乐系焉。其所当为，有不待劝者。时因行治，视其辍工废业者切责一二，傍近闻之，必知自励。常见世之劝农者，先期以告，鸠酒食候郊原，数日络绎迎视，远近骚然。至则胥吏僮卒不下数辈，赂遗征取，下及鸡豚。名为劝之，其实扰之；名为优之，其实劳之。大抵劝农之道无他，勿夺其时而已矣。其余繁文末节，略之可也。”

张养浩在《牧民忠告》中针对现实中存在的劝农之弊，提出了有效的解决方法。书中指出现实中的有些所谓劝农，就是赤裸裸的勒索，“赂遗征取，下及鸡豚”，严重干扰百姓的正常生活和生产秩序，违背了劝农的本质。

张养浩曾在堂邑为官，当地受蝗虫侵袭比较严重，因此，他在《牧民忠告》中以捕蝗为例阐述了怎么治理灾害。“故事，蝗生境内，必驰闻于上，少淹顷刻，所坐不轻。然长民者亦须相其小大多寡、为害轻重。若遽然以闻，莅其上者群集族赴，供张征索，一境骚然，其害反有甚于蝗者。其或势微种稚，则当亟率众力以图之，固不必因细虞以来大难于民也。故凡居官，必先敢于负荷，而后可以有为。”虽然每种灾害处理方法和救灾措施各有区别，但其中共同之处就是“亟率众力以图之”。发生灾害后，要及时上报给长官，并根据实际情形来消除灾害。发生了灾害，考验的是长官的智慧和担当能力，所以张养浩特别强调：“故凡居官，必先敢于负荷，而后可以有为。”劝导地方官要敢于承担责任。

第三，简讼与息盗。《牧民忠告》中单列“听讼”为一节，足见对“词讼”处理的重视。张养浩认为词讼产生的原因是“人不能独处，必资众以遂其生”，而在相互联系的过程中，容易产生纠纷，导致词讼的产生。面对词讼，应采用“五声听诉讼”的方法。“五声听诉讼”即“辞听”“色听”“气听”“耳听”“目听”。听讼的原则是公正判罚，不牟私利。牧民官不要以“恃能听讼为德”，而要“救过于未然”。

为保证听讼的正常进行，要对干扰听讼的实际问题进行针对性处理。一是防止胥吏“舞智弄民”“情伪混淆”而获取利益；二是“勿听馋”，牧民官要“平心易气”，根据实情依法处理，千万不能中了奸人的诡计；三是亲戚家族间的诉讼“宜徐而不宜亟，宜宽而不宜猛”，这样往往能很好地化解纠纷；四是听讼时要注意观察双方神色衣着和举止，因为往往存在“强多欺弱，富多吞贫，众多暴寡，在官者多凌无势之人”的情形；五是针对“待问者云集其门”的情况，“命一能吏，簿其所告，而日省之，而日遣之”，就能实现“讼庭阒然”；六是如有涉及不在自己管辖范围内的事情，不能“擅加搒掠”；七是发现有“妖言惑众者”，立刻“假以别罪罪之”，“勿使蔓为大狱”。

张养浩认为听讼要有“凡民疾苦，皆如己疾苦也”的心态，切实以百姓的利益为出发点，早日使百姓脱离水火。更值得注意的是，张养浩认为：“凡牧民者，其勿恃能听讼为德也。”因为无讼是更高境界。“无讼者救过于未然，非以德化民者，未易臻此。”强调消弥诉讼，比善于听讼更为重要。

张养浩认为，盗贼大都是为生计所迫才选择这一行业：“人之良，孰愿为盗也？由长民者失于教养，冻馁之极，遂至于此，要非其得已也。尝潜体其然，使父饥母寒，妻子愠见，征负旁午，疹疫交攻，万死一生，朝不逮暮，于斯时也，见利而不回者能几何人？”所以，长官只有深切体会民众不得已为盗的原因，才能为他们感到惋惜和心生哀悯，而不是为抓捕到他们而高兴。

抓捕盗贼不难，使百姓不为盗贼就难了。消除盗贼最好的办法是防患于未然，采取“广耳目，严巡逻，戒饮博，禁游聚”的措施，在其产生前就严加巡查。中间采取“或旬或月，即命尉行境以恐惧之”。要想从根本上防止盗贼出现，就要遵循“仓廪实而知礼节，衣食足而知荣辱”的理念。长官要督促百姓勤劳致富，百姓生活富足后就会知道礼义廉耻，以后就不肯为盗了，也就从根本上消除了盗贼。

2.《风宪忠告》：执法为公精神

风宪，即风纪法度。古代御史掌纠弹百官之职，故以“风宪”称御史。武宗时，张养浩任监察御史，撰成《风宪忠告》。《风宪忠告》针对监察官员弹劾、纠察等日常工作提出要求，包括严于律己、台谏合一、监察原则、监察方法等，对当今也极具借鉴意义。

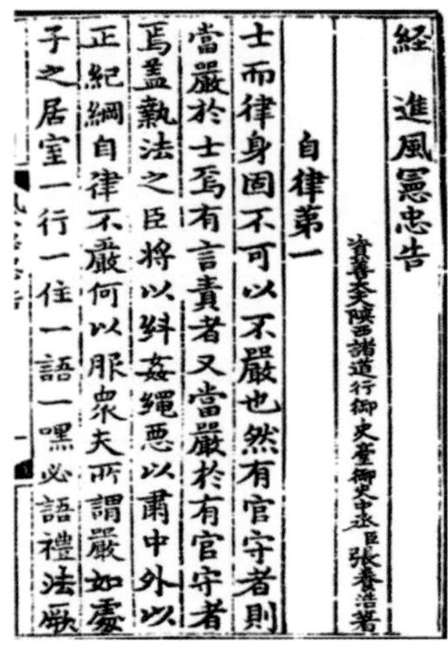
經進風憲忠告
資善大夫陝西諸道行御史臺御史中丞臣張養浩著
自律第一
士而律身固不可以不嚴也然有官守者則當嚴於士焉有言責者又當嚴於有官守者焉蓋執法之臣將以糾姦繩惡以肅中外以正紀綱自律不嚴何以服衆夫所謂嚴如處子之居室一行一住一語一嘿必語禮法厥

《风宪忠告》书影

第一，严于律己。监察官要履行好自己“纠奸绳恶，以肃中外，以正纪纲”的职责。“夫所谓严，如处子之居室，一行一止，一语一嘿，必语礼法，厥德乃全。跬步有违，则人人得而訾之矣。”如果监察官员利用朝廷对自己的信任来满足私欲，利用权势从事“巧规子钱，或盗行盐帖，或荒耽曲糵，或私用亲属，或田猎不时，或宴游无度，或潜托有司之事，或妄兴不急之工，或旷官第而弗居，或纵家人而不检”，如果违反其中的一条，就已经违反了风宪的职责。所以有“言责者”要“有则改之，无则加勉”。推而广之，朝廷命官都严以律己，开诚布公，这样就会出现“弥奸贪，戢侵扰”的社会局面。

廉访司官员所到之处，会使平时作恶太多的当地官员紧张不安，担心自己被人揭发检举。地方官员为了隐蔽自己的恶行，就会找廉访司官员的亲近之人来为自己解围。廉访司官员亲近之人一般为“书吏”“奏差”“总领’“祗侯”这些监察官员的左右亲信。因此，廉访司官员不仅自己要公正廉明，还要严格约束亲信左右，使他们不能为地方官员们“弥缝私罪”。《风宪忠告》认为风宪官员上任的时候，要召集所属吏员对他们训话：“彼之官重者廷授，次者省授，又次则吏部授。大小虽殊，无非国家臣子。为人臣子，奸污不法，人孰汝容？夫纳贿营私，所得甚少，所丧甚多，与其事败治汝，曷若先事而教之为愈哉！吾之此言，虽若薄汝，实厚汝也；虽若毒汝，实恩汝也。苟能如是谕之，吾知退而必有率德改行、易凶恶为善良者矣。且刑罚不足致治，教之而使不犯，为治之道莫尚焉。圣人谓不教而杀谓之虐。又闻治于未然者易，治于已然者难。”遵循儒家传统的为政理念，在上任之初对所属官吏进行劝导，使其“有则改之，无则加勉”，更好地履行自己的职责。

《风宪忠告》还告诉“执宪者”要向古代清官学习，严以律己，不搜刮地方财富，随行官吏才能以己为榜样，真正履行纠察不法的职责。地方官员为监察官员接风洗尘时，要避免与官员随行的书吏奏差同堂而坐，喧哗笑谑，以至于彼此百无忌惮。司法官员应该严格要求下属，并且要设法禁止属吏利用权势谋取私利，只有如此，才能使其“精锐消沮，威福不张于外矣”。监察官员只有真正管理好自己和亲信左右，严格守法，才能更好地完成执法任务。

第二，台谏合一。秦汉以来，历代都是台谏分立，各行其职，御史台掌管纠察官吏，肃正纲纪，谏院掌管朝廷得失。元朝开创了台谏合一的先例，不再专设谏官，而是谏职由宪台官、监察御史兼而行之。监察御史姚天福认为："监察职当言路，有犯无隐。"御史中丞崔彧言："臣以为台官皆当建言，庶于国家有补。"可见在元世祖期间，台官和御史的职责已经合二为一，在《风宪忠告》中充分体现了这一精神。

张养浩认为："台宪之职，无内外远迩之分，凡有所知，皆得尽言以闻于上。虽在外，苟知居中者非人，纠而言之可也；虽在内，苟知外官者不法，纠而言之亦可也。大率惟务尽公无私，斯得之矣。"他还说："荐举之体则宜先小官，纠弹之体则宜先贵宦。"可见，台宪官员不仅拥有纠弹不法的本职，而且对内外官员都可以纠察，监视范围大大增加了。"小人虽有小过，当力排绝之后乃无患；君子不幸而有诖误，则当为国家保持爱护，以全其德。"这是北宋铁面御史赵忭的名言，张养浩认为这是言官应该遵循的原则。对待小人和君子要采取不同的策略，小人虽然有自己的长处、优点，也不能举荐他们，如果小人管理台宪机构，后果就不堪设想；君子如果犯有危害不大的小错，不要轻易给予罪名，使其数十年的自身修养毁于一旦，所以要多注意保护君子。

《风宪忠告》强调台宪官员有责任为国家荐举人才："夫士有公天下之心，然后能举天下之贤。盖天下之事，非一人所能周知，亦非一人所能独成，必兼收博采，治理可望焉。故前辈谓报国莫如荐贤，真知要之言哉！"荐举贤才，上报国家，下惠黎民。“今夫富者之于家，有田焉，必求良农使之耕；有货焉，必求能商使之贾；有牛羊焉，必求善豢者使之牧。何则？盖彼拳拳于治家，故不得不求其人也。况受天下之寄、任天下之责者，乃不知求天下之才共治之，岂其智之不若彼富者哉？由其为国之心未尝如其为家之心之切故也。”

《风宪忠告》还强调了荐举人才需要注意的问题。首先应该避免任人唯亲。“世常谓风宪非亲不保，非仇不弹；又有身为宪佐，风御史荐己就升者。”监察官员千万不要利用手中权势来满足自己的私欲。其次，要秉公荐举人才。“廉而且干，虽有不共戴天之仇，公论之下，亦不得而掩焉。苟非其人，虽骨肉之亲，公论之下，亦不得而私焉。”荐举人才的最高境界是所举人才不必自己认识，只要听闻其才就可以荐举。“盖求则不必举，举则不必识矣。故古人有闻而举者，有见而举者，有举仇者，有举亲者，有集为簿者，有拜其剡者，有书之夹袋者。”举荐人才要不避亲仇，唯才是举，才能在遇到事情的时候不必为人才的缺乏而感叹。

第三，监察原则。元代对唐宋以来的三司（大理寺、刑部、御史台）制度进行了重大改革，废除了以审判活动为主要职责的大理寺，刑部的司法权和御史台的司法监察权得到扩大，原大理寺与刑部之间的监督制衡权全部归于御史台，形成了御史台直接监察刑部司法行政活动的局面。这在《风宪忠告》中得到了充分体现。张养浩认为，要真正行使好监察司法行政活动的职责，要注意两点：一是注重询访，二是明慎用刑。

注重询访。官员通常以先入之言为主，而不注重悉心询访，以致不能通晓事情的真正起因、发展过程和事情的隐情及内幕，也就无法做出公正判罚。《风宪忠告》建议“悉心询访”“小而一县一州，大而一郡一国，吏孰贪邪？官孰廉正？何事病众？何政利民？豪横有无？风俗厚薄？”在询访的基础上，再详加考查，仔细推敲，真情就不能被隐瞒了。所以监察官员不能只听地方官员的一面之词，要仔细询访所到之处的一切相关信息，进而详加考查、推敲，才可以对案件进行判罚。在询访过程中，如果发现官吏廉正执法，就要“即优之，礼貌之，荐举之”，从而达到“则为善者劝矣”的良性循环局面；如果发现贪污不法的官吏，即使是位至极品，也要“即蔑之，威拒之，纠劾之”，以有效遏制官吏任用的恶性循环。只有对自己管辖之内的任何事情都能知晓，才能有效履行自己的职责。

明慎用刑。中国传统文化强调明慎用刑。《书·立政》中“庶狱庶慎”、《书·吕刑》中的“非佞折狱，惟良折狱”和《易·旅》中的“君子以明慎用刑，而不留狱”，都体现了类似的观点。蚩蚩之氓，除非不得已，无人愿意为盗。盗贼里面也有“长幼疏戚之分”，作奸犯科的人群中也有“夫亡夫在之殊”，对待他们不应该一刀切，而应该怀有好生之心，并且还要仔细询访，“恒宽而不亟促，恒哀矜而不忿疾”，不要着急做出判罚。只要怀有好生之心，并且切实善待罪犯，即便是“冥迷凶险之徒”也会感受到这种真切的关怀，从而真实地交代其犯罪经历，使案情真相大白。张养浩认为，监察官只要口威心善就能履行好自己的职责，口威就能获得事情的真相，心善就能不轻易害物。“久系之囚”可能对先前官吏处理不满而隐瞒实情，此时应该召心善精干的卒吏，慢慢诱导，使罪犯详细阐述事情的始末，再参照原有的记录，使事情的真相得以朗现，这样就不会诬陷好人了。如果州县之内没有良吏，那么就不能相信和依据原先的案情记录，监察官员要重新追查这个案件，使实情不被隐瞒。监察官的毫厘之差，都会关系到囚犯的生死存亡，所以要慎重用刑，遵从圣人“功疑惟重，罪疑惟轻”和“与其杀不辜，宁失不经”之言，真正履行好自己的监察使命。

第四，监察方法。元代实行台谏合一，谏官之责由御史台兼而行之。在至元五年（1268）建立御史台时，元世祖就曾对张雄飞等台官明确指出：“台官职在直言。朕为汝君，苟所行未善，亦当极谏，况百官乎!”《风宪忠告》对言谏有什么建议呢？首先，言谏是有风险的。“入焉与天子争是非，出焉与大臣辨可否，至于发人之奸，贬人之爵，夺人之官，甚则罪人于死地，一或不察，反以为辜，则终身无所于诉。”言官的危险和艰难都是源于自身职责，以至于“人之所趋者不敢趋，人之所乐者不敢乐，人之所私者不敢私”。其次，居官尽责，不能逃避。讽劝虽有风险，身为言官，不能逃避。要“平心易气，惟事之陈。理诚直，虽从容宛转而亦直；理诚屈，虽抗厉激切而亦屈”。也就是说，要心平气和，实事求是，以理服人，除非事情紧急，不得采取“攀栏断鞅、曳裾轫轮”这样的极端劝谏方式。纵然言官面临着风险，也要尽好自己的职责。为国家和黎民而获罪，是一种荣耀，而不是耻辱。即使面临缧绁、荆楚、斧钺的处罚，都要义无反顾，如“子路之结缨，宜僚之正色，王景文之与客弈棋，刘祎之自书谢表，魏元忠之闻赦不动”，这都是千古流芳的君子所为，值得效仿和学习。

《风宪忠告》认为，人的生死是古今之常，为子死于孝和为臣死于忠，都是千古流芳。君子要以天下为已任，“不荡于富贵，不蹙于贫贱，不摇于威武，道之所在，死生以之”。只有如此，才能上不负天地，下不负所学，无愧于古之君子。

3.《庙堂忠告》：心系天下的情怀

庙堂，即宗庙与明堂，引申为朝廷的意思，指中央官员。元英宗至治初，张养浩入中书省，据此间经验撰成《庙堂忠告》。《庙堂忠告》即是对中央官员的忠诚劝告。《庙堂忠告》对中央官员在修身、用贤、重民、远虑、调燮、任怨、分谤、应变、献纳、退休等方面提出了劝诫。具体来看，《庙堂忠告》可分为修身全节、识贤用贤、重民保民、远虑应变四个部分。

第一，修身全节。《庙堂忠告》把“修身”列为首条，足见对修身之重视。张养浩认为，官至将相已为人之极品，荣耀之极。同时，也是衰弱之始。只有善于修身，方能永葆荣耀，否则会加速衰落。他说：“惟善自修者，则能保其荣”，“廉以律身，忠以事上，正以处事，恭慎以率百僚”，就能“令名随焉，舆论归焉，鬼神福焉”。也就是说，作为宰辅，做到“廉以律身”，才能久居相位。在《庙堂忠告》中，张养浩还以孔明、元载为例，为当政

廟堂忠告
資善大夫陝西諸道行御史臺御史中丞臣張養浩著
脩身第一
前輩謂仕宦而至將相為人情之所榮是不知榮也者辱之基也惟善自脩者則能保其榮不善自脩者適足速其辱所謂善自脩者何廉以律身忠以事上正以處事恭

《庙堂忠告》书影

者提供了正反两方面的教材。三国时期的孔明为相20余年，无尺寸之增于家，鞠躬尽瘁，死于国事，至今受到民众的爱戴；相反，唐朝的元载唯利是图，被抄家时仅发现的胡椒就有800斛，虽卓有政绩，却遗臭万年。人生短短几十载，正是建功立业的大好时机，不要因为财富、酒色、逸乐这些身外之物受到羞辱，而要廉洁奉公、忠心事上，认真公正地处理政务，谨慎恭敬地统率百官，履行好自己的职责，做一个称职的宰辅。

《庙堂忠告》强调：只有修身，才能全节。宰辅身处君王与百官之间，面对复杂的官场环境，个人命运可能瞬间就会改变。宰辅之职关系重大，才识兼备方能称职。不仅要有远大的志向，还要有卓越的才能。自身既要有才能，又要有合适的职位，方可使自己的才智得到施展。作为宰辅，身处一人之下万人之上的地位，需要面对的抉择很多，而每一个抉择都事关重大。作为宰辅，不要受声色、宫室、珍异、车服的诱惑，而要有“先天下之忧而忧，后天下之乐而乐”的情怀。自古以来，伴君如伴虎，所以宰辅们忠直为国者居少，而阿谀奉承自私自利者居多，这是人趋福避祸之本性，但却与宰辅的职责不符。真正的宰辅无惧灾祸，以历代的圣贤为楷模，忠直奉公，即便是不容于君王，身受辱害，亦在所不辞。

第二，识贤用贤。张养浩在《庙堂忠告》中，以建造宫室和缝制裘衣为例，说明人才合力的重要性。他认为，富丽堂皇的宫室，需要能工巧匠的合力才能完成；天下本没有纯白的狐狸，却有纯白的衣裘，是聚集了每只狐狸的白毛的缘故；天下之大，事情繁杂，非宰辅一人所能处理，“必欲一身而兼众人之事，虽大圣大贤有所不能”。所以，要聚集各种人才合力。那么，宰辅们怎么挑选合适的人才呢？张养浩认为，“询诸人则知之，察其行则知之，观所举则知之”，也就是说首先通过咨询他人，举荐合适的人才，宰辅们再观察被推荐者的德行，然后对这个人的才能和品质作出一个综合的判断，如果符合标准就可以任用，否则就只能放弃了。宰辅们有一颗公正之心，才能获得真正的人才。人的本性都是自私的，如果只为自己考虑，肯定不会荐举比自己优秀的人才，不然他们以后会威胁到自己的地位，但不荐举人才又没法实现天下大治的理想，这该如何取舍呢？张养浩的建议是：宰相要想完成自己的使命，就要看清自我，胸怀宽阔，以天下大治为己任，放平自己的心态，不要嫉妒他人的才能和担忧自己的职位，发现自己不能独自承担宰辅的职责，就举荐人才帮助自己完成使命。宰辅们要避免对自己的才能沾沾自喜，到处炫耀自夸，阻挡具有真才实学的人才为国家出力。只有真正放低自我，才能吸引各类人才为朝廷效力，才会君臣相安，臣僚和睦，齐心协力共同治理国家。

第三，重民保民。重民是儒家民本思想的体现。君王将天下万民交托给宰辅，宰辅身担如此重任，如果只知道享乐而不管天下黎民的生死存亡，这不是违反祖先的遗命、破坏君王的统治基础吗？所以宰辅们在接受君王授予的高官厚爵的时候，要意识到自己此时所担负的治理天下的重任。“国之所以昌，四夷之所以靖，朝廷之所以隆，宗庙社稷所以血食悠久者，微民不能尔也。”国家的安定，边境的平稳，朝廷的兴盛和宗庙传承的长久，都在于自己重视黎民百姓的程度。因此宰辅们要有重视万民的胸怀，采取切实的措施来保护民众的利益不受侵害。“闻其害而除之，睹其利则举之，牧守非其人则易置之。”当百姓受到某种灾害困扰的时候，就要想尽办法来排除掉；当看到某种举措对百姓有好处时，就要想尽办法来推广；当发现地方官员不称职的时候，就尽快调换使百姓不再受其迫害。只有这样，才能实现天下大治，重视黎民的安危，才能使江山永固。

第四，远虑应变。人无远虑，必有近忧，为政者尤其要深谋远虑。普天之下，芸芸众生中，能有长远眼光的并不多。常人只知道已经发生的事情而不知道通过日常观察来推测将要发生的事情并提前准备好对策来应对，所以常人不能作宰辅。那么，身为宰辅，怎么才能有效地履行自己的职责呢？“惟君子为能见微知著，思患而预防之。”宰辅不能遇到事情才抱佛脚，而要提前判断事情的发展方向，并能提出应对策略。进一步来说，具体到治理天下，国家出现不好局面都是先前忽略太多日常小事引起的，所以无论是君王还是宰辅都要在日常生活中慎言慎行，见微知著，不能掉以轻心。“大抵自古国家之所以不治，臣子之所以不轨，固非一朝一夕之积，良由今日以某事为小过而不谏，明日以某

张养浩墓

人为小罪而不惩，日引月深，不自知其祸乱之成也。”张养浩认为，君王既然拥有最终的裁决权，就得不因为自己的宠爱而乱加赏赐，不因为是自己的旧部而授予超过他们实际才能的官职，不因为是自己的亲信而和他们说低俗的话语，只有从上到下严格遵守尊卑观念，才能避免祸乱的产生，天下才能大治。那么宰辅应该怎样培养自己的远见卓识呢？张养浩认为，身为臣子要从君王大局考虑，处理日常事务要谨慎，要从长计议，只有虚怀若谷才不会使自己的心智被蒙蔽，更好地为国家贡献自己的力量。宰辅不仅要有远见，而且还要能随机应变。宰辅处理天下大事，稍有不慎就会导致严重的后果。任何事情都具有不可预测性，如果事情按照常规模式发展，还可以用常规方法来应对；如果碰到不按常规发展的事情，那就要宰辅以应变的才能来应对。正确的程序应该是，先判断事情的真伪，再去根据实际情况来采取措施。千万要避免只根据谣传而不顾事情的实情来处理的情况。既然处理的事情具有突然性和不合规律性，就要采取针对性措施，而不是按部就班地运用老经验、老方法来处理，这就需要宰辅具有随机应变的才能。自古以来，能安然应对突发事件的大臣都具有经天纬地的才能，所以说，真正的大臣是国家的柱石。身为宰辅，要努力使自己成为国家柱石。

总之，张养浩的《三事忠告》体现了儒家修齐治平、为政以德、为政以礼等官德思想，所提出的一些基本主张，对于提升官员道德素质、增强官员责任意识、提高吏治能力具有重要的启示和引导作用，为后世官德修养提供了丰富的养料。

（二）“三十六字官箴”

济南市博物馆现藏有著名“三十六字官箴”拓片。“三十六字官箴”原文为：“吏不畏吾严，而畏吾廉；民不服吾能，而服吾公。公则民不敢慢，廉则吏不敢欺。公生明，廉生威。”其大意是：下属敬畏我，不在于我是否严厉而在于我是否廉洁；百姓信服我，不在于我是否有管理才能而在于我办事是否公正。公正则百姓不敢轻慢，廉洁则下属不敢欺蒙。处事公平公正才能使人明辨是非，秉公办事；做人廉洁才能使人不为权势左右，平生威严，让人信服。

“三十六字官箴”的主题是“公”和“廉”，故又称“公廉”官箴，核心是“公生明，廉生威”。其内涵在于：相比才干、能力而言，官员的廉洁和公正行为是赢得下属和百姓尊敬和信任的关键。正如元好问所说：“能吏寻常见，公廉第一难。”中国古代在对官员的道德要求中，“公”和“廉”尤其突出。在封建专制体制下，普通民众的社会话语权较为有限，缺乏法制保障来公正公平地评判官员的行为。因此，公正和廉明就成为了对于官员尤为重要的品德要求，并逐渐形成了中国独

济南市博物馆馆藏“三十六字官箴碑”拓片

特的清官文化和廉吏文化。中国古代公廉文化产生的时间很早，《荀子·不苟》中有“公生明，偏生暗”之语，《晏子春秋》也有“廉者，政之本也”的论断。廉洁是一种境界，一种修养和修为。廉洁的官员能够遵循道德准则，不以私利为重，不贪取不义之财，也不敢妄取。因此，廉洁能够产生威严，从根本上严肃吏治。只有守住清廉之操守，官员才能恪守自己的职责，对不法行为进行严厉制止。“廉”与“公”，是官员的品德修养与政治觉悟。在担任公职的同时，官员不仅要管理好自己，还要管好属下，以形成廉洁公正的官风政风。

“三十六字官箴”碑文后附跋文五则，分别是：明弘治十四年（1501）贞庵主人跋、清乾隆二十三年（1758）颜希深跋、嘉庆二十年（1815）颜检跋、道光四年（1824）颜伯焘跋，以及道光四年（1824）张聪贤铭文。从跋文看，“三十六字官箴”与山东颇有渊源。明天顺年间，山东巡抚年富首次撰写并刻石“三十六字官箴”为座右铭。明弘治年间，山东泰安知州顾景祥将“三十六字官箴”刊刻立碑。随着时间的流逝，该碑已残破不堪。清乾隆年间，山东泰安知府颜希深发现了藏于府衙内的“三十六字官箴”残碑，将其重新刊刻立碑。颜希深及其子孙将“三十六字官箴”作为为官指南，他们是“三十六字官箴”的重要践行者。“三十六字官箴”得以广泛流传，与颜希深祖孙三代的坚守有密切的关系。

从文献记载看，“三十六字官箴”最早源出自明永乐年间理学大师曹端。曹端，河南渑池人，天资颖异，“少负奇质，知读书”。明永乐六年（1408），曹端考中河南乡试第二名；次年，会试乙榜第一，授为山西霍州学正。从此，曹端步入仕途。在从政、从教之余，他潜心理学研究，造诣颇深。其学以躬行实践为务，而以存养性理为大端，对理学重要命题多有修正、发挥，《明史》称他为“明初理学之冠”。倡兴理学、躬行实践的曹端，在为政方面也颇有建树。他除了勤奋从政外，还倡导“公廉”。《明史·曹端传》记载，永乐十二年（1414），曹端的学生郭晟乡试中试，被授西安府同知，上任前专门去拜别恩师，讨教为官之道。曹端对他说：“其公廉乎！公则民不敢慢，廉则吏不敢欺。”明·张信民撰《曹月川先生年谱》对此有更为详细的记载：郭晟“道蒲而问政”，先生答曰：“其公廉乎！古人云：‘吏不畏吾严而畏吾廉，民不服吾能而服吾公；公则民不敢慢，廉则吏不敢欺。’”此即“三十字箴言”。曹端的“三十字官箴”作为为官的至理名言很快就流传开来。

从“三十字官箴”到“三十六字官箴”的确定，得益于山东巡抚年富。年富，字大有，号谦斋，安徽怀远人。明代永乐年间，年富以会试副榜授官山东德平（今山东德州德平镇）。天顺二年（1458），年富任山东巡抚。他果敢有为，刚正强直，上任途中听说山东发生了蝗灾，便立刻上奏请求救灾。当时山东境内的官吏都害怕年富的威名，收敛了不少。年富在山东巡抚任上得到曹端的“三十字官箴”后，如获至宝，在总结前人吏治文化的基础上，别出心裁地在后面续加了“公生明，廉生威”六字，变为“三十六字官箴”，并将这段话刻于巡抚衙署墙壁，以与下属官吏共勉。年富巡抚山东时曾到泰安考察，随之将“三十六字官箴”带到泰安，并“刊行以儆于有位者”，

"三十六字官箴"于是开始在泰安流传。

明弘治十四年（1501），自称"贞庵主人"的泰安知州顾景祥，非常欣赏年富刊行的官箴，遂刊刻立碑于泰安州署，用于鞭策自己。这便是著名的泰安官箴碑，亦是目前所知最早的一方"三十六字官箴"碑刻。

"三十六字官箴"得以广泛流传和发扬光大，清代泰安知府颜希深及其子颜检、其孙颜伯焘发挥了重要作用。颜希深，字若愚，号竟山，广东连平人，贡生出身，祖籍福建漳州。乾隆年间曾任山西太原府同知、山东泰安知府、济南知府、山东督粮道、四川按察使、江西按察使、河南布政使、湖南巡抚、兵部侍郎等职。乾隆十八年（1753），颜希深任泰安知府。其间清查弊政，倡建试院，重修城隍庙，修撰《泰安府志》。任职七载，政绩颇著。乾隆东巡召对，褒以"他时可大用"。乾隆二十三年（1758），颜希深偶然在衙内的残壁中发现"贞庵主人"顾景祥所刻的官箴碑"三十六字官箴"碑文，感受颇深，于是重刻此碑，立于官署内西厢房，作为座右铭。他对箴言心折不已，认为这一官箴"言约意深，为居官之要领"，并撰跋以记此事。乾隆二十五年（1760），颜希深任济南知府；二十六年（1761），任监山东督粮道（治所德州），任期内公廉严明，励精图治，在山东积极践行"三十六字官箴"。

据道光《济南府志》和民国《德县志》记载，颜希深在济南知府、督粮道任上，为拯救德州水灾难民，接受母亲的建议，在来不及上报的情况下，冒着满门抄斩的危险，毅然决然地开仓赈饥，拯救了十几万灾民的生命。颜希深为民众着想、敢于冒险的行为得到了乾隆皇帝的嘉奖和表彰，夸赞其“他时可大用”，并封其母为一品太夫人。颜希深母子甘冒全家抄斩之风险救百姓于危难之中的义举，受到了当地民众的崇敬。颜希深也诚感圣恩，亲率文武官员参与抗洪救灾，“极力捍御，以保城池仓库，而民无滋扰”。翌年春，颜希深升任四川、江西按察使。后来，颜希深因操劳过度卒于任所，年仅51岁。当地百姓涕泣吊唁。其事迹被载入清代《汉族名宦列传》中。

颜希深之子颜检，号岱云，乾隆二十二年（1757）生于泰

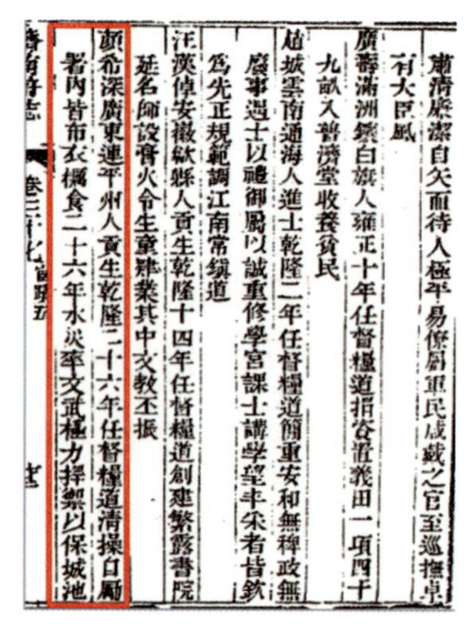

肅清廉潔自矢而待人極平易僚屬軍民咸戴之官至巡撫卒
有大臣風
廣壽滿洲鑲白旗人雍正十年任督糧道捐俸置義田一項四千
九畝入普濟堂收養貧民
趙城雲南通海人進士乾隆二年任督糧道簡重安和無稗政無
廢事遇士以禮御屬以誠重修學宮課士講學[illegible]者皆欽
爲先正規範調江南常鎮道
汪漢倬安徽歙縣人貢生乾隆十四年任督糧道創建繁露書院
延名師設膏火令生童肄業其中文教丕振
顏希深廣東連平州人貢生乾隆二十六年任督糧道清操自勵
署內皆布衣糲食二十六年水災率文武極力捍禦以保城池

民国《德县志》书影

州士大夫禮最隆而廉隅亦最嚴日坐大堂訟者曲直立判
汪漢倬歙縣貢生官山東督糧道乾隆十六年創建繁露書院延名
師設膏火令生童肄業其中一時文教丕振
顏希深連平貢生官山東督糧道清操自勵署內皆布衣糲食乾隆
二十六年河水爲災督率文武極力捍禦以保城池倉庫而民無
滋擾
楊成龍大同拔貢署德州知州值州大水民間器物隨水漂流有無
賴棍徒駕船搶掠成龍親莅災所立拿究治無賴斂跡百姓安之
徐世恩官德州營守備乾隆二十六年大水城磚浸沒二十餘層各
門皆屯土以衛忽西門內水從溝突出勢如泉湧軍民驚惶無措
世恩首先入水解衣塞隙跨坐其上旋堅築之時綠旗滿營兵丁

道光《济南府志》书影

安府署，历任吉安知府、江西按察使、河南布政使、山东盐运使等，官至直隶总督。因出生在泰安府署，颜检有着浓重的泰安情结，“出守吉安复取道梁父，时守郡者徐君大榕，为旧相识，乃得遍览署内户庭，以识降生之所，追忆膝下游嬉情景，不禁怆然”。嘉庆十九年（1814），颜检任山东盐运使时，时泰

安知府汪汝弼以颜希深所刻官箴拓片数十本相赠。颜检目睹父亲的遗墨，感慨万分，称："检再拜受读，知先大夫扬历中外数十年，以诚事君，以德及民，以廉驭属，至今民怀吏畏，犹津津然称道不衰。其所以整躬待物，操持原有本也。"颜检秉承其父为官宗旨，以"三十六字官箴"为座右铭。嘉庆二十年（1815），颜检升任浙江巡抚后，即将此官箴重摹上石，嵌于诸府衙门厅壁，希望"有位者皆可以奉为官箴，且志先人明训于不忘云尔"。此为浙江本官箴，也是"三十六字官箴"在浙江流传之始。

颜伯焘，颜检之子，嘉庆十九年（1814）进士，官至闽浙总督。当颜伯焘刚刚踏上仕途时，颜检向他出示了父亲刊刻的官箴，并教诫道："尔今筮仕，宜审官方。此先正格言，实亦祖训也。"道光二年（1822），颜伯焘被任命为陕西延绥道，颜检又教诫说："尔今外补，吏事民事，胥尔之责，时玩箴词，勉之毋懈。"颜伯焘携拓片赴任，上任后即示戒同僚，并准备刊刻，但由于当地没有合适的刻工，他便将拓片寄给长安知县张聪贤，请他代为刻石立碑。道光四年（1824），这方官箴碑终于完成。这便是西安本官箴，现仍完好地保存于西安碑林内，也是现存最完整的官箴碑石。这块官箴碑集"三十六字官箴"、明泰安知州顾景祥跋语、颜希深祖孙三代及长安知县张聪贤的跋语于一身，可谓一部有关"公廉"官箴的流传史。

颜氏祖孙三代皆以"公廉"自勉。他们皆以忠诚侍奉君主，以仁德爱护百姓，以廉明驾驭属吏，努力践行为官者的职责和道德准则。为了弘扬"公廉"的风气，颜氏祖孙三代都在衙署里立下“三十六字官箴”碑。每次新任官职，他们都会携带碑文上任，将其作为对自己的警示和提醒。同时，他们也希望继任者能将“公廉”视为居官的座右铭，时刻铭记前贤的教诲。颜氏三代对于官箴的传承和发扬功不可没，他们的努力使得官箴得以流传至今。“三十六字官箴”不仅是对官员的鞭策和约束，更是百姓的期望与重托。现各博物馆所藏“三十六字官箴”碑文及拓片皆源出颜氏之笔。颜氏所刻官箴碑文声名远播，泽及后世。

（三）“仁廉公勤”官箴碑

在山东济宁邹城孟庙，有一座“仁廉公勤”官箴碑，因碑身四面分别镌刻仁、廉、公、勤四则箴文而得名。这座官箴碑呈方柱形，无碑额，通高 1.95 米，宽 0.50 米，厚 0.47 米，碑文竖写，每面 5 行文字，从右向左前 4 行各刊一段箴言，每段箴言左下部刻 3 字，分别为“右仁箴”“右廉箴”“右公箴”“右勤箴”，在勤箴后还附有一段跋文。四箴均采用大字行书，跋文则是使用小字行书。碑文以简洁而凝练的语言阐明了公正廉洁、勤政为民、廉勤自律是为官者最重要的品质。

“仁廉公勤”官箴碑

该碑刻原文如下：

古者于民饥溺，犹己饥溺，心诚求之，若保赤子。于戏！入室笑语，饮醲啗肥，出则敲扑，虽痛痒或不知。人心不仁，一至于斯！淑问之泽，百世犹祀。酷□（吏）之后，□□（今其）余几，唯甘小人而不为君子。右仁箴。

惟士之廉，犹女之洁，苟一毫之点污，为终身之玷缺。毋谓暗室，昭昭四知，汝不自爱，心之神明其可欺？黄金五六驼，胡椒八百斛，生不足以为荣，千载之后有余戮。彼美君子，一鹤一琴，望之凛然，清风古今。右廉箴。

厚姻娅，近小民，尹氏所以不平于秉钧；开诚心，布公道，武侯所以独优于王佐。故曰：本心日月，利倾蚀之；大道康庄，偏见室之。听信偏，则枉直而惠奸；喜怒偏，则赏僭而刑滥。惟公生明，偏则生暗。右公箴。

尔服之华，尔馔之丰，凡缕丝与颗粟，皆民力乎尔供。居焉而旷厥官，食焉而怠其事，稍有人心，胡不自愧？昔者君子，靡素其餐，炎汗浃背，日不辞难，警枕计功，夜不遑安；谁为我师？一范一韩。右勤箴。

跋文：

右四箴乃腥轩王先生所作，以自警者也。先生以词章起家，为时作者，至于忠义大节，尤为凛然。异代而下，读其词，可想见其人，令人有廉顽起懦之思焉。凡我同心，宜勤一通，置之座右。当夜气清明时，良心发露，未必非砥砺名行之一资也。汝南后学梁州彦跋。

其大意是：古代行仁政的官员，常常将百姓的疾苦视同自身之疾苦。他们真心诚意地寻求爱护民众的方法，就像母亲抚养婴儿一样。唉！时至今日，一些不仁的为官者确实存在，他们自己贪图享乐、奢华饮食，但对百姓则实行严刑峻法，对于百姓的疾苦漠不关心。这些人的不仁之心，竟然到了这种地步！古代的仁臣用他们的美德造福百姓，千百年后仍受到百姓的敬仰。可是，令人痛惜的是，如今的为官者，能够继承古人遗风的能有几人？他们甘心做小人之事而不行君子之道。

为官者的廉洁，如同女子的品德，如果有丝毫的玷污，将成为终身的污点缺憾。不要认为在暗处做的事别人不知道，很显然天地你我都知道。你如果不自重自爱，又怎么能欺骗自己的良心呢？你拥有众多的财富，“黄金五六驼，胡椒八百斛”，这些东西有生之年不足以使人荣耀，但是千百年之后可能会留下骂名。那些品德高尚的君子，应当像北宋名臣赵忭一样为官清廉，令人敬仰，清廉风范传颂古今。

厚待亲戚、亲近小人，这是周朝太师尹吉甫所以为政不公平的原因；敞开胸怀显示诚心，公正无私地表达自己的见解，这是诸葛亮所以能优于其他辅臣的原因。所以说，人心原本如日月光洁，如果逐渐受到私欲的侵蚀，就会背离康庄大道；偏听偏信，就会冤屈正直的人，同时惠及奸佞；喜怒无常，就会赏罚无度。只有公正才能产生明智和有益之举，不公正则会导致愚昧的做法。

“仁廉公勤”官箴碑碑文

你华丽的服饰，丰盛的美味，你所有的吃穿用度都是来自百姓的劳作。你居住在百姓供给的房屋中，为何不勤勉做事？居于这样的高位而懒散怠慢，稍微有点良心的人，又怎能不自愧呢？古代的君子三餐粗淡，即使严寒酷暑也能辛勤工作，迎难而上，每日如此。他们白天不辞辛劳，晚上也不放松，每晚都要反省自己的功与过，只有这样才能安然入睡而不惶恐。在这方面谁能作为我们的老师呢？那就是北宋名臣范仲淹和韩琦。

这块碑的文字内容早在南宋末期就已成型。南宋理学家真德秀提出了“抚民以仁、律己以廉、存心以公、莅事以勤”的为官准则。与他同时期的儒者王迈对此加以编撰，形成“仁廉公勤”四则箴文。明代万历年间，邹县县令梁州彦对四箴特别喜欢，于是刻了这块四面碑，立于县衙，借此警示自己及僚属廉洁勤政、为民办事。20 世纪 50 年代，因旧县衙损毁，该碑移至孟庙保存至今。

真德秀（1178—1235），字实夫，改字景元、希元，号西山，南宋建宁府浦城县人。宋宁宗庆元五年（1199）进士。历任江东转运副使、泉州知州、福州知州、潭州知州、礼部侍郎、参知政事等职。师事詹体仁，为朱熹再传弟子。嘉定十五年（1222），真德秀出任湖南安抚使、知潭州。到任不久，他立即着手整顿政风，提出“廉、仁、公、勤”四事为做官准则，用以与同僚相勉。真德秀认为，“廉、仁、公、勤四者，乃为政之本领”，以希通过官员以身作则、严以律己、表率民众，从而秉公施政，进而促进官民和谐。真德秀将“廉”作为对僚属的首要要求，告诫官员要“律己以廉”。真德秀说：“凡名士大夫者，万分廉洁，止是小善，一点贪污，便为大恶。不廉之吏，如蒙不洁，虽有他美，莫能自赎。故此为四事之首。”廉洁是吏治的基本保障，当为官者廉洁无私，不受贪欲和私利驱使时，他们的行政决策才能够更加客观和公正，这不仅有利于保护百姓利益，还能增强官府的可信度，从而营造良好的治理环境。在地方任职期间，真德秀以身作则，律己清苦，即使当官多年，也没有通过不正当手段增加个人财富。相反，他积极向朝廷推荐那些以廉洁著称的基层官吏，以鼓励清廉的风气。

其次是“抚民以仁”。他说：“为政者当体天地生万物之心，与父母保赤子之心，有一毫之惨刻，非仁也；有一毫之忿疾，亦非仁也。”“仁”是儒家思想的核心内容，所以真德秀将“抚民以仁”提升到为官者体天道、立人道的高度，要求僚属当存仁民之心，推己及人，通过广施仁政，推动各种利民的政策措施的实施，以保障百姓的权益和福祉。

第三是“存心以公”。“私意一萌，则是非易混。欲事之当，理不可得也。”在真德秀看来，公正就能明察事理，自私的念头一旦萌生，就会扭曲判断，使得事情偏离理性和公正的轨道。所以，真德秀主张为官者必须坚持以公心执法，秉公行政，包括与亲人、贵族和权势集团等有特殊身份或权力的人相处时，都要以公正为准绳，使他们对自己的权威产生敬畏和服从。

第四是“莅事以勤”。“勤”是为官者的态度，亦是“四事”中最具实践性的要求。他指出：“当官者一日不勤，下必有受其弊者。古之圣贤，犹且日昃不食，坐以待旦，况其余乎。今之世有勤于吏事者，反以鄙俗目之，而诗酒游宴则谓之风流娴雅。此政之所以多疵，民之所以受害也，不可不戒。”真德秀认为，当官者如果有一天不勤政，下面的百姓必然遭受损害。古代的圣贤人物，尚且天色已晚还不吃饭，通宵达旦地忙碌，何况那些不如圣贤的人呢？他还说：“况为命吏所受者，朝廷之爵位，所享者，下民之脂膏，一或不勤，则职业毁弛，岂不上孤朝寄，而下负民望乎！今之居官者，或以酣咏遨游为高，以勤强敏恪为俗，此前世衰弊之风也。”通过勤政，为官者可以更好地了解百姓疾苦和需求，有效地解决问题和改善百姓生活。同时，勤政也可以提高为官者的工作效率和能力，增强他们的责任感和使命感，树立起良好的形象和信任基础。勤政的实践不仅是对职责的履行，也是对百姓的尊重和关怀。在勤于政事方面，真德秀处处身先士卒，在这一点无论是任京官，还是任地方官，都为人交口称赞。而且，真德秀在各地任地方官时，身体力行并积极向同僚和下属谆谆告诫、广泛推行“四事”的从政纲领。

王迈（1184—1248），字实之，自号臞轩居士，南宋福建仙游县人。嘉定十年（1217）进士，历任殿试详定官、南外睦宗院教授、潭州（今属湖南长沙）观察推官、赣州通判、吉州（今属江西吉安）通判、邵武军知军等职。他是真德秀的门人，亦是僚属。他任潭州观察推官时，将真德秀的“廉仁公勤”四事进一步阐述，扩展为“律己以廉”“抚民以仁”“存心以公”“莅事以勤”十六字。绍定六年（1233），真德秀任南外睦宗院教授，他为真德秀的文集作序，在真德秀的四事箴基础上撰写了邹城孟庙碑文中的“仁廉公勤”四则官箴。“仁廉公勤”四箴中，“仁箴”强调了仁爱的重要性，以正反对比的方式阐述了仁爱是为官的基础，告诫为官者应行仁政，始终把百姓安危冷暖放在心上，在细微之处关怀温暖民心，在点滴之中累积信任，这是为官者的使命和责任。“廉箴”中说“毋谓暗室，昭昭四知”，援引了东汉杨震“四知却金”的故事，以此告诫官员在廉洁方面应“慎独”。“昭昭四知”也是暗示为官者的行为应当在清廉的原则下进行，为官者应当自觉地自省、自警，不仅要在公众面前廉洁、清白，更要从内心深处真正约束自己。“公箴”以尹氏与诸葛亮为例，说明“惟公生明，偏则生暗”之理。尹氏本是贤相，但因过于偏袒，看重私人关系，亲近无德之人，导致他失去了执掌权力的公正心态，最终失去了百姓的信任；相比之下，诸葛亮则始终坚持坦诚公允之道，不偏袒私人关系，不与无德之人交往。他的公平和正直赢得了世人的赞赏和尊重。“公箴”强调不偏听偏信，以避免冤屈正直的人，同时也能让小人受到应有的惩罚。为官者应当公正地对待每个人，不受私人关系、偏见或个人私利的影响，只有通过坦诚、公允的态度和行事风格，才能建立公正的社会秩序和有效的治理体系。“勤箴”强调了为官者勤政和自我反思的重要性，指出官员俸禄为民膏民脂所出，生活为黎民百姓所养，所以为政者应勤勤恳恳，不可尸位素餐。一个官员要做到勤，关键是要懂得自我反思。“警枕计功，夜不遑安”，即每到夜晚时刻，为官者都要反省自己的功过，检视自己的行为是否符合责任和公正，是否有利于民众。只有如此，才能安然入睡，不被内疚和恐惧所困扰。王迈认为，勤能除弊，勤能利民，勤可补拙，勤则寡过，所以他提出须以“一范一韩”为榜样，做到务守本职、兢兢业业。

“仁廉公勤”官箴碑启示我们：仁为官之本、廉为官之魂、公为官之义、勤为官之功。即使在当代，“仁廉公勤”四箴在领导干部廉政建设和公务员职业道德建设中亦具有重要的警示作用。尤其是真德秀解释“律己以廉”四字时所说的“万分廉洁，只是小善；一点贪污，便为大恶”，可谓振聋发聩，对当今的党风廉政建设具有积极的启示意义和借鉴价值。

（四）徐榜与《济南纪政》《宦游日记》

徐榜，号荐所，明代安徽泾县人。万历壬午年（1582）选贡殿试第一，明神宗御批“天下文章当以徐榜为式”。初任工部虞衡清吏司主事，后任济南知府，官至浙江右布政使。撰有《济南纪政》《宦游日记》。

徐榜任济南知府期间，致力于推动教育改革，为济南府的学生和蒙童提供良好的学习机会。首先，他在济南府设立社学，招收十五岁以下蒙童，传授《孝经》《三字经》《大学》《中庸》《论语》《孟子》等。通过传授这些经典著作，徐榜希望培养学生们的道德品质和思想修养。其次，徐榜注重培养学生们的行为规范和文化素养。要求学生们学习“六行”（孝、悌、谨、信、爱众、亲仁）、“六艺”（礼、乐、射、御、书、数）、“六事”（洒、扫、应、对、进、退），涵盖了道德、礼仪、文化等多个方面，帮助学生们树立正确的行为准则，培养综合素质。此外，徐榜还建立了明湖书院，为济南地区的读书人提供了一个学习和交流的场所，促进了当时济南的读书教化。徐榜撰有《济南纪政》，该书记录了他在济南担任知府期间所处理

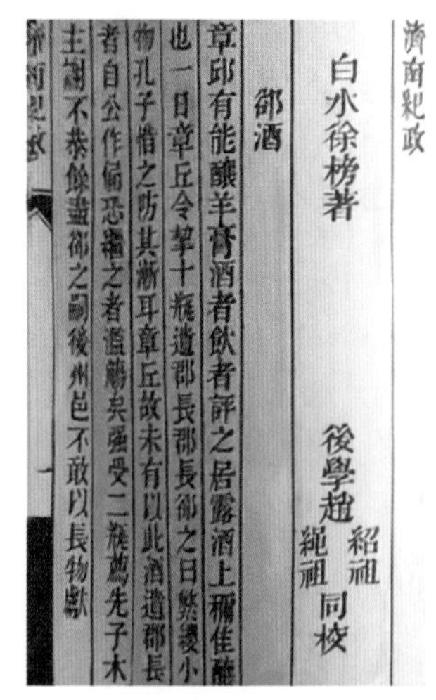
濟南紀政
白水徐榜著　後學趙紹祖 繩祖 同校
卻酒
章邱有能釀羊膏酒者飲者評之居露酒上稱佳醞
也一日章丘令挈十瓶遺郡長郡長卻之曰然饗小
物孔子惜之防其漸耳章丘故未有以此酒遺郡長
者自公作俑恐繼之者遺觴矣强受二瓶薦先子木
主謝不恭餘盡卻之嗣後州邑不敢以長物獻
濟南紀政

《济南纪政》书影

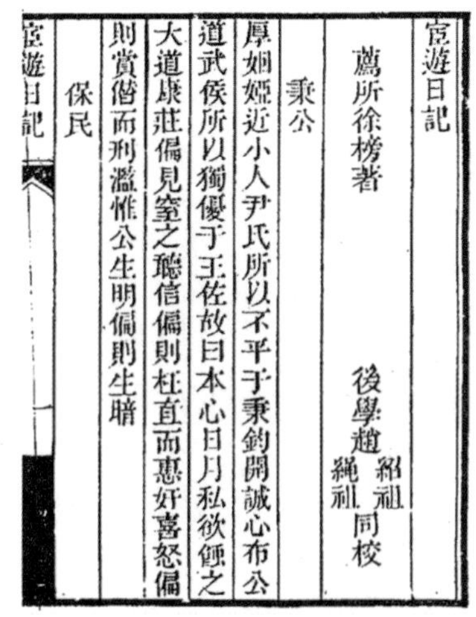
宦遊日記
薦所徐榜著　後學趙紹祖 繩祖 同校
秉公
厚姻婭近小人尹氏所以不平于秉鈞開誠心布公
道武侯所以獨優于王佐故曰本心日月私欲蝕之
大道康莊偏見窒之聽信偏則枉直而惡好喜怒偏
則賞僭而刑濫惟公生明偏則生暗
保民
宦遊日記

《宦游日记》书影

的政务事宜，特别是治理济南所采取的政策和措施，具有重要的历史价值。

《济南纪政》包括《却酒》《方书》《不事苛刻》《回生》《烛冤》《杨化记》六篇，可以窥见徐榜在济南所行惠政。

《却酒》篇记载了徐榜为政的清廉之举。章丘县有一种名为羊膏酒的上等美酒，被当地百姓视为珍品。有一天，章丘令长提着十瓶羊膏酒送给徐榜。然而，徐榜却坚决地推辞不受，说："繁缨小物，孔子惜之，防其渐耳。"徐榜以孔子的戒律为借口拒绝接受这份礼物。此前，还不曾有章丘县令向知府送酒礼，徐榜表示如果他开了这个先例，恐怕之后的知府也会效仿，从而导致官场上滋生送礼行为。因此，徐榜断然予以拒绝。这一举动让章丘县及其他地方的令长再也不敢向徐榜送任何礼物。在他离任时，徐榜依然两袖清风，没有什么积蓄。徐榜的却酒之举不仅展示了他个人的清廉，也对济南官场送礼之风的肃清起到了积极的带动作用。

《方书》篇记载了徐榜深入百姓、体察民情之行。万历二十二年（1594），徐榜初到济南时，恰逢东兖道发生了严重的饥荒，而且济南也连续几年面临粮食歉收的困境。地方官员们关怀百姓的艰难处境，每天发布救荒的措施，但由于政策过多，下属们在执行时无所适从。徐榜看到这种情形后，亲自到民间探访，了解民情。他亲手写了一幅字传达给各下属，说："各院道在制定政策和解决问题时，必须像医生诊断疾病一样，观察寒热虚实的病情，然后调整药量，做到对症下药，才能真正治愈疾病。如果没有疾病而随意服药，反而会导致不适。"下属们领会到徐榜之意，不再随意下达与民意背道而驰的政令，纷纷深入百姓之间，体察民情，针对民生问题采取有针对性的措施，解决具体的问题。这样的做法使济南府的百姓生活得到改善，逐渐安居乐业。

《烛冤》篇记载了徐榜珍视百姓生命及其在审案断案时的谨慎态度。万历二十二年（1594）前后，山东大旱，峄县人杨朝付带着妻子、女儿逃荒到淄川。此间，他认识了淄川县民赵守道，并听从他的主意，卖掉了两个女儿换钱度日。但是他对赵守道从中收取“说合费”七钱怀恨在心。此后，杨朝付以卖女儿的钱做起了小生意。一日，往金乡县贩货途中，杨朝付遇到一个叫陶友才的人，此人打算卖掉妻子以度饥荒，杨朝付便欺骗他说：“淄川县年成好，易于糊口，你把妻子卖给我，我给你钱度日。”陶友才同意了。傍晚，三人行至一家客店投宿，杨朝付谎称没钱住宿，多番鼓动陶友才一同前往某人家讨债。在离开客店五里开外时，杨朝付将陶友才杀害，然后返回客店要带走陶友才妻子。店主坚决拒绝，说：“他的丈夫不在，你怎么敢将他的妻子领走呢?”硬是将陶友才妻子留下。不久，陶友才的尸体被发现，杨朝付便被扭送到官府，交代时指认赵守道是同案犯。于是，毫不知情的赵守道被抓入官府审讯。酷刑之下，赵守道不得不服罪，被判处死刑，并与杨朝付一同被解送到州府。面对这起牵涉人命的案件，徐榜进行了详细的审问。

他问陶友才的妻子：“你从金乡来了几天了?”答：“三天左右。”又问：“同行几个人?”答：“杨朝付和我夫妻共三人。”

徐榜又问店主："夜间来店投宿有几人?"答："三人。"通过这些询问，徐榜明确了赵守道并未与杨朝付三人在一起，因此不可能事先知道陶友才要前往淄川，也无法与杨朝付共谋杀他。徐榜大声呵斥杨朝付，要他如实交代事实。杨朝付招架不住，最终供认了殴打和杀害陶友才的罪行，同时透露了藏匿凶器的地点，还交代了将赵守道指认为同案犯的原因。随后，徐榜派人搜查作案现场，果然找到了凶器。案情大白，赵守道被释放，幸免于难。然而，匪夷所思的是，不到三天，杨朝付在监狱中突然死去。徐榜感叹说："天道确实有神灵。若杨朝付早死三天，那赵守道的冤案也就永远不能昭雪了。"徐榜作为一位官员，不仅珍视百姓生命，而且在审案断案时持谨慎的态度。正是由于他严谨的态度，才使赵守道的冤案得以昭雪。

徐榜还将自己为官各处的从政心得撰成《宦游日记》一卷。该书篇幅短小，凡两千言，包括《秉公》《保民》《训廉》《训勤》《俭有四益》《勤有三益》《自在箴》《十三哨戒谕》《劝勉》等九篇。其中，《秉公》《保民》《训廉》《训勤》四篇内容，选辑自王迈的"抚民以仁""律己以廉""存心以公""莅事以勤"四事箴。

在《俭有四益》篇中，徐榜指出："凡人贪淫之过，未有不生于奢侈者，俭则不贪不淫。"他认为，坚持做到节俭可获养德、养寿、养神、养气四种益处。第一，生活奢侈必定会导致贪淫，而俭朴则可以预防贪淫，所以俭可以养德。第二，人生活所需要的东西都是有限的，节俭淡泊可以长久，所以俭可以养寿。第三，整日花天酒地、酒池肉林会使人神志不清，如果吃蔬菜瓜果则肠胃通畅，所以俭可以养神。第四，奢侈必定贪污，贪污必定担惊受怕，俭约则不求于人，自己问心无愧，所以俭可以养气。

在《勤有三益》篇中，徐榜提出勤有三个好处。第一，民生在于勤劳，勤劳则不会匮乏。一个农夫不耕种庄稼必会挨饿，一个妇女不栽桑养蚕必定会受冻，所以勤可以免于饥寒。第二，农民白天干活，夜里休息，四体劳累而不会心生淫念，所以勤可以远离淫念。第三，经常转动的门柱不会被虫啃掉，经常流动的清水不会腐臭，同样，经常劳动也会身体健康，所以勤可以保持长寿。

在《劝勉》篇中，徐榜对如何对待人的欲望或情欲提出了劝勉。他说对待世态人情应该要淡漠，立志贵在刚强。意志刚强，则情欲贪欲也不能使之屈从，如果淡漠人情，就不会唤起人的贪欲情欲。一个人的喜怒情绪足以败坏公事，而发怒的危害则更为严重。所以人们必须要控制好自己的情绪，当然，根除这个毛病也是最难的。

此外，在《劝勉》篇中，徐榜还特别提到为官者应该如何教养好自己的后代。他说："养子如芝兰，既积学以培植之，又积善以滋润之。"认为为官者要把子女培养成优秀之人，品行芳若芝兰，美若蕙芷，那就必须既要积累学问以培养他们，又要积累善行以润泽他们。因此，为官者的清廉、节俭、不偏私、仁爱才是最好的土壤和肥料。可以说，徐榜的这一培养教育子女的思想弥足珍贵，非常值得今人借鉴。

《宦游日记》来源于徐榜在官场的见闻感受，通过劝诫、警示的语言传达了他对为官之道的深刻洞见。徐榜从各个方面对为政者的行为和道德提出告诫，他所倡导的秉公保民的为政理念和清廉勤政的为官修养，反映出做官的基本精神和为政的基本原则。徐榜的《宦游日记》在自箴自警的同时，还带有教化功用，对当时济南的为政者产生了积极影响，对于敦促现今的为官者恪守职责、廉洁奉公具有重要的启示意义。

（五）黄六鸿与《福惠全书》

黄六鸿（1630—1717），字子正、正卿，号思斋、思湖等，清代江西新昌（今属江西宜丰）人。顺治八年（1651）中举。康熙九年（1670），任山东郯城知县；康熙十四年（1675），任直隶东光县令；康熙十七年（1678），升任六科行人司行人；康熙三十年（1691），充会试同考官，升工科都给事中；康熙三十二年（1693），致仕归故里。次年，其编纂的《福惠全书》刊印。《福惠全书》出版后受到了极大的欢迎，黄六鸿还因此受到康熙皇帝的接见。一时之间《福惠全书》“坊间盛行，初仕者奉为金针”。《清史稿·艺文志》将其列在职官类“官箴之属”之中，被认为是清代官箴书的典范之作，黄六鸿也借此青史留名。

《福惠全书》中的很多实例都是黄六鸿在山东郯城的经验、阅历和体会。康熙九年（1670），黄六鸿赴任郯城，当时郯城正处于地震灾荒和百姓贫苦的困境中。在这样的背景下，黄六鸿在《福惠全书》中以郯城为例，抒发己见，旨在造福民众。《福惠全书》作为清代州县吏治与司法的一部大百科全书，事

給諫黃思湖類編
居官福惠全書
濂溪書屋藏板

《福惠全书》书影

无巨细，包罗万象。全书共十四部三十二卷，分为：筮仕部（一卷）、莅任部（四卷）、钱谷部（二卷）、杂课部（一卷）、编审部（一卷）、清丈部（一卷）、刑名部（十卷）、保甲部（三卷）、典礼部（一卷）、教养部（二卷）、荒政部（一卷）、邮政部（二卷）、庶政部（二卷）、升迁部（一卷）。每部有总论、余论，从谒选至升官赴新任，共二百一十九条。从《福惠全书》中，我们可以看到黄六鸿的以民为本的思想和处世之道。

首先，《福惠全书》的主旨就是爱民恤民的民本思想，全书围绕“造福之心，施惠之事”展开。正如黄六鸿在本书《自序》中所说：“福，言乎造福之心也；惠，言乎施惠之事也。”“合政之大小，任之始终，无一心而不存造福，即无一事而不为施惠，如是而谓之全也。”所以，黄六鸿对《福惠全书》的定位是：“夫是书也，乃政治之事也。”黄六鸿希望通过撰写

《福惠全书》，让为官者明白在执政的过程中，首先必须怀有造福地方的心愿，然后才能采取具体的行动惠及百姓。他认为，行动是由内心驱动的，施惠是福的实现。所以，为官者“欲存兴利除害，谨始慎终之心”，这不仅是为官的本分，也体现了“造福之心也”的态度。同时，伴随着“利之兴，害之除，始终之克谨克慎”，也完成了对百姓的“施惠之事也”。

他还说：“牧宰以造福存心，必能洁己爱民，有其实矣。以惠为政，是能力行善事，有其施矣。”黄六鸿认为，只有以造福于民的心态为出发点，才能真正做到洁己爱民。这意味着州县长官要抛弃私利，关注百姓的需要，秉持廉洁的作风，为百姓谋求福祉。黄六鸿强调了以造福与惠民为宗旨的重要性，这体现了他的民本思想。

民本思想是贯穿为官之道始终的。古人初踏仕途第一次做官称为“筮仕”。《福惠全书·筮仕部》中载：“方其待次之时，必先有以定其志，而后敷政临民，皆有所从事，而不为境遇邪说所惑。其于自奉也，须拚咬断菜根，仍是穷酸本色；其于爱民也，务令家丰俗厚，不为荒陋颓风；其于政事也，率身为之先，而夙兴夜寐，不敢云瘁。”黄六鸿认为，官员参加谒选后，要以“爱民”思想定其志，然后才能展开具体的政务和与百姓的互动。关键是要坚定自己的定力而不被境遇和邪说所迷惑，保持质朴的本色而不为富贵和权势所动摇。黄六鸿还提到，官员在政务上要率先垂范，勤勉奉公。他们应该早起晚睡，尽心尽力地从事政务工作，不敢违背自己的职责。这种以身作则、勤勉行事的作风能够示范给下属和民众，树立起德政形象，并推动有效的治理。

接受任命、走马上任称为“莅任”。在《福惠全书·莅任部》中，黄六鸿强调对待涉及百姓利益的事情时，无论大小都要细心谨慎对待。“买办一事，虽为末节，然官与民通财，最易招谤，亦易见奸。”他以“买办”这样一个看似微不足道的事情为例，指出即使这样的小事，由于涉及官员与百姓之间的钱财来往，也容易引起谤言和奸诈之举，如果不注意，会影响为官者清廉的声誉。所以，“必以不赊取行户为清廉之事实”，坚持“不赊取行户”能够确保官员在财务往来方面的清白，并以实际行动证明自己的廉洁。出行办公，黄六鸿始终都坚持自备饮食，不允许跟随的衙役向百姓索要盘缠或酒钱，以避免给人以索贿之嫌。如有衙役“借端科敛”，必将“重究不贷”。

任期结束，离任升迁。《福惠全书·升迁部》中载：“及一旦幸获升迁，离任有日，而清夜扪心自问，造福于地方者何事，施惠于百姓者何人?”黄六鸿鼓励为官者在离任升迁时不忘反思，是否做到了“以造福之心，行惠民之事”。他认为为官者应始终以造福地方、惠及百姓为核心，而离任升迁时的反思不仅能帮助为官者审视自己的为政行为，同时，这种持续的自我反省有助于为官者成为为民造福的榜样，为后来的官员提供行为准则和道德指导，从而使廉洁为政的价值观在整个为官生涯中得以延续。

其次，在具体的州县治理实践中要勤政恤民。州县事务纷繁复杂，黄六鸿认为，其中以钱谷和刑名最为重要。知县要明白“钱谷不清，弊止在于累民输纳；刑名失理，害即至于陷人性命”。有鉴于此，州县长官应当全面了解“地方之利弊，政事之张弛”“罔论巨细纤悉，皆当留意经营”。“一利兴，地方便受一事之福；一务举，政理便见一端之绩”。黄六鸿的核心观点是为官者要以民为重，在治理中不遗余力地“求福利乎民”。所以，他制定催征之法，是因为“催征有法，而百姓不得受其累”。在具体实践时，黄六鸿行如其言，在郯城遭受地震和饥荒的困境时，他即刻向朝廷请求豁免该地的征粮。为了让归来的百姓有地可居，他还向朝廷请求撤去郯城的驻防官兵。黄六鸿曾表示：“留心民事者，方且惜寸阴之莫挽，劳鞅掌之为疲，又有何暇适而为此山林隐逸之具耶。”黄六鸿作为一县之长官，将精力放在治理民事上，没有时间和闲情逸致从事山林的隐逸逍遥。黄六鸿的言行表明，他将治理政务和关注民事放在首要位置。

黄六鸿还提出，比起钱谷，刑名更为重要。“有司以钱谷、刑名为重，而刑名较钱谷为尤重。”其原因是，刑名涉及人的生命和正义，而刑名的失常可能导致无辜百姓被冤枉受害，更有甚者丢失生命。所以，他强调要杜绝冤狱，避免牵连无辜。黄六鸿在《福惠全书·刑名部》“总论”中指出：“人情之诡诈伏匿而难于穷诘者，莫过于狱讼。”然而当今社会，“剽掠攻击，殴夺愤争”等情况屡见不鲜，谲诈手段繁多，态势复杂。因此，黄六鸿强调要尽量减少冤情，确保狱讼“民无冤累”。他认为造成狱讼不断的原因在于人心不古，诡诈手段层出不穷。为了解决这个问题，地方官员必须审慎敏锐，明察秋毫，秉持公正之心，认真审视案情，努力减少冤情，使百姓不受狱讼的冤屈之苦。此外，黄六鸿特别重视命案，因为人的生命至关重要，且死者不可复生，因而不能轻率定案。在审理命案时，必须仔细检验尸体、比对凶器。如果证据不完整，即使可能是真凶，也不应轻易判处死刑。黄六鸿对待人命的审慎态度源于对百姓生命的重视，他不愿看到冤案或错案的发生。黄六鸿还强调要尽量避免株连。如在处理盗案时，如果在本地抓获强盗，“其妻不必拘禁，以盗案从无并坐其妻之例”。如果将其妻子收监，就可能被狱卒污辱。如果盗贼携家口潜逃时被抓获，而有人可以为妻子取保，就应该尽快安排取保，“无保者，或另择谨密空室”，并安排可靠的女性看守。这体现了尊重犯人家属、避免株连无辜的恤民思想。

再者，在教养中要注重化民。“今吾人剖符州邑，莅官行政，洁己爱民，必先之以教养，使民知务农桑而足于衣食，知娴敬让而敦于风俗。然后劝之息讼以裕财，守法以保身，输赋以急公。”教养的目的是培养良好的风俗习惯，使百姓间互相尊敬和爱护，保持社会的秩序和谐。《福惠全书·教养部》中说：“夫古者州县之长，莫不以教养为先，而催科次之，刑罚又次之。”其原因是：如果百姓没有受到教养，则“不知孝悌礼义”，容易生“犯上作乱之事”。而且如果百姓没有得到教养，就无法发展自己的才能，只能面临“流离转徙之忧”。因此，“止盗于未形”最好的方法是教化，如果能“止盗于未形”，当然是善之善者也，是一种理想的状态和为政者努力的目标。

在处世之道方面，黄六鸿提出州县官对上司必须要做到

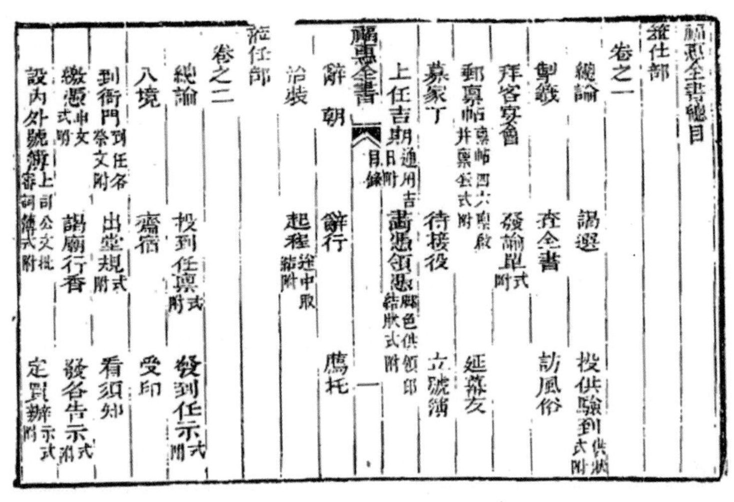

福惠全書總目

筮仕部

卷之一

總論　謁選　投供驗到（投供式附）

聲氣　查全書　訪風俗

拜客[illegible]　發諭單（式附）　延幕友

郵稟帖（稟帖四六稟啟并稟套式附）

募家丁　待接役　立號簿

上任吉期（月通用吉日附）　請憑領憑（腳色供領印結狀式附）

福惠全書　卷一　目錄　一

辭朝　辭行　薦托

治裝　起程（途中取結附）

莅任部

卷之二

總論　投到任稟（式附）　發到任示（式附）

入境　齋宿　受印

到衙門（到任各祭文附）　出堂規（式附）　看須知

繳憑（申文式附）　謁廟行香　發各告示（式附）

設內外號簿（上司公文批詞簿式附）　定買辦（示式附）

《福惠全书》目录书影

“敬”与“勤”。州县官作为最基层的地方官，需要面对各级上司的监督和考核，因此在承事上司时，必须恭敬勤快。“敬则傲慢不敢生，而参见毕恭毕慎，仪节必时必周；勤则怠忽不敢萌，而奉行之必详必速，咨请之必婉必诚。”上司与属员相见，正是观察下属才品之时。因此，州县官在面见上司时，必须注意各种细节，包括知晓礼仪、审时度势、察言观色。在与上司交流时，要突出要点，表达清晰而有条理。面对上司的诘问，要观察并适应上司的喜怒表情，适时地回应；如果“同寅共见”，要避免干扰他们之间的对话。对于上级发出的文告，要认真“审度轻重”，准确了解始末，立即回复申述。如果有要务需要报告上司，应给上司“修禀帖”。在上书时要使用恭敬的措辞，表达简洁而雅致，“切勿填砌故事，篇牍繁芜”。

黄六鸿认为州县官自身的操守，是他们建立权威和信誉的根本。他强调以“平心”处理民事，戒除骄傲和急躁的态度，

“通情理，慎用法”。只要州县官能够恪守操守，安抚百姓也不是难事。操守是非常重要的，因为“小民有口”“大吏有心”，州县官的所作所为在众目睽睽之下，稍有不慎就有可能身败名裂。在处理乡邻之间的纠纷时，他建议州县官应该“平心静气以处之”，不偏袒任何一方，使百姓不会有怨言。

黄六鸿强调在加强自身品行操守的同时，也十分注重对胥役人员的选拔和任用。黄六鸿认为兼具才能和品行并不容易，因此在选择人才时“先取品，识次之，才又次之”，即使才能不足，但如果品行正直，仍然可以通过互相辅助来完成任务。然而，如果一个人的品行不正，即使有才能，也难堪大用。所以，他将品行的好坏放在用人的第一位。在选拔施政人员的过程中，黄六鸿始终贯彻“先取品”的原则。例如，他察觉到负责催征的里排，常常借科派之机徇私舞弊，因此他提出，“催粮排里，必老成殷实、小心畏法者方可当之”。同样的标准也适用于对柜吏、库吏、皂隶、门吏等职位的人员的选拔使用。黄六鸿还有一套行之有效的人员选拔办法。比如，对于考察对象，可以让其在官署暂时居住数日，然后“验其可用，然后议定工食，给与装资”。对于别人推荐者，要求推荐人“亲写投用文契”，文契中须清楚记录被推荐人的籍贯和身份，同时由中保等官员负责核查真实姓名、签名等信息，以免日后出现问题。黄六鸿对于人员选拔的理念和实践不仅展现了他作为官员的敏锐机智，也体现了他对基层办事人员品行的高度重视。这也反映出清代地方吏役群体在地方治理中的重要性，以及品行低劣者对地方治理和民生的严重危害。

《福惠全书》是一部指导地方州县官从政的教科书。它涵盖了州县吏治的各个环节，从新官上任到升迁离任，对其中复杂的利害关系进行了分析，归纳总结出许多具有实践价值的真知灼见。书中还汇集了黄六鸿在州县任职期间遇到的艰难困惑和鲜活案例，其中的经验教训具有借鉴价值，对于州县官员的吏治实践具有指导作用。

（六）王士禛与《手镜录》

王士禛（1634—1711），字子真，一字贻上，号阮亭，又号渔洋山人。清代新城（今山东桓台）人。因新城在清代属于济南府，所以王士禛常自称济南人。顺治十五年（1658）进士，累官至刑部尚书。

王士禛一生为官清廉。据说他离京之时，登车就道，行装只有“图书数簏”而已。王士禛清正廉洁的为官思想，还可以从他为儿子写的《手镜录》中窥见一斑。

王士禛画像

康熙三十六年（1697），他的儿子王启汸任唐山县令，王士禛不放心，于是总结自己做官的经验准则五十条，亲自手书下来寄给儿子，并让其“置座右”，天天学习对照，指导言行。《手镜录》共有五十个条目三千多字，涵盖了王士禛在立身处世、从政为官、执法审刑等方面的真知灼见，处处闪耀着廉政爱民的光芒。

王士禛在《手镜录》中明确提出，做一个好官必须恪守三个字："清、慎、勤。"王士禛借教导其子，专门对"清慎勤"表达了自己的见解，他说："无暮夜枉法之金，清也；事事小心，不敢任性率意，慎也；早作夜思，事事不敢因循怠玩，勤也。"王士禛对于"清"字所蕴含的道理颇为重视，所谓"清"即清廉，王士禛主张以俭成廉，用他的话说就是"日用节俭，可以成廉"。但是，厉行节俭并不意味着置他人生活于不顾，"下人衣食，亦须照管，令其无缺"，同时也不能巧取豪夺，"日用米、肉、薪、蔬、草、豆之类，皆当照市价平买，不可有官价名色"。所谓"历览古今多少官，成由清廉败由贪"，王士禛深谙此理，因此他对自己儿子的叮嘱才会事无巨细、耳提面命。这体现了他清廉为官的坚定态度，也饱含着他对其子养成廉洁品德的殷切希望。

在《手镜录》开篇，王士禛叮嘱儿子立身处世一定要"谨慎检点"。他说："公子公孙做官，一切倍要谨慎检点，见上司，处同寅，接待绅士皆然。稍有任性，便谓以门第傲人。时时事事须存此意，做官自己脚底须正，持门第不得。"这里，王士禛首先强调的是为官时对上对下都要掌握分寸，不能因门第出身而自矜傲慢。这虽然显得有

《手镜录》书影

些世故，但熟知王士禛生平经历的人都知道，他其实是一个“知世故而不世故”的官员。另外，从古至今，依靠显赫的家庭背景仗势横行、为非作歹的人层出不穷，而王士禛对此深恶痛绝，他强调“做官自己脚底须正，持门第不得”，显然是告诫其子做人态度要端正，不能犯同样的错误。另外，王士禛还提出“做有司官须忍耐、耐烦，事至须三思而行，不可急遽，急遽必有错误”“凡审事及商榷事体，最宜慎密”“人命最重，极当详慎”和“同寅切戒戏谑，往往有成嫌疑者，不可不慎”等告诫，这些都是对于“慎”字的强调。凡事须小心谨慎，三思而后行，不能率性而为，这样的处事之道普通百姓尚且需要遵从，何况是掌握生杀予夺大权的朝廷官员！

《手镜录》中的许多内容体现了王士禛对于“勤”的强调。所谓“勤”，当为勤于政务，“事事不敢因循怠玩”之意。诸如“钱粮不论多寡，批回俱要一一清楚。号件簿最要稽查，每日勾销一次，须无延捱迟误”，以及“衙门仓库巡逻、监仓，防范俱要严紧。宅中上宿巡更，亦当每夜严紧”等，都是王士禛告诫其子要恪尽职守、勤于政事，不能懒政怠政的由衷之言。自古以来，尸位素餐、为官不为之人多如牛毛，王士禛是典型的“为官一任，造福一方”的贤官、好官。这样的人教导自己的后辈如何为官时，必然会对他们勤政爱民品格的养成十分看重。

《手镜录》中还蕴含着丰富的民本思想。如“地方万一有水旱之灾，即当极力申诤，为民请命，不可如山左向年以报灾为讳，贻民间之害”。王士禛以山东往年对上讳言灾情之弊规诫王启汸，教导其要以民生为重，天灾发生后必须据实上报，同时尽己所能为百姓争取最大的政策优惠。他还提出“居官以得民心为主，为民间省一分，则受二分之赐，诵声亦易起矣”“必实实有真诚与民休戚之意”等，也体现了朴素的人本意识。

王士禛为官，始于扬州府推官，终于刑部尚书，一生与司法结缘，故在《手镜录》中提出了许多先进的司法理念。如“审事务极虚公，须参互原告、被告及干证口供，虚实曲直自见。不可先执成见，致下有不得尽之情，或至枉纵”，讲的是地方官在审案时应坚持公平公正，并且要同时参照原、被告及证人的口供，不能先入为主或听信片面之词。这实际上强调的是司法的公正原则。另如，“勿用重刑，勿滥刑。至于夹棍，尤万万不可轻用。病人、醉人，不宜轻加朴责。盛怒之下，万不可动刑”。这实际上是在强调审犯人时绝对不能严刑逼供或使用酷刑，以免酿成冤假错案。另外，围绕办案的效率，王士禛也提出了自己的见解，他强调“不可令久候审理”，而应该“随到随结”，如此则“案无留牍”。而对于抓捕解送犯人，王士禛也认为需讲究方式方法，他说：“逃人随获随解，不可监禁过三日。或获之道路，或获之空庙，断不可株累窝家。万一果有窝家，令作自首，则保全者大矣。”这里对于抓捕犯人的地点以及成功抓捕后要及时解

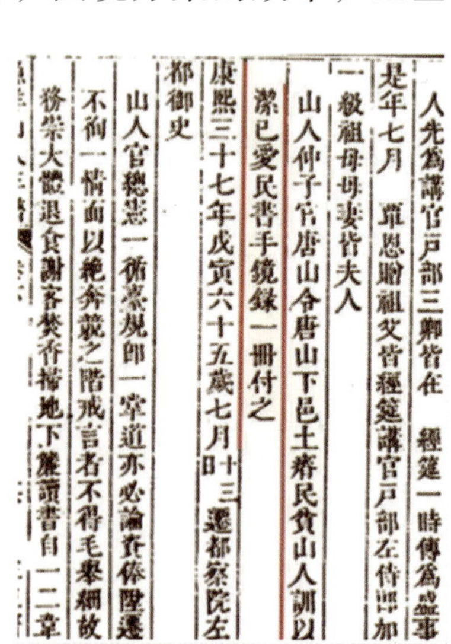
人先爲講官戶部三卿皆在 經筵一時傳爲盛事
是年七月 覃恩貤祖父皆經筵講官戶部左侍郎加
一級祖母母妻皆夫人
山人仲子官唐山令唐山下邑土瘠民貧山人訓以
潔己愛民書手鏡錄一冊付之
康熙三十七年戊寅六十五歲七月十三日 遷都察院左
都御史
山人官總憲一循憲規卽一章道亦必論資俸陞遷
不徇一情面以絕奔競之階戒言者不得毛舉細故
務崇大體退食謝客焚香掃地下簾讀書自一二章

《渔洋山人自撰年谱》书影

送、以防生变等事项都有涉及，可谓兼顾了法理和人情。总之，从司法的角度来讲，王士禛所提出的关于犯人抓捕、解送、审理、结案等方面的内容已经颇为系统，并且在此过程中还强调了司法公正、司法平等、司法廉洁、程序规范等现代司法理念，这样的司法理念在当时无疑是具有进步性的，即使在当下，依然具有合理性和较强的参考价值。

王士禛仕宦四十五年，长期在兵部、户部、都察院、刑部等重要部门任职，但他始终认真践行《手镜录》中陈述的为官宗旨、原则。

康熙三十一年（1692）八月，王士禛调任户部右侍郎，主宝泉局督理钱法。根据旧例，铸出钱币都须向主管官员呈送样钱，实为行贿受贿。他主管宝泉局后，力主革除此弊，从未派人去过钱局，严防染指，其清廉可见一斑。康熙三十三年（1694），转户部左侍郎。在户部七年，始终廉洁自律，举朝皆知。他所坚守的“清慎勤”的为官之道是放之古今而皆准的从政准则，对今天的廉政建设具有十分重要的借鉴意义。

（七）田文镜与《钦颁州县事宜》

田文镜（1662—1733），字抑光，清朝康熙、雍正时大臣。原隶籍汉军正蓝旗，雍正五年（1727）因功入汉军正黄旗。祖籍奉天广宁

田文镜 画像

（今辽宁北镇），监生出身。康熙年间，出仕县丞，升知县、知州，历二十余年。雍正帝即位后，他深受宠待。雍正六年（1728），雍正帝褒奖田文镜为官公正廉明，特将其授为河南山东总督。此官职乃是为田文镜专门设置的，不为定例。

《钦颁州县事宜》，又名《训饬州县条规》，是在雍正皇帝的积极推动下，由田文镜、李卫奉旨编撰而成的一部指导州县官员的规章制度。经由雍正审定，该书被刊刻并颁发给全国的州县官员，是典型的通过皇权自上而下推行的“官箴书”。在《钦颁州县事宜》的钦颁上谕中，明确表述了该书编撰的目的和成书经过。雍正帝指出，州县官员为“亲民之官”，“一人之贤否，关系万姓之休戚”，因此，自古以来对于州县官员的选拔一直非常慎重。雍正帝表示，敕撰该书以训勉州县长吏，“冀其奏循吏之绩，以惠我蒸黎者”。雍正帝指出，地方事务“发端于州县”，事务繁杂，情况复杂，而担任这一职务的人往往是“初登仕籍之人”，缺乏实践经验。然而，他们需要在各个方面采取措施，这种困境和迷茫是可以理解的。因此，朝廷有必要编撰一部能给州县官员指点迷津的教科书，帮助他们在地方治理中能更好地应对挑战，增强他们的决心和信心。

《钦颁州县事宜》适于初入仕者用，侧重于对基层地方官的劝诫和教导，以使他们能“谙练事机、熟悉情伪”。田文镜在《钦颁州县事宜》中条列了到任、交盘、关防、宣讲圣谕律条、放告、催科、借粜仓谷、弭盗、验伤、听断、堂事、防胥吏、慎延幕宾、待绅士、免行户、谨差下乡、劝农桑、严禁狱、讲读律令、操守等二十条内容，“凡州县应行事宜，地方利弊，无不缕悉指陈，周祥明备”，也即涵盖了州县衙门日常事务的各个方面，提供了具体的指导和规范，可以说是一部权威性的“州县指南”。

《钦颁州县事宜》的第一要义是以民为本。在“到任”条中，田文镜阐述了新任州县官应该爱护民力，不能“快意当前，而不知派累行户，苛敛里民”，以避免出现“民为鱼肉，官为唇齿，恣意大嚼，乃供群蠹之饱”的现象。在“催科”条中，田文镜提醒州县官催科要注意方式方法，不可任性使用刑罚，应该宽严有术，把“催”与“抚”相结合，同时要防止衙门借机欺负乡民。在“借粜仓谷”条下，田文镜指出为防止春荒民贫，州县官要重视积贮，因为这是“足国足民之至计也”，同时务必在借粜、籴仓方面尽心尽责。在“弭盗”方面，田文镜将州县弭盗视为安民之首务。在“劝农桑”条下，田文镜说“农桑为衣食之本，稼穑为风化之源”，州县官既要勤劝农桑，还要亲自深入乡村了解农民生活的需求。“不时单骑简从，亲诣乡村，问其播种者如何，收获者如何。奖其勤朴，戒其奢靡。”在“谨差下乡”条下，田文镜说谨慎派遣差役下乡是为了避免形成对乡民的压迫，但是有平常需差之处，应当谨慎选择差役，“亦必当面谆谕，务令敛迹奉公”，确保他们忠于职守，依法公正行事。此外，《钦颁州县事宜》特别重视州县官的教化之

《钦颁州县事宜》书影

责的行使，把劝民向善看作是爱民、保民的重要内容，从“劝农耕桑”“宣讲圣谕”到“讲读律例”“待绅士”等，把中国传统文化提倡的教化之责都作了较全面的规定。

《钦颁州县事宜》强调了州县官的操守要求，将“清正廉明”的道德观念贯穿其中。操守被视为州县官出仕的基础，所以《钦颁州县事宜》中专列“操守”一条，强调“操守两字，严于家修，非必俟释褐登朝，而后讲究做清白吏也”。个人的操守对州县官来说至关重要，“操守者，出仕之根底，必于此处立稳，则事功经济，由此而起”。如果操守不端，即使表面上有所成就，也不过是暂时的，终将被“斤斧摧折”。操守既为州县官的“大本”，要做到“利益分明，尽认得正，则世间之纷华靡丽，方不足以摇其志”。在“到任”中，田文镜指出，州县官不能像俗吏一样“以到任为荣”，大兴土木，甚至“毡彩围屏，务求华丽”，而应该“崇简持约”。就任后，更要做好

欽頒州縣事宜
世宗憲皇帝諭旨
奉
上諭牧令爲親民之官一人之賢否關係萬姓之休戚故自古以來愼重其選而朕之廣攬旁求訓勉告誡冀其奏循良之績以惠我蒸黎者亦備極苦心矣惟是地方事務皆發端於州縣頭緒紛繁情僞百出而膺斯任者類皆初登仕籍之人未練習於平時而欲措施於一旦無怪乎徬徨瞻顧心志茫然即採訪咨詢而告之者未必其盡言無隱此古人所以有學製美錦之歎也向以大學士朱軾左都御史沈近思外任多年周知地方利弊雍正二年曾令二臣商酌規則以爲州縣之南車乃書未就緒而沈近思物故邇年以來朱軾復時多病此事遂至遲延去年始降旨委諸總督田文鏡李衛令二臣各抒所見纂錄諸條以進朕親加披覽見其條理詳明言詞剴切民情吏

《钦颁州县事宜》影印版书影

“关防”，不仅要防备幕僚，还要防止亲戚。此外，还应防止诸如伙夫、水夫、厨役、泥水匠等家奴借便滋事。

总之，作为地方官，“欲澄清吏治者，其于众人之关防，固不可不严”。而“于己身之关防，尤不可不切也”。只有时刻加以谨慎，守住自身的底线，才能做到善始善终。这是初次为政的州县官最需要铭记的一点。

根据《钦颁州县事宜》，州县官上任后，应该保留原有的简朴陈设，不进行奢侈装饰。对于“地方之一丝一粟，不但不取，并亦不借”。如果有临时需要，应该按公平价格购买。此外，在借用粜谷仓时，州县官必须清楚地知道存粮的重要性，不能乘借粜之机“捏报掩饰，或假公济私”，或“横敛勒派”，否则，必将受到法律的惩罚。在听断案件时，不能“受贿枉断，曲法徇情”，而应该秉持公正执法的原则，通过妥善审理纠纷而达到减少争讼的效果。为了防止州县衙门中的胥吏营私舞弊，州县官应以身作则，做到“廉以律己，严以执法，明以烛奸，勤以察弊”，把公正廉明看作是整肃县衙之首要任务。在行户当差的问题上，州县官上任之初就必须坚决清除陋习，不得有丝毫滥取，而应按照物品的真实价值进行公平交易，杜绝无偿占有民众财物的行为。

田文镜之所以能够就地方州县治理问题提出富有见地的解决方案，这与他丰富的为官经历息息相关。田文镜在担任山东总督期间，采取了一系列措施来破除官衙的陋规，极大地改善了山东官场的风气。比如，田文镜发现山东省存在仓库亏空问题，而且这些亏空多是通过挪用新的钱粮来掩盖旧的亏空。为了解决这个问题，他实施了一项有效的措施。他规定，每当知府、知县离任时，必须确保他们所辖州、县仓库的钱粮全部补齐。如果仍有差额，知府、知县必须从自己的俸禄中予以赔偿，然后才能调到新的任所。这样的措施迫使官员们对仓库的管理更加严格，确保地方财政状况的准确和透明。又如，田文镜揭露了山东粮驿道向朝廷相关部门输送利益的问题，并向雍正帝奏请禁止这种行为。一时之间，虽然从地方到中央怨声蜂起，但雍正帝对田文镜非常信任并支持了他的行动。

田文镜在山东任职期间，致力于整饬吏治，推动了这一时期山东地区的政治生态向更加清明的方向发展。其为官之道及《钦颁州县事宜》中的许多观点，在今天看来仍然具有重要价值。

七、 鉴往知来：中华优秀官箴文化的当代价值

习近平总书记强调，要加强对中华优秀传统文化的挖掘和阐发，使中华民族最基本的文化基因同当代中国文化相适应、与现代社会相协调，把跨越时空、超越国界、富有永恒魅力、具有当代价值的文化精神弘扬起来。中国传统官箴文化是在中国古代的政治制度下形成、发展并逐渐成熟的，虽不无糟粕，但也有着一定的合理内核，在今天仍具有重要的启示意义和借鉴价值。弘扬传承优秀官箴文化，必须深刻领悟习近平总书记重要讲话精神，不断赋予中华优秀官箴文化新的生命，做到古为今用、与时俱进、推陈出新，充分发挥它们的当代价值，成功运用于治国理政的当代实践。

第一，中华优秀官箴文化是干部修身立德的精神滋养。正所谓德乃政之本。人无德不立，官无德不为，国无德不兴。孔子云："为政以德，譬如北辰，居其所而众星共之。""为政以德"是中国传统官箴文化的核心要义之一，在中国古代政治思想和治理理念中居核心地位。正所谓"政者，正也。子帅以正，孰敢不正"，从政者的德行高低，在很大程度上决定了政令的实施效果。从这个意义上来说，以德施政、道之以德，就构成了我国德治思想的主要内容。中国古代官箴强调"为政以德"，要求统治阶层立德修身。落实在政治实践层面，体现为针对君主的修德、德治教育，要求统治者能够禀德自律、勤廉

正直、施政为民，做到恤民、富民和教民；针对官员的选拔与管理，要求尚德任贤，强调官德自律，既正面鼓舞、疏导劝诫官员要亲民勤政、清廉自律、奉公守法，又通过警示告诫、陈明利害，教育他们要德行匹配、戒贪止欲、慎独慎初。政德是党员干部的立身之本、从政之基、成事之要，政德建设关乎党和国家基业长青。习近平总书记多次强调领导干部要讲政德。他明确指出："领导干部要讲政德。政德是整个社会道德建设的风向标。立政德，就要明大德、守公德、严私德。"这是在继承传统"为政以德"思想的基础上，对于官德之"德"的具体内涵做出的符合党性原则和时代价值的新阐释。党员领导干部德行出了问题，对社会的危害大，对政党的伤害大，对政治生态的毒害大。领导干部只有具备了良好的德行，才能行为端正、处事公正，才能为群众起引领示范作用，从而对社会风气产生积极影响。浩如烟海的中国官箴古籍，蕴含着丰富的为人、做事、从政之道，一些内容虽然已经失去了其赖以存在的制度基础与社会环境，但贯穿其中的"清、慎、勤""修身、立德、公正、廉明"等精华，仍然能够跨越时空，为新时代党员干部特别是领导干部明大德、守公德、严私德，提供宝贵的思想资源。党员干部要从优秀官箴文化中汲取精神养分，学习古代先贤崇正祛邪的品行操守，把克己奉公、清廉自守作为做人做事第一位的要求，始终坚持修行、修心、修志，自觉做到忠诚、干净、担当。

第二，中华优秀官箴文化是从严管党治吏的智慧源泉。事业兴衰，关键在人；治国之要，吏治为先。在中国历史上，历代统治者为了安邦定国、长治久安，都非常重视从严治吏。上自夏商，下至明清，从严治吏的传统从未间断，这在世界历史上也是罕见的。从严治吏是古今杰出政治家的共识，也是中国传统官箴文化的重要组成部分。比如，《韩非子·外储说右下》中强调："闻有吏虽乱而有独善之民，不闻有乱民而有独治之吏。故明主治吏不治民。"意思是说，只听说官吏虽然胡作非为而仍有自行守法的民众，没听说民众作乱时仍有自行依法办事的官吏，所以明君致力于管理好官吏而不去管理民众。唐代白居易《策林》中指出："邦之兴，由得人也；邦之亡，由失人也。得其人，失其人，非一朝一夕之故，其所由来者渐矣。"元代张养浩在《牧民忠告》中设一节"御下"，特别强调要管好下属。因为元代政治文化的一个特点就是吏治问题突出，没有正常的选官制度，所以吏员在政治生活中发挥的作用比较大。张养浩敏锐地发现这些人可能对为政造成危害，因此主张，为官者必须"深防预备，严为禁切"。清代曾国藩在《曾文正公全集》中强调："为政之道，得人、治事，二者并重。得人不外四事，曰广收、慎用、勤教、严绳。治事不外四端，曰经分、纶合、详思、约守。"意思是说，治理政务的道理，必须用人和治事二者并重。所谓用人，不外乎这么四个方面：广罗人才，谨慎使用，勤加教导，严于管束。所谓治事也要注意四个方面：分工必须明确，配合必须协调，凡事必须深思，规章必须遵守。可见，"吏"在社会治理中是一个核心因素。从严治吏的历史传统，在整饬吏治、巩固王朝统治、维护社会稳定和促进经济发展方面发挥了重要功能，也为我们党治国理政、从严治党、从严治吏提供了可资借鉴的宝贵经验。从严治党、从严管理干部是我们党的优良传统、显著特点，也是新时代党的建设的重要内容。党要管党，首先是管好干部；从严治党，关键是从严治吏。习近平总书记明确告诫全党：“我们国家要出问题主要出在共产党内，我们党要出问题主要出在干部身上。”充分说明从严治吏的重要性和迫切性。党的十八大以来，以习近平同志为核心的党中央继承和发展马克思主义建党学说，汲取中华优秀传统文化的营养和智慧，把马克思主义建党学说的基本原理同中国具体实际相结合、同中华优秀传统文化相结合，根据新时代党的建设面临的新情况、新问题提出了许多新思想、新论断、新要求，开辟了马克思主义政党全面从严治党的新境界。新时代推动全面从严管党治吏走向纵深，更要注重深入汲取、深刻阐发官箴文化中“从官重恭慎，立身贵廉明”“没有规矩，不成方圆”“欲知平直，则必准绳；欲知方圆，则必规矩”等思想观念、价值理念和举措做法，增强全面从严治党永远在路上的坚定和执着，把严的基调、严的措施、严的氛围长期坚持下去，明方向、立规矩、正风气、强免疫，建设堪当民族复兴重任的高素质干部队伍。

第三，中华优秀官箴文化是推进党的自我革命的历史镜鉴。历史是一面镜子，也是一本深刻的教科书。无论古代官箴典籍内容多么丰富，思想多么精辟，也跳不出古代王朝“其兴也勃，其亡也忽”的历史周期率。从中国历史上的历代王朝我们可以看出，一个国家政权有兴衰治乱、往复循环所呈现出来的历史周期率。早期的统治者大都励精图治、振兴发展，可随着时间的流逝，各类问题便接踵而来，或外戚、或宦官，或外敌、或内忧，导致王朝覆灭。朝代有长有短，但终归都会灭亡，周而复始，循环往复。跳出历史周期率问题，是一个关系执政安危、政权兴衰的重大历史性课题，也是中国共产党人百年来不断思考、探索、解答的重大政治考题和重大历史课题。在抗日战争胜利前夕，国民政府参议员黄炎培等六人应邀赴延安参观访问。在此期间，毛泽东与黄炎培在延安窑洞里促膝谈心，就中国的前途问题交换意见。熟读史书、通晓古今的黄炎培认为中国历史上有一种可怕的周期性现象，大凡一个团体、一个政党，初起之时，无不生气勃勃、气象一新，但及至环境好转，政怠宦成者有之，人亡政息者有之，求荣取辱者有之，真是“其兴也勃焉，其亡也忽焉”。黄炎培希望中国共产党能够找出一条新路，跳出这个周期率的支配。毛泽东同志回答：“我们已经找到新路，我们能跳出这周期率。这条新路，就是民主。只有让人民来监督政府，政府才不敢松懈。只有人人起来负责，才不会人亡政息。”这就是有名的“窑洞对”。以毛泽东同志为主要代表的中国共产党人给出了党跳出治乱兴衰历史周期率的“第一个答案”。党的十八大以来，以习近平同志为核心的党中央着眼于实现中华民族伟大复兴战略全局和世界百年未有之大变局，立足新时代党的建设新的伟大工程，对新时代中国共产党人如何跳出历史周期率问题进行了深入系统的探索。习近平总书记在纪念毛泽东同志诞辰120周年座谈会上的讲话中，告诫广大党员要牢记毛泽东同志提出的“我们决不当李自成”

的深刻警示，牢记“两个务必”，牢记“生于忧患，死于安乐”的古训，着力解决好“其兴也勃焉，其亡也忽焉”的历史性课题，增强党要管党、从严治党的自觉，提高党的执政能力和领导水平，增强党自我净化、自我完善、自我革新、自我提高的能力。他在党的十九大报告中明确指出：“只有以反腐败永远在路上的坚韧和执着，深化标本兼治，保证干部清正、政府清廉、政治清明，才能跳出历史周期率，确保党和国家长治久安。”在十九届中央纪委六次全会上指出：“一百年来，党外靠发展人民民主、接受人民监督，内靠全面从严治党、推进自我革命，勇于坚持真理、修正错误，勇于刀刃向内、刮骨疗毒，保证了党长盛不衰、不断发展壮大。”在党的十九届六中全会第二次全体会议讲话中，他明确指出：“我们党历史这么长、规模这么大、执政这么久，如何跳出治乱兴衰的历史周期率？毛泽东同志在延安的窑洞里给出了第一个答案，这就是‘只有让人民来监督政府，政府才不敢松懈’。经过百年奋斗特别是党的十八大以来新的实践，我们党又给出了第二个答案，这就是自我革命。”在党的二十大报告中，习近平总书记再次强调了我们党找到了“自我革命这一跳出治乱兴衰历史周期率的第二个答案”，并深刻阐释了其对“确保党永远不变质、不变色、不变味”的重大意义。一百多年来，我们党对如何跳出治乱兴衰历史周期率始终在思索、一直在探索，先后给出让人民来监督政府的第一个答案和自我革命的第二个答案，集中反映了我们党坚持真理、修正错误，时刻保持解决大党独有难题的清醒和坚定，以党的自我革命引领社会革命的历史主动与历史自觉。我们要以历史主动精神，深刻汲取古代王朝治乱兴衰的历史教训，把中华优秀官箴文化的合理内核吸收、运用到治国理政的实践之中，使党的自我革命与人民监督政府相辅相成、相互促进，确保党永葆生机活力。

第四，实现法治德治相得益彰的有益参考。法安天下，德润人心。法律和道德都具有规范社会行为、调节社会关系、维护社会秩序的作用，是治理国家的两个基本工具。在漫长的历史进程中，古代中国逐渐形成了德法并举的治国理政模式，出礼入刑、德主刑辅，制礼以崇敬、立刑以明威，二者相互促进，共同作用于治国理政的过程，彰显出独具特色的治理智慧，成为我国传统社会治理的重要特征。这在传统官箴文化中，有着充分的体现。比如，古代由于行政与司法合一，特别强调官员应该是道德的楷模，尤其是个人在品行道德方面的要求格外全面与严格。所谓“修己以安人”“修己以安百姓”，官员首先应该是道德良好的仁人君子，有以德化民的资格，才能去教化民众，使民众和谐相处、无争无讼，达到儒家所向往的理想境界。张养浩在监察御史任上写就《风宪忠告》，在自律篇中提出：“盖执法之臣，将以纠奸绳恶，以肃中外，以正纪纲，自律不严，何以服众？”意思是说，执法的臣子要惩奸除恶，肃清朝内朝外不法之事，使纲纪稳固；如果对自己要求不严，又如何让他人信服呢？比如，清正廉明、奉公守法不仅是历代官员从政道德的核心，而且也是普通百姓心目中理想的司法者形象。因为官员清廉直接关系到案件的公正审理，所以中国古代官箴在这方面提出了许多告诫。早在西周时就有“五过之疵”，明文禁止官员惟官、惟反、惟内、惟货、惟来，只要有此一种，便与犯人同罪。秦代的官箴把“清廉毋谤”作为吏五善之一，把“贱士而贵货贝”作为吏五失之一。唐代吏治之“四善二十七最”也把“清慎明著”列入四善之中。真德秀的“四事箴”之首便是律己以廉，认为“万分廉洁，只是小善，一点贪污，便为大恶。不廉之吏，如蒙不洁，虽有他美，莫能自赎”。清代陈宏谋在《从政遗规》中认为清廉是为官者从政的道德基础，他说：“清乃官箴之始基，不足恃也。”比如，传统官箴文化认为州县是吏治的根本所在，公正是司法过程中须遵循的基本原则，要想地方政务畅通，最根本的是心存公正，刑罚得当，即所谓“牧令之心正，而地方无有不治矣”。王士禛在《手镜录》中提出为官要勤政尽责，严谨处事，秉公执法，审理案件“须参互原告、被告及干证口供，虚实曲直自见。不可先执成见，致下有不得尽之情，或至枉纵”。法治思想与德治思想相互促进、相互补充，共同成为维护国家稳定、推动国家发展的必然选择。这种治理模式及其思想理念对于中国当代治国理政体系和社会建设策略的构建与运行具有重要的启示意义和史鉴价值。我们要准确把握法律与道德的辩证关系，从优秀官箴文化中深入挖掘我国历史上道德教化、良法善治、德法合治的宝贵经验，坚持依法治国和以德治国相结合，把法治和德治贯通于全面依法治国的各领域和全过程，既重视发挥法律的规范作用，又重视发挥道德的教化作用，使法治和德治在国家治理中相互补充、相互促进、相得益彰，推进国家治理体系和治理能力现代化。

后　记

山东历史悠久、文化灿烂，圣贤辈出、文脉绵长，是中华文明的重要发祥地、儒家文化的发源地，积淀着郁郁乎文的深厚人文风韵，遍布着日用不觉的廉洁文化印记。2013 年 11 月，习近平总书记考察山东，发出大力弘扬中华优秀传统文化的号召，鲜明提出创造性转化、创新性发展的要求。在习近平总书记提出“两创”方针十周年之际，济南市纪委监委深入学习贯彻习近平文化思想，深入挖掘中华优秀官箴文化中的清廉元素，深入挖掘中华优秀官箴文化中的齐鲁因子，组织编写了《官箴里的清廉》一书。在本书编写工作中，济南市委常委、市纪委书记、市监委主任杨光忠统筹领导，重要事项亲自研究部署；市纪委副书记、市监委副主任孙义俊对本书的框架和内容进行了认真研究修订；市纪委监委宣传部部长陈鹰协同各方力量、具体组织实施；山东师范大学齐鲁文化研究院、济南市社会科学院等单位的专家学者倾尽心血、精心编写。第一部分由济南社会科学院郑立娟博士、山东师范大学齐鲁文化研究院王芸芸博士撰写，第二部分由山东师范大学时晓红教授、东北大学唐百成博士撰写，第三部分由山东师范大学齐鲁文化研究院李贝贝博士撰写，第四部分由济南市博物馆撰写，第五、六部分由济南社会科学院郑立娟博士撰写，第七部分由济南市纪委监委张宁、王洁撰写。全书由郑立娟、王芸芸整理并通稿，由中共山东省委党校裴传勇教授、山东师范大学仝晰纲教授审定。

中国古代官箴文化博大精深，由于编者水平有限，本书必然有疏漏和不足之处，敬请广大读者批评指正。

2023 年 11 月